AF537754

Dimensionen des Sachunterrichts

Bd. 2

Historisches Lernen im Sachunterricht

Eine Einführung mit Tipps für den Unterricht

6. aktualisierte Neuauflage

von

Dietmar von Reeken

Schneider Verlag Hohengehren GmbH

Dimensionen des Sachunterrichts
Herausgegeben von Dietmar von Reeken

Umschlagentwurf:

Regina Herrmann, Esslingen

6., aktualisierte Neuauflage des folgenden Buches:
Historisches Lernen im Sachunterricht. Didaktische Grundlagen und unterrichtspraktische Hinweise, Seelze-Velber.
Kallmeyersche Verlagsbuchhandlung 1999

Bibliografische Information Der Deutschen Bibliothek

Die Deutsche Bibliothek verzeichnet diese Publikation in der Deutschen Nationalbibliografie; detaillierte bibliografische Daten sind im Internet über ›http://dnb.ddb.de‹ abrufbar.

ISBN: 978-3-8340-1687-4

Schneider Verlag Hohengehren, Wilhelmstr. 13, D-73666 Baltmannsweiler

Homepage: www.paedagogik.de

Printed in Germany. Druck: Format Druck, Stuttgart

Inhaltsverzeichnis

Vorbemerkungen zur aktualisierten Neuausgabe

Dieses Buch erschien in erster Auflage 1999 in der Kallmeyerschen Verlagsbuchhandlung und 2004 in erweiterter und aktualisierter Form in der Reihe „Dimensionen des Sachunterrichts" im Schneider Verlag Hohengehren. Es ist seitdem in universitären und schulischen Kontexten viel genutzt worden. Die Forschung zum historischen Lernen im Sachunterricht ist mittlerweile voran geschritten. So ist etwa eine Reihe von empirischen Arbeiten entstanden, die die Lernvoraussetzungen von Grundschulkindern für eine verständige Begegnung mit Geschichte deutlicher konturiert haben. Außerdem haben sich die Rahmenbedingungen durch die Wende zur Kompetenzorientierung auch in der Grundschule geändert. Die „Gesellschaft für Didaktik des Sachunterrichts" hat hierauf reagiert, indem sie ihren für die Curriculumentwicklung in ganz Deutschland wichtigen „Perspektivrahmen Sachunterricht" von 2001/2 gut zehn Jahre später komplett überarbeitet hat (GDSU 2013). Der Autor dieses Buches war hierbei zusammen mit Berit Pleitner verantwortlich für die Neufassung der historischen Perspektive. Schließlich sind in den letzten zehn Jahren auch zahlreiche praktische Hinweise, vor allem in den vielen Grundschulzeitschriften, erschienen, die Lehrerinnen und Lehrern helfen können, die theoretischen Überlegungen in eine gute Sachunterrichtspraxis umsetzen zu können.

All diese Entwicklungen haben mich dazu bewogen, eine aktualisierte Neuausgabe des Bandes in Angriff zu nehmen. Nicht alles ist dabei neu – viele Überlegungen haben sich durchaus in der Praxis von Ausbildungskontexten in Universität und Seminar sowie im Unterricht bewährt und sind wieder aufgegriffen worden. Aber vor allem in den Kapitel 2 und 3 gibt es neue Abschnitte und in allen Kapiteln sind die Literaturhinweise und Internetlinks geprüft, ggf. ergänzt und korrigiert worden.

Oldenburg, im Januar 2016 Dietmar von Reeken

1. Historisches Lernen

Was ist „Geschichte"?

Dass es bei „Geschichte" um das Leben, Handeln und Leiden von Menschen in vergangenen Zeiten geht, erscheint banal, ist es bei näherem Hinsehen aber gar nicht: Häufig wird nämlich von Lehrerinnen und Lehrern, Schulbuchautoren und Lehrplankonstrukteuren das ja ohne Zweifel schülernahe Thema „Dinosaurier" genannt, wenn man sie nach einschlägigen historischen Themen im Sachunterricht befragt. Mit „Geschichte" haben die Dinosaurier, zu deren Lebzeiten ja bekanntlich von Menschen nun wirklich noch keine Rede sein konnte, aber tatsächlich nur wenig zu tun. Lediglich die Tatsache, dass die Geschehnisse in der Vergangenheit spielen, stellt einen Bezug zur „Geschichte" her. „Geschichte" im herkömmlichen Sinne – auch im Sinne der Wissenschaft „Geschichte" – beginnt erst mit der Hominisation, der Menschwerdung vor ca. zwei bis drei Millionen Jahren – „Geschichte" ist also Menschheits- und Menschengeschichte. Sie ist nach einer wissenschaftlichen Definition der „Gesamtkomplex menschlicher Praxis in der Vergangenheit in all ihren Veränderungen, seien sie durch absichtsvolles, zweckrationales Handeln, seien sie durch materielle, objektive Bedingungen und Bezüge bewirkt." (Weyrauch 1992, 85).

Eine zweite Begriffsklärung ist vorab nötig: Der Begriff „Geschichte" ist durchaus vieldeutig; wir bezeichnen mit ihm sowohl das Geschehene selbst, dann die Darstellung des Geschehenen (Buchtitel: „Die Geschichte der Weimarer Republik") als auch die wissenschaftliche Beschäftigung mit der Vergangenheit. Das vergangene Geschehen ist uns aber nicht direkt zugänglich; es ist ja gerade das Charakteristikum der Vergangenheit, dass sie abgeschlossen, unwiderruflich zu Ende ist, sosehr ihre Auswirkungen auch in die Gegenwart und Zukunft hineinragen. Was wir leisten können, ist nur eine *Rekonstruktion* der vergangenen Geschehnisse, um die sich die Geschichtswissenschaft bemüht. Diese Rekonstruktion aber ist, da sie nie die Fülle vergangener Wirklichkeit erfassen kann, wie groß auch immer das Forschungsprojekt und die Zahl der an ihm beteiligten Menschen sein mag, notwendigerweise lückenhaft und perspektivisch. Sie geschieht daher immer durch die Konzentration auf bestimmte Aspekte unter Absehung von vielen anderen. Der Wissenschaftler untersucht beispielsweise die Ursachen der Reformation und blendet damit viele andere Dimensionen aus, so weit sie aus seiner Sicht nicht von zentraler Bedeutung für das untersuchte Geschehen sind. Seine Perspektive hängt wiederum von seinen Erkenntnisinteressen und seinen Erfahrungen ab und ist damit von der Gegenwart geprägt, er *rekonstruiert* also nicht nur, sondern er *konstruiert* auch.Es geht also nicht einfach nur um die Ermittlung „historischer Fakten", sondern um die Interpretation vergangener Ereignisse und Entwicklungen aus der Perspektive der jeweiligen Gegenwart, und Interpretationen sind notwendigerweise vielfältig und manchmal auch kontrovers. Geschichte wird also immer wieder neu erzählt.

Geschichte ist ein Prozess der Rekonstruktion und Konstruktion von Vergangenheit aus der Perspektive der Gegenwart. Sie geschieht mit der Zielsetzung, in Gegenwart und Zukunft die eigene Fähigkeit zum Verständnis gesellschaftlicher und individueller Prozesse zu vertiefen und Handlungskompetenz zu gewinnen.

Der enge Zusammenhang der drei Zeitdimensionen Vergangenheit, Gegenwart und Zukunft ist grundlegend für unser Verständnis von Geschichte, und es ist daher eine sehr eingeschränkte Sichtweise zu behaupten, Geschichte habe nur etwas mit Vergangenheit zu tun.

Dieser Zusammenhang wird noch deutlicher, wenn wir uns vergegenwärtigen, welche gesellschaftlichen Aufgaben eigentlich die Geschichte beansprucht – denn schließlich muss sie wichtige Aufgaben erfüllen, wenn sie durch öffentliche Gelder in Universitäten, Forschungseinrichtungen, Archiven, Museen, aber auch durch die Verankerung in schulischen Curricula gefördert werden soll. Der Historiker Jürgen Kocka hat im Wesentlichen fünf Aufgaben unterschieden (Kocka 1976, 164-169):

1. die *historische Erklärung gegenwärtiger Probleme* durch die Ermittlung von Ursachen und Entwicklung dieser Probleme.
2. die Vermittlung zentraler *Kategorien politischer Bildung* durch die Analyse von historischen „Fällen", die nicht so emotional besetzt sind wie gegenwärtige Konflikte und bei denen gleichzeitig die Folgen von Handlungen studiert werden können.
3. die *Kritik öffentlich wirksamer Traditionen*, die vielfach mit historischen Argumenten arbeiten; Aufgabe der Geschichtswissenschaft ist es, diese Argumente ideologiekritisch auf ihre Stichhaltigkeit zu prüfen.
4. die Schaffung von „*Möglichkeitsbewusstsein*" und hiermit zusammenhängend die Verflüssigung von Selbstverständlichkeiten: Das heute Vorfindliche ist eben nicht „natürlich" oder „zwangsläufig", sondern es ist unter bestimmten Bedingungen geworden, hätte auch anders werden können und kann demzufolge auch wieder anders werden.
5. die *Erziehung zum konkreten Denken* durch die kritische Prüfung vorschneller Welterklärungstheorien an der komplexen historischen Wirklichkeit.

Zwar können wir nur schwer die Frage beantworten, ob der einzelne Mensch Geschichte zum Leben braucht; sicher ist auch ein Leben ohne ein reflektiertes, bewusstes Verhältnis zur Geschichte denkbar. Doch wäre dies zum einen eine Einschränkung der vielfältigen Möglichkeiten des Menschseins, die nur durch die Auseinandersetzung mit den angesammelten Erfahrungen vieler Generationen zuvor ausgeschöpft werden können, zum anderen aber braucht eine moderne, demokratische Gesellschaft Geschichte als kritische Traditionsvergewisserung und als Korrektiv gegen vorschnelle Lösungen, und sie braucht daher auch historisch „gebildete" Menschen. Und schließlich ist auch unsere Lebenswelt (vor Ort, in den Medien, in der Gesellschaft insgesamt usw.) voll mit Geschichte – sich in ihr verständig zu orientieren, setzt also ein Verständnis für diese historischen Bezüge voraus. Oder kurz, wie Waltraud Schreiber feststellt: „Wer zumindest in Ansätzen historisch denkt, kann in einer Welt, die durch und durch historisch ist, besser leben." (Schreiber 2007, 8) Davon einmal ganz abgesehen verfügt jeder Mensch über eine Lebens-Geschichte, die ebenso wie die überindividuelle Geschichte geprägt ist von Ereignissen und Entwicklungen der Vergangenheit, so dass Menschen ihr eigenes Leben nur ganz „verstehen" können, wenn sie diese Einflüsse mit berücksichtigen.

Versteht man die Aufgaben der Geschichte in dem Kockaschen Sinne, so ist einsichtig, dass die Erforschung der Vergangenheit auf breiter Ebene geschehen muss. Die Geschichtswissenschaft allerdings hat sich lange Zeit vor allem auf Politik- und Ideengeschichte konzentriert und die Vielfalt der Dimensionen der Geschichte, die genauso zahlreich, farbig und vielschichtig sind wie das Leben von Menschen selbst, vernachlässigt. Geschichtswissenschaft im Sinne der o. g. Aufgaben aber ist eine „historische Sozialwissenschaft" mit dem Ziel einer „Gesellschaftsgeschichte", die die Wechselbeziehungen von Politik, Gesellschaft, Wirtschaft und Kultur untersucht und das Verhalten von Menschen und Gruppen zu erklären versucht.

In den letzten Jahrzehnten hat sich die Wissenschaft sehr stark in diese Richtung entwickelt, ohne die alten Forschungszweige damit völlig zu vernachlässigen, denn natürlich ist die Erforschung von politischen Verhältnissen, Entwicklungen und Entscheidungen in der Vergangenheit nach wie vor von großer Bedeutung. Doch es sind viele neue Untersuchungsfelder erschlossen worden, die das Wissen über die Vergangenheit und vor allem über die Lebensbedingungen und Lebensformen vieler bis dahin eher vernachlässigter Gruppen der Bevölkerung wie Frauen, Kinder, Unterschichten bereichert haben. Die neuen Richtungen nennen sich Sozialgeschichte, Technikgeschichte, Umweltgeschichte, Frauen- und Geschlechtergeschichte, Alltagsgeschichte, Mentalitätsgeschichte, um nur einige zu nennen; außerdem ist die Lokal- und Regionalgeschichte nach einer längeren Phase eher traditioneller Orientierung ebenfalls erheblich differenzierter geworden (nebenbei bemerkt ergeben sich hierdurch zahlreiche Anknüpfungspunkte für einen Sachunterricht, der ja vielfach die Geschichte „vor Ort“ zu seinem Gegenstand macht).

Dabei sind sich durchaus nicht alle Strömungen über die Ziele, Inhalte, Methoden und Maßstäbe der Wissenschaft einig; von Zeit zu Zeit gab es etwa scharfe Kontroversen zwischen manchen Sozialhistorikern und Alltagshistorikern, die sich gegenseitig Theorieferne und Theorielastigkeit bzw. Lebensferne/Abstraktheit und Detailverliebtheit vorwerfen. Verstärkt wurden die Gegensätze auch noch durch eine „kulturgeschichtliche Wende“ in der Geschichtswissenschaft der letzten zwei Jahrzehnte, die Ausdruck eines – international zu beobachtenden – „cultural turn“ in den Geistes- und Sozialwissenschaften insgesamt ist. Der „neuen Kulturgeschichte“ geht es – verkürzt dargestellt – um eine eher „ganzheitliche“ Rekonstruktion der historischen Lebenswelten handelnder Subjekte, um eine Beschäftigung mit ihren Wahrnehmungsweisen und Handlungsspielräumen, mit ihrer alltäglichen Lebensbewältigung, also insgesamt um ihre (als relativ autonom angesehene) kulturelle Praxis.

Insgesamt betrachtet haben sich mit dieser Pluralisierung der geschichtswissenschaftlichen Forschungen die Wissensvoraussetzungen für eine Behandlung historischer Themen in der Schule, für „historisches Lernen”, deutlich verbessert.

Zum Weiterlesen einige grundlegende geschichtstheoretische Werke:

- Edward Hallett Carr, Was ist Geschichte? Stuttgart u.a. 1963 u.ö.
- Richard van Dülmen (Hrsg.), Das Fischer Lexikon Geschichte, Frankfurt am Main 1990 (enthält Überblicksartikel zu Grundlagen, Methoden und Disziplinen der Geschichtswissenschaft, zu historischen Grundbegriffen wie z. B. Adel, Bauer, Familie, Revolution und Schule und zu den historischen Epochen sowie eine knappe Bibliografie zu den Themen der Artikel)
- Bernd Hey u.a., Umgang mit Geschichte. Geschichte erforschen und darstellen – Geschichte erarbeiten und begreifen, Stuttgart 1992 (ein Buch für den Oberstufenunterricht mit grundlegenden Informationen über geschichtstheoretische und geschichtsmethodische Probleme)
- Jürgen Kocka, Geschichte, München 1976
- Rolf Schörken, Begegnungen mit Geschichte. Vom außerwissenschaftlichen Umgang mit der Historie in Literatur und Medien, Stuttgart 1995
- Hans-Jürgen Goetz (Hrsg.), Geschichte. Ein Grundkurs, Reinbek bei Hamburg 1998 (enthält u.a. Beiträge über den historischen Erkenntnisprozess

(Quellen, Methoden, Darstellung), die verschiedenen historischen Spezialdisziplinen und Konzeptionen der Geschichtswissenschaft)

- Christoph Cornelißen (Hrsg.), Geschichtswissenschaften. Eine Einführung. 3. Aufl. Frankfurt am Main 2004 (eine Einführung in Epochen sowie klassische und neue Felder der Geschichtswissenschaft)
- Joachim Eibach, Günther Lottes (Hg.), Kompass der Geschichtswissenschaft, Göttingen 2002 (enthält Beiträge über die wichtigsten Betrachtungsweisen der Geschichtswissenschaft: Sozialgeschichte, Politik- und Verfassungsgeschichte, Neue Ideengeschichte, Neue Kulturgeschichte, Geschichte und Postmoderne)
- Volker Sellin, Einführung in die Geschichtswissenschaft. Erweiterte Neuausgabe, Göttingen 2005
- Stefan Jordan, Theorie und Methoden der Geschichtswissenschaft, Paderborn 2009
- Gunilla Budde, Dagmar Freist, Hilke Günther-Arndt (Hg.), Geschichte. Studium – Wissenschaft – Beruf, Berlin 2008
- Axel Becker, Christian Heuer, Erkenntnistheoretische Grundlagen historischen Lehrens und Lernens, in: Michele Barricelli, Martin Lücke (Hrsg.), Handbuch Praxis des Geschichtsunterrichts. Bd. 1, Schwalbach/Ts. 2012, S. 77-97

Historisches Lernen und Geschichtsbewusstsein

Was aber ist überhaupt unter historischem Lernen zu verstehen? Zunächst müssen wir feststellen, dass historisches Lernen bei jeder Begegnung mit Geschichte geschieht, und zwar auch ohne, dass sich jemand Gedanken darüber gemacht hätte, was, wie und warum jemand historisch lernen sollte. Die heutige Lebenswelt ist nämlich erfüllt von Geschichte:

Bei jedem Spaziergang durch die Straßen einer Stadt treffen wir auf Schritt und Tritt Vergangenes; wir gehen an alten Bauwerken vorbei, wir lesen Straßenschilder mit den Namen von Personen, Begebenheiten und Schauplätzen der Vergangenheit, und wir schlendern an alten oder zumindest an Altes erinnernden Denkmälern vorüber. Die Medien sind voll mit historischen Bezügen: in historischen Spielfilmen, in Dokumentationen, in Anspielungen in der Werbung, in Computerspielen, auf Internetseiten. Politische Reden und Diskussionen arbeiten mit historischen Argumenten und auch im geselligen oder familiären Gespräch ist Vergangenheit immer präsent: ob es sich dabei nun um lebensgeschichtliche Erinnerungen handelt – denn auch diese sind ja individuelle, in die allgemeine

Geschichte eingebundene „Geschichte" –, oder ob frühere politische Ereignisse kommentiert, oder ob einfach nur behauptet wird, früher sei manches besser gewesen: Luft und Wasser noch sauber, die Straßen noch sicher und die Familien noch intakt.

Überall also begegnen wir im Alltag Geschichte, und historisches Lernen geschieht gleichsam automatisch, nebenbei, ohne bewusste Anstrengung. Dabei entsteht ein *alltagsweltliches „Geschichtsbewusstsein"*, angefüllt mit richtigen und falschen Informationen, mit Deutungen und Gefühlen. „Geschichtsbewusstsein" – dieser Begriff hat sich in den letzten zwei Jahrzehnten zum Schlüsselbegriff der Geschichtsdidaktik entwickelt; Geschichtsbewusstsein, seine Entstehung und Entwicklung, steht im Zentrum des wissenschaftlichen Nachdenkens über die individuelle und gesellschaftliche Bedeutung von Geschichte.

Was aber ist Geschichtsbewusstsein? Hier hat die Forschung der vergangenen zwanzig Jahre mittlerweile zu einem recht breiten Konsens geführt. Geschichtsbewusstsein, so der Geschichtsdidaktiker Karl-Ernst Jeismann, „erinnert deutend die vergangene Zeit als Horizont der Gegenwart im kommunikativen Kontakt kultureller und sozialer Spannungsgefüge..." (Jeismann 1988, 11). Allgemeinverständlicher ausgedrückt versteht man unter Geschichtsbewusstsein „die Kompetenz des menschlichen Individuums, seinen Platz in einer sich entwickelnden und fortschreitenden Umwelt relativ zu einem Vorher, einem Hier und Jetzt und einem Nachher zu definieren" (Létourneau 2001, 177).

Nach der weithin akzeptierten Theorie des Geschichtsdidaktikers Hans-Jürgen Pandel formt sich das Geschichtsbewusstsein in insgesamt sieben Dimensionen aus: den drei Basisdimensionen „Zeit-" oder „Temporalbewusstsein", „Wirklichkeits-" und „Historizitätsbewusstsein" sowie den vier gesellschaftlichen Dimensionen politisches, ökonomisch-soziales, moralisches und Identitätsbewusstsein (siehe Graphik). Manche Geschichtsdidaktiker fügen auch noch eine achte (Geschlechtsbewusstsein) oder weitere hinzu. Einige knappe Erläuterungen hierzu:

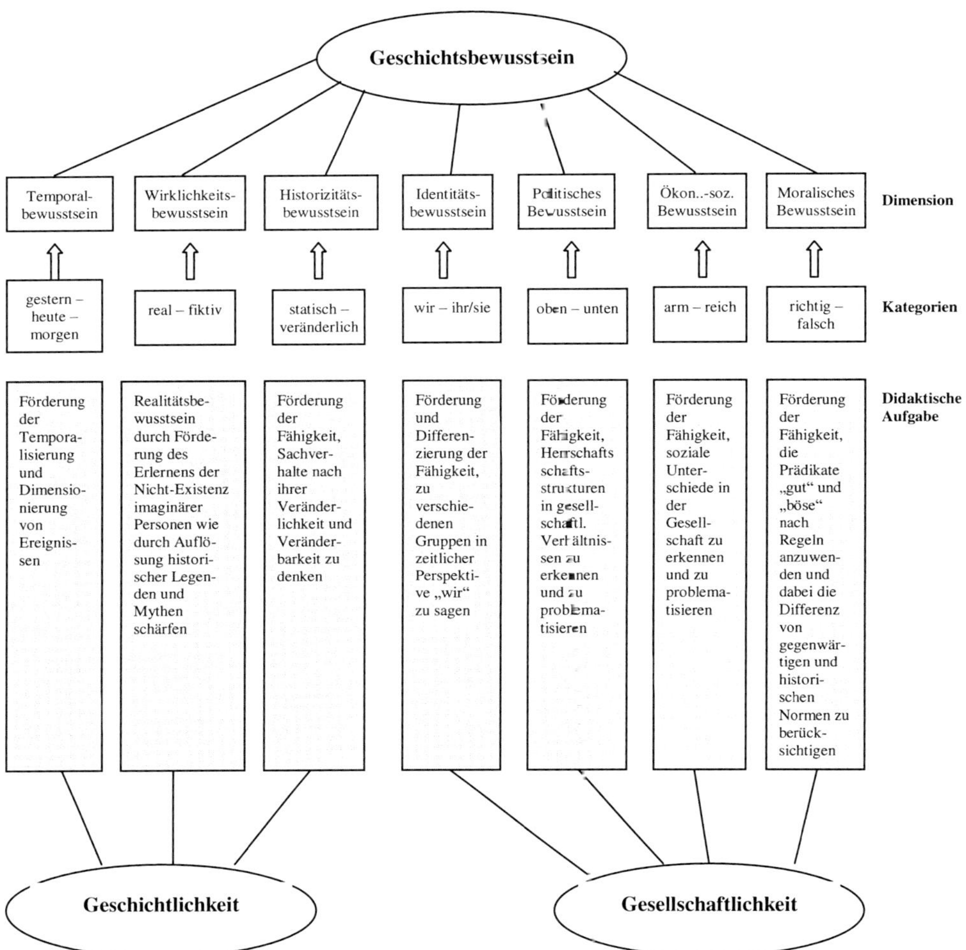

◆ *Temporalbewusstsein*: Hierbei geht es um die Unterscheidung der drei Zeitdimensionen Vergangenheit, Gegenwart und Zukunft sowie die Erkenntnis ihrer Ausdehnung und der unterschiedlichen „Ereignisdichte" in verschiedenen Zeitabschnitten. Grundlegend ist die Differenzierung von physikalischer und historischer Zeit; erst letztere ist Gegenstand des Temporalbewusstseins, denn es geht nicht nur um die Messung und Einteilung von Zeit, wie bei den Sachunterrichtsthemen Kalender, Uhr, Jahreszeiten usw., sondern vielmehr um den Zusammenhang von Zeit und – individuellem und gesellschaftlichem – Geschehen und damit um die Deutung, inhaltliche Füllung und Sinnhaftigkeit von Zeit. Ein entwickeltes Temporalbewusstsein ermöglicht die Einordnung von Ereignissen, Phänomenen etc. in ihre jeweilige historische Epoche und liefert so Grundlagen für die Wahrnehmung von Kausalbeziehungen im Sinne von „vorher – nachher" ebenso wie die Wahrnehmung von Gleichzeitigkeiten. „Didaktisch gesehen", so Klaus Bergmann, „ist die Förderung von Temporalbewusstsein die Voraussetzung für die Fähigkeit, Zeit zu gestalten, Zukunftsperspektiven zu entwickeln und sich überhaupt in der Zeit zu orientieren." (Bergmann 2001a, 21). Menschen entwickeln dieses Bewusstsein ein Stück weit alltagsweltlich durch die lebensgeschichtliche Erinnerung an die eigene Vergangenheit, die bei Kindern allmählich ergänzt wird durch die Verlängerung der Lebenszeit in die Zeit der Eltern und Großeltern hinein. Ein entwickeltes Temporalbewusstsein über diese lebensgeschichtliche Basis hinaus bedarf allerdings einer gezielten Unterstützung in intentionalen Lernprozessen (vgl. Beilner 2000 und Kübler 2015).

◆ *Wirklichkeitsbewusstsein* meint die Fähigkeit des Individuums, zwischen realen und fiktiven Personen, Handlungen, Ereignissen etc. in zeitlicher Perspektive zu unterscheiden. So ist es wichtig zu erkennen, ob beispielsweise Asterix, Cäsar, Robin Hood oder Adolf Hitler Produkte einer mythischen, literarischen oder sonstigen Phantasie – also fiktiv – oder Teile der historischen Wirklichkeit – also real – waren, und vor allem: wie man dies feststellen kann. Diese Fähigkeit ist von zentraler Bedeutung für das historische Denken, weil es ja in der Geschichte, wie schon oben festgestellt, um eine *Rekonstruktion* von Vergangenheit geht, im Mittelpunkt des Erkenntnisprozesses also nicht die Imagination stehen darf. Vielmehr geht es um „historische Triftigkeit"; gemeint ist damit dass „eine Aussage ... erst dann als historisch triftig akzeptiert (wird), wenn die Quellen nicht dagegen sprechen." (Pandel 1991, 7f.) Der Quellenbezug ist also zentral für historisches Lernen schlechthin, auch in der Grundschule, weshalb auch später noch häufiger von Quellen die Rede sein wird. Insbesondere in unserem Medienzeitalter ist diegenannte Unterscheidungsfähigkeit auch für ein gegenwartsorientiertes politisches Bewusstsein wichtig, denn die erhebliche Verstärkung imaginativer Elemente in unserer Lebenswelt und vor allem in den Massenmedien macht die Unterscheidungsfähigkeit des Wirklichkeitsbewusstseins zu einer immer wichtiger werdenden Kompetenz (vgl. Pandel 1996). Sie macht gleichsam immun gegen Mythen, Legenden, Lügen und Vorurteile und beginnt sich beim Kind auszubilden in der Frage, wie etwas „wirklich" gewesen ist: „Es gibt manchmal Geschichten, die erzählen uns von früher. Und das ist dann die Geschichte. Und dann gibt es noch Geschichten, die sind so wie Märchen" (Antwort eines zehnjährigen Schülers auf die Frage, woran er bei dem Begriff „Geschichte" denke) (Langer-Plän 1999, 195).

◆ *Historizitätsbewusstsein*: Es gehört zu den grundlegenden Erkenntnissen beim historischen Lernen, dass sich Strukturen, Institutionen, menschliche Denk-, Lebens- und Verhaltensweisen usw. in der Geschichte verändert haben. Auch scheinbar biologisch determinierte Erscheinungen wie die Liebe zwischen Mutter und Kind unterlagen und -liegen, dies haben Forschungen gezeigt, zumindest in ihren Ausdrucksformen, vielleicht aber auch in ihrer Intensität oder gar ihrer

Existenz kulturellen und sozialen Einflüssen. Veränderungen in der Zeit geschahen und geschehen allerdings in einer sehr unterschiedlichen Geschwindigkeit und in einem sehr unterschiedlichen Ausmaß: Gegenüber einer relativ langen Phase in der vorindustriellen Gesellschaft, in der sich vergleichsweise wenig veränderte – man spricht hier in der Geschichtswissenschaft nach französischem Vorbild von der „longue durée" –, erlebten die Menschen vor allem seit der Mitte des 19. Jahrhunderts eine rasante Veränderung ihrer Lebensverhältnisse, und der Prozess der Veränderung scheint sich in den letzten Jahren sogar noch dynamisiert zu haben. Doch trotz dieser Dynamik: Für den Einzelnen ist Wandel vor allem im Rückblick auf das eigene Leben und die eigene Lebenswelt erfahrbar, erst die bewusste Erinnerung lässt gegenwärtig Selbstverständliches als etwas Gewordenes erscheinen: Der Autor, der diese Zeilen wie immer mit dem Computer schreibt, benötigt seine Erinnerungskraft, um sich zu vergegenwärtigen, dass er seine Studienabschlussarbeit vor dreißig Jahren noch mit einer mechanischen Schreibmaschine (unter häufiger Verwendung von „Tipp Ex" und Klebstoff), seine Dissertation vier Jahre später mit einer elektrischen Schreibmaschine (mit Korrekturband – welch ein Fortschritt!) schrieb, und erst 1991 für ihn das Computerzeitalter begann mit einer gänzlich neuen Art, Texte zu verfassen. Der systematische, angeleitete Rückblick in die eigene Lebensgeschichte und die Geschichte vorheriger Generationen vermittelt einen Eindruck des Zusammenspiels von Kontinuität und Wandel und gleichzeitig von dem Zusammenhang der Handlungsabsichten von Menschen, Handlungsbedingungen, Handlungsspielräumen und Konsequenzen. Die Fähigkeit, in all diesen dynamischen Veränderungsprozessen mit sich selbst identisch bleiben zu können, ohne in traditionalistischer Erstarrung zu verharren, bedarf der Kenntnisse über die Bedingungen und Konsequenzen von Veränderungen in der Zeit.

◆ *Politisches Bewusstsein*: Gemeint ist hiermit die Fähigkeit, Macht- und Herrschaftsstrukturen und -verhältnisse in einer historischen und gegenwärtigen Gesellschaft erkennen und beurteilen zu können. Die historische Analyse besitzt hierbei gegenüber der ebenfalls notwendigen gegenwarts- und zukunftsorientierten politischen Bildung (vgl. von Reeken 2012) zwei Vorteile: Sie ermöglicht die Einbeziehung der Folgen und Konsequenzen politischen Handelns und Nichthandelns in die Analyse (und verzahnt damit Vergangenheit, Gegenwart und Zukunft), und sie ist – jedenfalls meistens – weniger mit Emotionen und aktuellen politischen Konflikten „belastet" als jene.

◆ *Ökonomisch-soziales Bewusstsein*: Hierbei geht es um die Fähigkeit, wirtschaftliche und soziale Strukturen in einer Gesellschaft erkennen und beurteilen zu können. Soziale Unterschiede gehören zu den grundlegenden Charakteristika jeder historischen Gesellschaft; wichtig ist, sie ermitteln, ihre Hintergründe, Entstehungsursachen und Folgen für die betroffenen Menschen analysieren, gewichten und bewerten zu können.

◆ *Identitätsbewusstsein*: Der Mensch gehört unterschiedlichen sozialen Gruppen an: Er ist beispielsweise Teil einer Familie, lebt in einer Stadt, hat einen Beruf, arbeitet zusammen mit anderen in einer Firma, gehört einer Schicht oder Klasse an, treibt Sport in einem Verein, ist Mitglied einer Religionsgemeinschaft, Teil einer Nation und einer Sprach- oder Kulturgemeinschaft. Beim Identitätsbewusstsein geht es darum, diese Zugehörigkeiten in historischer Perspektive zu erkennen und zu problematisieren, um reflektiert entscheiden zu können, zu welchen Gruppen man sich zugehörig weiß und fühlt und von welchen man sich warum abgrenzt. So kann die historische Analyse beispielsweise dazu führen, dass man sich wegen der Ausbeutung vieler Völker und Menschen der sog. „Dritten Welt" in den Kolonialisierungsprozessen zwar weiterhin als Europäer oder Angehöriger der „westlichen Zivilisation" bekennt, weil dies nun einmal Teil der eigenen Lebensgeschichte ist, und dass man auch weiterhin die positiven Traditionen (z. B. die Entstehung der Idee der Menschenrechte) bejaht – allerdings geschieht dies nun in kritischer, problematisierender Weise, die die Schattenseite dieser Kultur nicht ausblendet. Dies kann z. B. zur Folge haben, dass man sich im Urlaub in der „Dritten Welt" den dortigen Menschen gegenüber anders verhält. Entscheidend ist, dass das Identitätsbewusstsein auf einer eigenen, reflektierten Entscheidung gründet und nicht auf kulturell vermittelter, unreflektierter Tradition.

◆ *Moralisches Bewusstsein*: Hierbei geht es um die schwierige Fähigkeit, historische Handlungen und Geschehnisse nach bestimmten Regeln beurteilen zu können. Grundlegend ist die Erkenntnis, dass wir nicht einfach unsere heutigen Maßstäbe von „gut" und „böse" auf vergangene Gesellschaften übertragen können. „Was aus damaliger Sicht richtig war, kann aus gegenwärtiger Sicht falsch sein." (Pandel 1991, 19) Notwendig ist vielmehr zunächst eine Analyse der damaligen normativen Bezugssysteme, also der damals gültigen Werte und Normen, um erst nach dem Schritt des Verstehens und Erklärens (Sachurteil) den Schritt des Bewertens aus heutiger Perspektive vornehmen zu können. Dies heißt allerdings nicht, in einen fatalistischen Relativismus ausweichen zu müssen, der alles versteht und alles verzeiht. Wie notwendig und gleichzeitig wie schwierig der Erwerb einer solchen Fähigkeit ist, zeigen die empirischen Studien der letzten Jahre zum Geschichtsbewusstsein Jugendlicher: Viele Jugendliche haben offenbar z. B. die Menschenrechte gut verinnerlicht – was ja ein wichtiges Bildungsziel ist –, aber sie wenden sie relativ unreflektiert auf historische Phänomene an, ohne die ganz anderen Bedingungen in Gesellschaften zu berücksichtigen, die diese Menschenrechte noch gar nicht kannten – Verstehen historischen Geschehens wird so natürlich unmöglich gemacht und ein wesentliches Ziel des Geschichtsunterrichts ganz offensichtlich nicht erreicht (vgl. von Borries 1995b und Körber 2000).

Geschichtsbewusstsein ist, wie gesagt, ein Produkt alltagsweltlicher Erfahrungen vom frühesten Kindheitsstadium bis ins hohe Erwachsenenalter. Es ist nicht statisch, sondern ständig durch neue Kenntnisse und Erfahrungen – eben durch historisches Lernen – in Veränderung und Umbau begriffen. Es ist auch beileibe nicht nur eine Ansammlung von Wissen und Deutungen, besitzt nicht nur eine kognitive Dimension. Vielmehr hat das Geschichtsbewusstsein auch eine starke emotionale Komponente; wir bringen historischen Personen, Epochen und Ereignissen positive oder negative Gefühle entgegen, identifizieren uns mit ihnen oder lehnen sie vehement ab.Geschichtsbewusstsein ist also durchaus nicht nur eine Angelegenheit von rationalen Überlegungen, von Reflexion über das eigene Leben und seine Bedingungen, sondern es erfüllt für den Menschen auch im Alltag eine Reihe von wichtigen Funktionen (Schörken 1992, 38f.):

* Geschichte kann vom belastenden Alltag *entlasten*, indem z. B. eine Urlaubs- oder Bildungsreise zu historischen Stätten unternommen, ein historischer Spielfilm angesehen oder ein historischer Roman gelesen wird;

* Geschichte kann *Prestigefunktionen* wahrnehmen, indem man sich mit historischen Attributen wie etwa alten Möbeln umgibt oder Firmen für ihre Produkte in der Werbung das historische Flair nutzen;

* Geschichte kann *Stabilisierungsfunktionen* übernehmen, indem soziale, ethnische oder religiöse Gruppen oder Nationen mit dem Hinweis auf ihre – angeblich glorreiche – Geschichte Unsicherheiten überwinden und Konflikte übertünchen können (die Geschichte des Nationalismus ist voll von solchen Beispielen);

* Geschichte kann *Rechtfertigungsfunktionen* erhalten, indem man sein eigenes Verhalten mit dem Verweis auf ähnliche oder der Abgrenzung zu ganz anderen Verhaltensweisen in der Geschichte legitimiert.

Alle diese Funktionen sind weit von dem entfernt, was die Geschichtswissenschaft als gesellschaftliche Aufgabe der Geschichte beschreibt, sie haben aber dennoch eine kaum zu überschätzende Bedeutung für den Umgang von Menschen mit der Vergangenheit und sind häufig wirkungsmächtiger als die wissenschaftlichen Informations- und Deutungsangebote – und als Voraussetzungen und Begleiterscheinungen von historischem Lernen in der Schule sind sie immer mit zu berücksichtigen.

Zum Weiterlesen einige grundlegende theoretische Titel zu den Begriffen „Geschichtsbewusstsein" und „historisches Lernen":

- Karl-Ernst Jeismann, Geschichtsbewusstsein als zentrale Kategorie der Geschichtsdidaktik, in: Gerhard Schneider (Hrsg.), Geschichtsbewusstsein und historisch-politisches Lernen (= Jahrbuch der Geschichtsdidaktik, Bd. 1), Pfaffenweiler 1988, S. 1-24

- Hans-Jürgen Pandel, Dimensionen des Geschichtsbewusstseins. Ein Versuch, seine Struktur für Empirie und Pragmatik diskutierbar zu machen, in: Geschichtsdidaktik 12(1987), S. 130-142
- Jörn Rüsen, Historisches Lernen. Grundlagen und Paradigmen, Köln u.a. 1994
- Jörn Rüsen (Hrsg.), Geschichtsbewusstsein. Psychologische Grundlagen, Entwicklungskonzepte, empirische Befunde, Köln u.a. 2001
- Bernd Schönemann, Geschichtsbewusstsein – Theorie, in: Michele Barricelli, Martin Lücke (Hrsg.), Handbuch Praxis des Geschichtsbewusstseins. Bd. 1, Schwalbach/Ts. 2012, S. 98-111

Historisches Lernen in der Schule

Was das historische Lernen in der Schule aber von dem alltäglichen historischen Lernen unterscheidet, ist die Zielgerichtetheit, mit der es geschieht (oder besser: geschehen sollte!):

Historisches Lernen in der Schule kann als die bewusste Förderung eines reflektierten Geschichtsbewusstseins beschrieben werden.

Wodurch aber wird das alltagsweltliche zu einem „reflektierten" Geschichtsbewusstsein? Letzteres zeichnet sich dadurch aus, dass es Kompetenzen auf drei verschiedenen Ebenen besitzt und miteinander sinnvoll verknüpfen kann: der Ebene der *Analyse,* der Ebene des *Sachurteils* und der Ebene des *Werturteils:* „Die Rekonstruktion von Vergangenheit im Geschichtsbewusstsein geschieht durch Analyse vergangener Prozesse oder Verhältnisse, durch einordnende Deutung in historische Zusammenhänge und schließlich durch die Herstellung einer wertenden Beziehung zur Gegenwart." (Jeismann 1988, 15) Dies sind die drei aufeinander aufbauenden Dimensionen reflektierten historischen Lernens. Es unterscheidet sich von dem alltagsweltlichen Lernen durch das – methodisch kontrollierte – Vorschalten der ersten beiden Ebenen vor die dritte; alltagsweltlich dagegen ist bei den oben beschriebenen Prozessen der Legitimation, Projektion, Identifikation und Stabilisierung die Wertung im Mittelpunkt des Interesses: „Was meinem Lebensbedürfnis entspricht, mein Gegenwartsverständnis oder -interesse stärkt, meine Lebenssicherheit fundiert, bestimmt nicht nur das einordnende Sachurteil über historische Vorgänge, es bestimmt auch die Perzeption des historischen Faktums selbst durch Selektion, Gewichtung oder

Interpretation." (ebd., 15) Einfacher ausgedrückt: Ich nehme – alltagsweltlich – Geschichte so wahr, wie sie mir am besten passt!

Bewusstes historisches Lernen geschieht also durch die intensive, methodisch reflektierte und kontrollierte Auseinandersetzung mit der Geschichte, fußend auf den Erkenntnisinteressen der Gegenwart und mit dem Ziel einer größeren Handlungskompetenz in Gegenwart und Zukunft. Damit ist allerdings nicht gemeint, als könne man aus der Geschichte lernen, indem man Erkenntnisse aus vergangenen Welten in die heutige Welt transferiert nach dem Motto: So wie es damals geschah, so geschieht es auch heute. Dies wäre eine unzulässige Vereinfachung; nach einem alten historischen Motto ist jede Epoche „unmittelbar zu Gott", d. h. dass jedes Ereignis, jede Entwicklung, jedes Schicksal singulär und nicht wiederholbar sind. Historisches Lernen geschieht vielmehr indirekt: „Lernen aus der Geschichte bedeutet ja nicht, sie naiv als ‚Führer in die Zukunft' zu sehen – aus welchen ‚Fehlern' wurde wirklich gelernt? – sondern in der Zukunft die richtigen Fragen zu stellen und die Bedingungen des Handelns richtig zu erkennen." (Lange 1993, 10)

Damit wird gleichzeitig deutlich, dass historisches Lernen nicht durch andere Lernformen ersetzbar ist, sondern eine eigenständige Funktion im geistigen und seelischen Haushalt des Menschen besitzt, und Kinder und Jugendliche in ihrer Entwicklung ohne historisches Lernen eine starke Einschränkung ihrer Lebens-, Erfahrungs- und Denkmöglichkeiten erfahren würden. Geschichte hat daher einen wichtigen Platz im schulischen Curriculum; inwiefern dies auch für die Grundschule gilt, soll uns in den nächsten Abschnitten beschäftigen.

Zum Weiterlesen: Grundlegende geschichtsdidaktische Werke zum historischen Lernen:

- Michael Sauer, Geschichte unterrichten. Eine Einführung in die Didaktik und Methodik, 12. Auflage Seelze 2015
- Hilke Günther-Arndt, Meik Zülsdorf-Kersting (Hrsg.), Geschichts-Didaktik. Praxishandbuch für die Sekundarstufe I und II, 6., überarbeitete Neuauflage Berlin 2014
- Peter Gautschi, Geschichte lehren. Lernwege und Lernsituationen für Jugendliche, 5. Aufl. Buchs 2012
- Joachim Rohlfes, Geschichte und ihre Didaktik, 3. erw. Aufl. Göttingen 2005
- Michele Barricelli, Martin Lücke (Hrsg.), Handbuch Praxis des Geschichtsunterrichts. 2 Bände, Schwalbach/Ts. 2012

- Hans-Jürgen Pandel, Geschichtsdidaktik. Eine Theorie für die Praxis, Schwalbach/Ts. 2013
- Ulrich Baumgärtner, Wegweiser Geschichtsdidaktik. Historisches Lernen in der Schule, Paderborn 2015

2. Lernvoraussetzungen von Grundschulkindern

Forschungssituation

Grundvoraussetzung für eine Verankerung historischer Kompetenzen in der Grundschule ist, dassGrundschulkinder diese überhaupt erwerben können. Haben Grundschulkinder, so lautet die entscheidende Frage, aufgrund ihrer jeweiligen Lernvoraussetzungen überhaupt einen Zugang zur Geschichte, sind sie in der Lage, die Spezifik historischen Denkens nachzuvollziehen? Während in den ersten Auflagen dieser Einführung hier weitgehend „Fehlanzeige“ gemeldet werden musste, hat sich die Forschungssituation in den letzten gut zehn Jahren deutlich verbessert, auch wenn die lange Vernachlässigung des historischen Lernens vor dem eigentlichen Geschichtsunterricht noch nicht vorbei ist. Außerdem ist das historische Denken eine sehr komplexe Kombination verschiedener Fähigkeiten, „in die sehr viele verschiedene Einzelfaktoren eingehen müssen, z. B. Kognition und Emotion, moralisches Urteil und ästhetische Wahrnehmung, Sprache und Sozialerfahrung usw.” (von Borries 1987, 157), so dass seine empirische Erforschung besonders schwierig ist.

Ohne Anspruch auf Vollständigkeit sollen zentrale empirische Studien der letzten Jahre kurz vorgestellt werden (siehe zum Folgenden, z. T. wörtlich, auch Reeken 2014, 106-111 sowie Becher/Gläser 2013):

Anfang der 1990er Jahre führte Renate El Darwich qualitative Interviews mit 18 Kindern im Alter von 5 bis 14 Jahren, in denen sie versuchte, die Pandelschen Dimensionen des Geschichtsbewusstseins durch entsprechende Fragestellungen, z. T. unterstützt durch Bilder, die den Kindern vorgelegt wurden, nachzuzeichnen und mit Inhalt zu füllen (vgl. El Darwich 1991). Die Antworten der Kinder lieferten Hinweise auf eine Entwicklung des Geschichtsbewusstseins, die mit zunehmendem Lebensalter auch eine zunehmende Ausdehnung und Differenzierung des Geschichtsbewusstseins erkennen lässt, vor allem, was das Historizitätsbewusstsein angeht. Ihre Forderung nach verstärkter Förderung der Bewusstseinsentwicklung der Kinder durch schulischen Unterricht ist durchaus sinnvoll, doch kann die Studie nur bedingt zufrieden stellen, da die geringe Zahl der befragten Kinder und die fehlenden Informationen über ihr soziales Umfeld und ihren bisherigen schulischen Unterricht, die für eine Beurteilung der Antworten von zentraler Bedeutung wären, eine Verallgemeinerung der gewonnenen Erkenntnisse fragwürdig machen.

Helmut Beilner berichtete Ende der 1990er Jahre von einer kleineren empirischen Studie, in der in Bayern gut 80 Grundschulabgänger zu ihrem Geschichtsbegriff und -verständnis befragt wurden (Beilner 1998, vgl. auch ausführlicher Beilner 1999a und 1999b, 2000 und Langer-Plän 1999). Die Studie zeigt, dass Kinder in diesem Alter bereits grundlegende Einsichten in den Realitätscharakter von Geschichte und die Tatsache von Veränderungen und Entwicklungen in der Zeit besitzen; Wirklichkeits- und Historizitätsbewusstsein sind also bereits konturiert, wenn auch nicht immer sehr ausgeprägt. Auch die Vielschichtigkeit der Geschichte und die eigene Einbindung in die Geschichte werden von den Kindern erkannt; Beilner stellt fest: „Auch Grundschulabgänger sind sehr wohl in der Lage, die eigene Person oder Gruppe an die Vergangenheit anzubinden und daraus identitätsstiftende Kräfte zu mobilisieren" (Beilner 1998, 6). Die Kinder beziehen auch ihre eigene Lebensgeschichte mit ein, wie einige Schüleräußerungen zeigen: „Wenn ich z. B. vor ein paar Jahren im Kindergarten war, dann ist das schon vergangen. Das ist schon Geschichte." Oder knapp: „Jeder Mensch hat eine Geschichte." (ebd., 6) Auch das Temporalbewusstsein ist bereits in Ansätzen ausgeformt, auch wenn hier innerhalb der Untersuchungsgruppe wohl große Unterschiede zu verzeichnen waren. So stellt Beilner zunächst fest: „Zusammenhänge zwischen beiden Zeitperspektiven (also Vergangenheit und Gegenwart, DvR) oder gar Fortwirken in die Zukunft werden hier noch nicht erwogen", um ein wenig später einzuräumen: „Einige Schüler thematisieren sogar die Tatsache, dass die Geschichte unaufhörlich in die Gegenwart und sogar die Zukunft überfließt, also einen permanenten Entstehungsprozess bildet." (ebd., 4f.). Auch bei dieser Studie allerdings wären zumindest Informationen über den vorangegangenen Heimat- und Sachkundeunterricht, aber auch zu den häuslichen Bedingungen (Erzählungen von früher, Beziehung zu Eltern und Großeltern, Lektüre etc.) zur Einschätzung der Leistungen der Kinder hilfreich gewesen.

Monika Pape hat in ihrer Hannoveraner Dissertation (Pape 2008a) fast 200 Grundschülerinnen und Grundschüler in Anlehnung an das Pandelsche Modell im Hinblick auf ihr Geschichtsbewusstsein befragt. „Gegenstand der Erhebung waren verschiedene Komponenten historischen Bewusstseins wie Zeit-, Wirklichkeits- und Historizitätsbewusstsein, zudem gibt sie Einblicke u.a. in die kindlichen Wissensinhalte, historischen Interessen, sprachlichen und kognitiven Kompetenzen sowie die Verknüpfungsleistungen zwischen den Zeitdimensionen „Vergangenheit", „Gegenwart" und „Zukunft" als Kern von Geschichtsbewusstsein. (...) Im Ergebnis belegt die Studie vor allem, dass schon ErstklässlerInnen in Ansätzen und ViertklässlerInnen ein Geschichtsbewusstseinin elaborierter Form erkennen lassen, sie ein relativ großes Interesse an verschiedenen historischen Themen zeigen, unterschiedlichste Quellen des Wissenserwerbs nutzen, aber auch emotional involviert sind." (Pape 2008b, 1)

Im selben Hannoveraner Forschungskontext haben Carlos Kölbl u.a. (2004 und 2012) Kinder vom Kindergartenalter bis zum Ende der Grundschulzeit untersucht. Sie stellten ebenfalls insgesamt einen deutlichen Zuwachs an Wissen, Können und am Niveau bzw. der Differenzierung historischer Kompetenzen von dem ersten bis zum vierten Jahrgang fest. Kölbl spricht hier von „einer Entwicklung des historischen Bewusstseins … in Richtung einer zunehmenden Verwissenschaftlichung sowie (damit einhergehend) einer verstärkten Partizipation an modernen Formen des Umgangs mit Geschichte“ (Kölbl 2004, 46). Die teils erheblichen Unterschiede in Umfang und Niveau des historischen Wissens innerhalb der Jahrgänge haben nach ihren Ergebnissen vor allem zwei Ursachen: die unterschiedlichen Einflüsse und Anregungen aus dem außerschulischen Bereich (und, bei den älteren Schülern, auch durch die Schule selbst) sowie die differierenden kognitiven Grundfähigkeiten, die sich vor allem in der Lesekompetenz niederschlagen, wobei noch unklar ist, „ob Kinder mit einer höheren Lesekompetenz schlicht mehr Bücher oder andere Texte mit entsprechenden Inhalten lesen, ob sie das, was sie lesen, besser verstehen, oder aber, ob beides der Fall ist (Kölbl 2012, 71).

Marco Adamina hat in einer Schweizer Studie „raum-, zeit- und geschichtsbezogene Vorstellungen“ von Grundschulkindern erhoben und analysiert (Adamina 2008 und 2009). Ähnlich wie die eben genannten stellt auch er eine Entwicklung innerhalb der vier Grundschuljahre hin zu differenzierteren und triftigeren Konzepten, etwa im Wirklichkeits- und Historizitätsbewusstsein, fest, betont aber noch stärker die große Vielfalt der Vorstellungen, nicht nur im Zeitverlauf der Grundschule, sondern auch innerhalb einzelner Jahrgänge. Die geschlechtsspezifischen Unterschiede bei Interessen und Kenntnissen sind nach Adaminas Ergebnissen nicht ganz so stark wie bei Pape und Kölbl.

Eine Schweizer Studie von Marcus Kübler u.a. (Kübler u.a. 2014 und http://www.historischesdenken.ch) unterscheidet vier Komplexitätsniveaus historischen Denkens und stellt fest, dass die Niveaus 3 und 4, die auf den Rekonstruktionscharakter von Geschichte und auf die Fähigkeit zur Dekonstruktion verweisen, also im engeren Sinne domänenspezifisch für das historische Denken sind, bei Grundschulkindern durchaus schon vorhanden sind: Bei Niveau 3 steigt die Zahl derjenigen, die dieses Niveau erreichen, von 4,6 % im Kindergartenalter über 27,3 % im Jahrgang 2 bis zu 45,8 % im Jahrgang 4. Bei Niveau 4, bei dem es ja u.a. um eine kritische Haltung zu vorliegenden Geschichtserzählungen geht, ist zwar auch ein Anstieg im Lauf der Grundschulzeit erkennbar, doch sind die Zahlen insgesamt deutlich niedriger (0,7 % – 2,0 % – 6,5 %); hier scheint der entscheidende Schub der Kompetenzentwicklung erst nach der Grundschule stattzufinden, wobei zu vermuten ist, dass dies auch an fehlenden Lernanregungen beim kritischen Umgang mit Narrationen liegt.

Schließlich haben Andrea Becher und Eva Gläser mehr als 100 Kindergarten- und Grundschulkinder zu den Kompetenzbereichen historischen Denkens befragt (Becher/Gläser 2015a). Auch sie können den großen Einfluss außerschulischer Informationsvermittler auf die historischen Vorstellungen und das historische Wissen der Kinder belegen. Außerdem zeigt sich, dass bereits vielen Kindern der Konstruktcharakter von Geschichte deutlich ist; allerdings ist auch hier eine sehr große Varianz der Vorstellungen und des Wissens feststellbar.

Forschungsergebnisse

Die wesentlichen Erkenntnisse aus den empirischen Untersuchungen der letzten Jahre lassen sich in wenigen knappen Thesen zusammenfassen:

1. Grundschulkinder haben ein großes Interesse an Geschichte.
2. Feststellbar ist eine zunehmende Differenzierung des Geschichtsbewusstseins im Verlauf der Grundschulzeit.
3. Die außerschulische Geschichtskultur prägt die Vorstellungen und das Wissen von Grundschulkindern.
4. Ansätze historischen Denkens sind bei den Kindern schon früh vorhanden; ihre Weiterentwicklung und Ausdifferenzierung hängen aber wohl stark von den (auch unterrichtlichen) Anregungen ab, wobei hier noch wissenschaftliche Forschungen (vor allem Interventionsstudien) fehlen.
5. Alle Studien stellen eine große Heterogenität der domänenspezifischen Lernvoraussetzungen fest.

Ausgewählte empirische Studien zum Grundschulalter:

- Monika Pape, Entwicklung von Geschichtsbewußtsein im Hinblick auf die unterrichtspraktische Gestaltung historischer Themen im Sachunterricht. Diss. phil. Universität Hannover 2008a
- Monika Pape, Geschichtsbewußtsein im Grundschulalter: eine empirische Studie, 2008b in: www. widerstreit-sachunterricht, Ausgabe 18, online: https://www.widerstreit-sachunterricht.de/ebeneI/superworte/historisch/bewusst.pdf
- Carlos Kölbl, Zum Aufbau der historischen Welt bei Kindern, in: Journal für Psychologie 12, 2004, H. 1, S. 25-49
- Ders. u.a., Wissen und Interesse im Verlauf der Grundschuljahre: die Domäne Geschichte, in: Zeitschrift für Grundschulforschung 5, 2012, H. 1, S. 63-75
- Andrea Becher/Eva Gläser, Historisches Lernen aus empirischer Sicht: Desiderata und aktuelle Ergebnisse, in: Hans-Joachim Fischer u.a. (Hrsg.): Der

Sachunterricht und seine Didaktik. Bestände prüfen und Perspektiven entwickeln, Bad Heilbrunn 2013, S. 163-171

- Andrea Becher/Eva Gläser, Historisches Denken und Kompetenzentwicklung im Elementar- und Primarbereich (HisDeKo) – Ein Projektbericht, in: Monika Waldis, Béatrice Ziegler (Hrsg.), Forschungswerkstatt Geschichtsdidaktik 13. Beiträge zur Tagung „geschichtsdidaktik empirisch 13", Bern 2015, S. 41-51
- Markus Kübler u.a., Historisches Denken bei 4- bis 10-jährigen Kindern. Was wissen Kinder über Geschichte? In: Michael Sauer u.a. (Hrsg.), Geschichtslernen in biographischer Perspektive. Nachhaltigkeit – Entwicklung - Generationendifferenz, Göttingen 2014, S. 271-287 (von Markus Kübler gibt es mehrere Publikationen aus seinem Forschungsprojekt, eine Gesamtdarstellung ist angekündigt)
- Marco Adamina, Vorstellungen von Schülerinnen und Schülern zu raum-, zeit- und geschichtsbezogenen Themen. Eine explorative Studie in Klassen des 1., 3., 5. und 7. Jahrgangs im Kanton Bern. Diss. paed. Universität Münster 2008
- Keith C. Barton, Research into students' ideas about history, in: Linda S. Levstick, Cynthia A. Tyson (Hrsg.), Handbook of research in social studies education, London 2008, S. 239-254

Besonders intensiv untersucht wurden die Vorstellungen von Grundschulkindern über Nationalsozialismus und Holocaust:

- Andrea Becher, Die Zeit des Holocaust in Vorstellungen von Grundschulkindern. Eine empirische Untersuchung im Kontext von Holocaust Education, Oldenburg 2009
- Isabel Enzenbach, Klischees im frühen historischen Lernen. Jüdische Geschichte und Gegenwart, Nationalsozialismus und Judenfeindschaft im Grundschulunterricht, Berlin 2011
- Alexandra Flügel, „Kinder können das auch schon mal wissen ..." Nationalsozialismus und Holocaust im Spiegel kindlicher Reflexions- und Kommunikationsprozesse, Opladen 2009
- Vera Hanfland, Holocaust – ein Thema für die Grundschule? Eine empirische Unterscuhung zum Geschichtsbewusstsein von Viertklässlern, Münster 2008
- Christina Klätte, Kinder und NS-Geschichte - Empirisch begründete Impulse für das historisch-politische Lernen, in: Hans-Joachim Fischer, Hartmut Giest, Detlef Pech (Hrsg.) (2013): Der Sachunterricht und seine Didaktik.

Bestände prüfen und Perspektiven entwickeln 2013, Bad Heilbrunn , S. 195-202

Heterogene Umwelteinflüsse

Von zentraler Bedeutung für das Vorwissen und die Vorerfahrungen der Kinder sind die Einflüsse ihrer jeweiligen Umwelt. Die gesellschaftlichen Entwicklungen der vergangenen Jahrzehnte haben die Bedingungen für das Aufwachsen von Kindern in unserer Gesellschaft deutlich verändert: Stichworte sind hier etwa Medienkindheit, Konsum-, aber auch Armutskindheit, Gesundheitsbelastungen durch Umweltzerstörung, weniger Möglichkeiten zu spontanen, eigenständigen Erfahrungen in ihrer Umwelt, stärkere zeitliche Strukturierung des Alltags, veränderte familiale Zusammensetzungen, Migrationserfahrungen, liberalere Erziehungsnormen und -praktiken, Institutionalisierung von Freizeit usw. , wobei das Ausmaß und die Auswirkungen dieser Veränderungsprozesse höchst unterschiedlich sind. Wir müssen daher damit rechnen, dass die Kinder in den Grundschulen in sehr differenten Sozialisationsmilieus leben und mit diesen Herausforderungen auch unterschiedlich umgehen, so dass sie bereits sehr individuelle Lebens- und Lerngeschichten hinter sich haben. Differenzierung in jeder Hinsicht tut daher not.

Was bedeutet dies nun für das historische Lernen im Sachunterricht? Hierzu müssen wir uns stichwortartig einige der Veränderungsprozesse – ungeachtet der notwendigen schicht-, geschlechts- und bildungsspezifischen Differenzierungen – ins Gedächtnis rufen:

- Kinder haben häufig viel umfassendere und differenziertere Vorkenntnisse und Fähigkeiten als früher. Ihre sozialen Erfahrungen, die sie in den Unterricht mitbringen, sind auf der einen Seite deutlich breiter, insbesondere, weil ihnen die Erwachsenenwelt nicht mehr verschlossen, sondern durch die Einflüsse der Medien, aber auch durch ihre Betroffenheit von Entwicklungen in der Erwachsenenwelt zugänglicher ist. Dies lässt sich etwa an den Auswirkungen des Golfkrieges auf die Ängste von Kindern und den Folgen von elterlicher Arbeitslosigkeit für Kinder (vgl. etwa Gläser 2002) zeigen. Allerdings sind diese Erfahrungen und dieses Wissen von Kindern meist in sich widersprüchlich, bruchstückhaft, unreflektiert und affektiv aufgeladen.
- Kindern fehlt es häufig an unmittelbaren Erfahrungen; sie gewinnen sie vielmehr in zunehmendem Maße aus den Medien.
- Kinder sind viel stärker als früher eigenständig entscheidende Konsumenten; die Welt des Konsums prägt ihren Alltag.
- Kinder sind im Alltag einer Bilderflut ausgesetzt, die ihre Wahrnehmungsfähigkeiten verändert – nicht unbedingt: verschlechtert – hat.

- Kinder leben heute weniger mit alten Menschen zusammen. Dadurch fehlen ihnen häufig Erfahrungen von Krankheit und Tod, aber auch und vor allem eine unmittelbare Weitergabe von Traditionen, also eine personale Begegnung mit verkörperter Geschichte.

Für das historische Lernen im Sachunterricht heißt das, dass Kinder zum einen viel stärker als früher Zugänge zu Bereichen menschlichen Lebens haben, die ihnen einst verschlossen waren, die aber für das Verständnis historischer Verhältnisse von Bedeutung sind; dies gilt z. B. für Teile der Arbeitswelt, für politische Entwicklungen u. Ä. Die intensivere Einbindung in die Erwachsenenwelt vor allem durch den Einfluss der Medien bedeutet einen grundlegenden Wandel in der Lebenswelt der Kinder gegenüber der Einhegung der Kindheit in einem eigenständigen Schonraum, wie er sich mit der Herausbildung der modernen Kindheitsphase seit dem 18. Jahrhundert zunächst als Anspruch, dann zunehmend auch als soziale Realität entwickelt hatte. Andererseits aber fehlt den Kindern heute vielfach die unmittelbare, personale Verbindung zur Vergangenheit, wie sie der Kontakt mit älteren Menschen gleichsam natürlich mit sich bringt. Außerdem müssen die Lernarrangements auf die veränderten Wahrnehmungsgewohnheiten und -fähigkeiten der Kinder Rücksicht nehmen. Dies muss geschehen (vgl. ausführlich unter Kapitel 5) durch

- die Berücksichtigung der Lesekompetenz und -ausdauer (vgl. die Ergebnisse der PISA- und IGLU-Studien) und der gesteigerten visuellen Wahrnehmung von Kindern; für das historische Lernen heißt dies, dass z. B. verstärkt mit Bildern, Filmen und multimedialen Zugängen gearbeitet, aber auch Lesekompetenzen bewusst gefördert und nicht einfach vorausgesetzt werden sollten,
- die verstärkte Nutzung handlungsorientierter Methoden, auch wenn dies bei der prinzipiell unanschaulichen Geschichte nicht ganz einfach ist,
- die Bereitstellung von Kontakten zu „lebendiger" Geschichte in Form von Zeitzeugen (Eltern, Großeltern, Altersheim etc.),
- die Mobilisierung und unterrichtliche Einbeziehung von Vorkenntnissen und Alltagstheorien der Kinder, mit der Zielperspektive, diese zu erweitern, zu vertiefen und ggf. auch in Frage zu stellen oder durch die Konfrontation mit wissenschaftlich gültigem Wissen gänzlich zu ändern („conceptual change"),
- die Förderung von Medienkompetenz, damit Kinder lernen, sich nicht durch historische Darstellungen in den Medien überwältigen zu lassen,
- eine stärkere inhaltliche und methodische Differenzierung

Die Literatur zur „veränderten Kindheit" ist mittlerweile schier unüberschaubar. Einen guten Einstieg liefern:

- Maria Fölling-Albers, Veränderte Kindheit – revisited. Konzepte und Ergebnisse sozialwissenschaftlicher Kindheitsforschung der vergangenen 20 Jahre, in: Dies. u. a. (Hg.), Jahrbuch Grundschule III 2000/2001. Kindheitsforschung, Forschung zum Sachunterricht, 2001, S. 10-51
- Dies., Soziokulturelle Bedingungen der Kindheit, in: Wolfgang Einsiedler u.a. (Hg.), Handbuch Grundschulpädagogik und Grundschuldidaktik. 4., ergänzte und aktualisierte Aufl. Bad Heilbrunn 2014, S. 175-182

Schlussfolgerungen

Welche Schlüsse sind nun aus den präsentierten Forschungsergebnissen zu ziehen? Hans-Jürgen Pandel hat in einer empirischen Studie zur „Genese narrativer Kompetenz" bei Kindern und Jugendlichen Anfang der 1990er Jahre bei jüngeren Kindern besonders im Hinblick auf das Historizitätsbewusstsein gravierende Defizite festgestellt, die ihn zu dem Schluss führten: „Die Ergebnisse lassen erneut Zweifel darüber aufkommen, Geschichte im Grund- und Orientierungsbereich einzusetzen. In dieser Altersstufe werden nach den jetzigen Befunden zwar die zur Verhandlung stehenden Sachverhalte verstanden, aber in nur einem eingeschränkten Sinne. Sie werden nämlich ihres besonderen historischen Charakters entkleidet und auf eine zeitlich neutrale Ebene gehoben. Die Kinder können dann zwar an der kulturellen Kommunikation teilnehmen, in der lokalgeschichtliche oder zeitgeschichtliche Ereignisse eine Rolle spielen. Ihnen entgeht aber der historische Charakter. Andersartige Denkweisen und besondere Umstände werden als solche nicht wahrgenommen. Auch bei den Jahrgängen ab Klasse sieben gibt es noch ähnliche Schwierigkeiten. Alterität wird nicht als Alterität wahrgenommen, wenn sie nicht als solche thematisiert wird." (Pandel 1994, 119). Sollten wir daher im Sachunterricht auf historisches Lernen verzichten?

Selbst wenn wir außer Acht lassen, dass die Pandelschen Ergebnisse, wenn sie denn verallgemeinerbar sind, keineswegs einen Zusammenhang nachweisen können zwischen dem Lebensalter der Kinder und ihrer Fähigkeit zum historischen Denken – denn wer sagt uns denn, dass Grundschulkinder, wenn der Reifung und damit dem Lebensalter nur ein bedingter Einfluss beizumessen ist, nach einem „guten" Sachunterricht zu historischen Themen nicht ganz anders geantwortet hätten? –, ist die Schlussfolgerung Pandels auch in einer weiteren Hinsicht problematisch: Wir dürfen nämlich aus der Tatsache, dass Kinder „noch nicht ‚richtig', ‚reif', ‚elaboriert', ‚vollwertig' historisch lernen" (von Borries 1987, 155), nicht einfach den Schluss ziehen, sie dürften dies dann im schulischen Unterricht überhaupt nicht tun (zumal sie es außerhalb der Schule ja schon längst tun!) (ähnlich: Hasberg 2001, Bd. 2, 131 und 339; deutlich optimistischer als Pandel ist Beilner; vgl. Beilner 1990, 1998, 1999a). Die Geschichtsdidaktikerin Hilke Günther-Arndt hat zu Recht schon vor vielen Jahren darauf hingewiesen, dass das historisch-politische Denken sich bei Kindern und Jugendlichen vor allem deshalb erst so spät entwickele, weil es erst spät unterrichtlich gefördert würde – und nicht, weil Kinder hierzu geistig nicht in der Lage wären (Günther-Arndt 1987, 17). Unsere kurze Zusammenschau der neueren Forschungen scheint diese Ansicht zu bestätigen – wenn wir denn nicht den Maßstab vollwertigen historischen Lernens heranziehen, den selbst manche Oberstufenschüler oder gar Studierende erst nach vielen Mühen erreichen. Schon zehn Jahre zuvor hatte Günther-Arndt in anderem Zusammenhang festgestellt: „Die didaktische Entscheidung darf heute nicht mehr lauten: Ein Lerngegenstand oder ein Lernziel wird so lange zurückgestellt, bis zu erwarten ist, dass der Schüler alle Aspekte richtig begreift." (Günther-Arndt 1976, 592) Diese Aussage hat heute immer noch Gültigkeit.

Um diese These ein wenig zu veranschaulichen, seien abschließend einige unterrichtlich gewonnene Beispiele von den Fähigkeiten und Leistungen von Grundschülern in diesem Bereich genannt:

* Äußerung eines Schülers der 2. Klasse: „Wenn die Leute etwas verändern, müssen sie überlegen, ob es auch wirklich gut ist und für immer gut ist; aber das weiß man vorher nie so genau." (Broel/Mayer 1988, 15)

* Aus einem Unterrichtsmodell zum Thema „Transport im Mittelalter": „Erfahrungen mit dem Einsatz bei Kindern im 4. und 5. Schuljahr belegen, dass Schülerinnen und Schüler dieses Alters nach eingehender Betrachtung der Abbildungen im auswertenden Gespräch eine Fülle von Beobachtungen und Fragen zu Entstehungszeit und Darstellungsweise der Bilder, zu menschlicher Arbeitsbelastung, Nutzung von Tieren und natürlichen Energien, Stabilität und Praktikabilität von Geräten, Transportbehinderungen, Gefährdungen, Flussüberquerungen, Verhältnis von Ladekapazität und Antriebsenergie, Reisedauer, Bewältigung von Distanzen, Vorteilen und Nachteilen artikulieren können." (Rückl 1993, 23)

* Im Rahmen eines Forschungsprojekts zur „Perspektivität im Prozess historischen Lernens" wurde in einem vierten Schuljahr das Thema „Nachkriegszeit" behandelt: „Ein zeitgenössisches Foto zeigt Kinder beim Kohlenklauen. Ein Schüler sagt: ‚Klauen tut man ja nicht!' Der Lehrer fragt: ‚Würdest du auch klauen?' Der Schüler überlegt eine Weile, dann: ‚Wenn ich Hunger hätte – ja.'" Die Schlussfolgerung der Autoren lautet: „Der Viertklässler hat am konkreten Beispiel eine erste Einsicht in den Zusammenhang von Lebensbedingungen und Perspektive gewonnen, in diesem Fall die Einsicht in einen Wertekonflikt (zwischen ‚Eigentum' und ‚Überleben') unter veränderten Lebensbedingun-

gen. Die Denkbewegung geht dabei sowohl in die Vergangenheit als auch – reflexiv – auf den eigenen Bezugsrahmen, auf die gegenwärtigen Lebensbedingungen des Schülers und auf seine Einstellung zu Eigentum" (zit. nach: von Reeken 1997, 220).

* In der bereits oben erwähnten empirischen Studie von Helmut Beilner sagte ein 10jähriger Grundschulabgänger: „Ich glaube nicht, dass man ohne Geschichte leben kann. Unsere Kinder wollen ja das auch einmal erfahren. Und wir lernen das jetzt schon für sie. Denn was in unserer Zeit geschieht, das lernen dann sie wieder. Ohne Geschichte wäre die Welt nicht so interessant. Denn in Erdkunde erfährt man etwas über das eigene Land und in der Geschichte etwas Allgemeines." (Beilner 1999a, 132)

* Bereits seit vielen Jahren beteiligen sich auch Grundschulen am Geschichtswettbewerb des Bundespräsidenten. Zwar gibt es noch keine empirischen Untersuchungen hierzu, aber viele Beiträge und Preisträger zeigen, dass Grundschüler durchaus in der Lage sind, eigenständige lokalgeschichtliche Forschungen vorzunehmen (vgl. hierzu den Bericht einer Tutorin in: Sauer 2014, 267-280).

* Eindrucksvoll schilderte die Grundschullehrerin Rita Rohrbach vor einigen Jahren in einem Aufsatz ihren eigenen Umgang mit historischem Lernen im Verlauf der vier Grundschuljahre in ihrer Klasse. In drei Phasen – Zeiterfassung (1./2. Schuljahr), Interessens- und Wirklichkeitserfassung (2./3. Schuljahr) und verstärkte Orientierung an den politischen Herausforderungen der Zeit (3./4. Schuljahr) – entwarf sie ein eigenes historisches Curriculum, in dem alle oben geschilderten Dimensionen des Geschichtsbewusstseins gefördert werden sollten. Dies gelang ihr offenbar in einer sehr beeindruckenden Weise, und sie kommt zu dem Schluss, „dass historisches Lernen in der Grundschule möglich, nötig und äußerst befriedigend ist. Es ist, wird es als lustvolles Lernen erlebt, prägend für das zukünftige Lernen und Leben und macht offen und kritikfähig für die Geschichte und damit auch für die Auseinandersetzungen mit den politischen Herausforderungen unserer Zeit." (Rohrbach 1998, 31)

Auch wenn Letzteres vielleicht ein Einzelbeispiel ist, denn nur wenige Lehrerinnen werden in der Lage sein, dem historischen Lernen so viel Unterrichtszeit zuzugestehen, so macht es doch sehr viel Mut, was die Fähigkeiten von Grundschulkindern angeht, und viele Leserinnen und Leser könnten, da bin ich mir sicher, die Reihe positiver Beispiele aus eigenen Unterrichtserfahrungen ergänzen.

Konsequenzen

Festzuhalten bleibt, dass trotz der grundsätzlichen Möglichkeit, Geschichte in der Grundschule zu behandeln, eine gewisse Adressatenangemessenheit bei der Auswahl der Ziele, Inhalte und Methoden historischen Lernens in der Grundschule zu berücksichtigen ist. So gibt es Inhalte und Methoden, die den Denk- und Erfahrungsvoraussetzungen von Grundschulkindern angemessener sind – nach der Terminologie der älteren Reifungstheorie sind dies „affine" Methoden und Stoffe –; exakte, wissenschaftlich geprüfte Kenntnisse hierüber, was „leichtere" und was „schwerere" Gegenstände historischen Lernens sind, liegen bislang allerdings leider ebenso wenig vor wie belastbares Wissen über Formen von Lernprogression und Graduierung beim historischen Lernen, so dass das Erfahrungswissen von Lehrerinnen und Lehrern zur Zeit noch ausreichen muss; Hinweise hierzu werden aber in den Kapiteln 4 und 5 gegeben. Außerdem sollen die Kinder ja durch Unterricht befähigt werden, neue Niveaus ihrer kognitiven, sozialen und moralischen Entwicklung zu erreichen („Fördern durch Fordern" also), was die Begegnung mit neuen Themen und neuen Aufgaben erfordert.

Schwierigkeiten bei dieser Förderung kindlicher Kompetenzen liegen im Bereich des historischen Lernens vor allem auf vier Ebenen:

1. Grundschulkindern fehlen noch manche soziale Erfahrungen, die für einen geglückten Perspektivenwechsel aus der Gegenwart in eine vergangene, andersartige Kultur notwendig sind. Trotz der Ausweitung ihrer Erfahrungsbereiche sind ihnen z. B. komplexe politische Prozesse und ökonomische Strukturen noch ebenso fremd wie die Denk- und Gefühlswelten von Erwachsenen.

2. Abstrakte Begriffe und Sachverhalte sind für Grundschulkinder nur bedingt zugänglich – aber vieles in der Geschichte ist nur durch Abstraktion in Gänze verstehbar. Dagegen geschieht die Begriffsbildung in diesem Lernalter vor allem in Anlehnung an Anschauungen und Handlungserfahrungen; Kinder „bilden ihre Begriffe von der Anschauung her, das Gemeinsame vieler ähnlicher konkreter Sachverhalte überlagert einander wie Bilder auf einer Folie – so lange, bis eine noch bildhafte Idee davon entsteht. Erst allmählich wird sie abstrahiert, zum abstrakteren Begriff abgehoben." (Wolter 1989, 18) Geschichte aber ist per se unanschaulich: „Weder lässt sie sich – wie ein physikalisches oder chemisches Phänomen – experimentell wiederholen und beobachten, noch führt ein Unterrichtsgang wirklich in sie hinein. Man kann sie nicht wie eine geographische Gegebenheit betrachten, und sie lässt sich auch nicht wie die politisch-soziale Wirklichkeit durch unmittelbare Beobachtung und Analyse erschließen." (Hantsche 1981a, 130) Es kommt also

darauf an, die Geschichte durch geeignete Methoden und die Auswahl der Inhalte (s. u. Kap. 4 und 5) sekundär zu veranschaulichen.

3. Trotz aller Bemühungen um Veranschaulichung: Sehen kann man nur die Überreste, die eigentliche Geschichte entsteht im Kopf. Historisches Lernen verlangt also ein hohes Maß an kognitiven Verstehensakten, die Kinder erst in längeren Lernprozessen vollziehen können. Es kommt also darauf an, sie schrittweise an dieses Denken heranzuführen, viele Gelegenheiten zum Gespräch über Geschichte und damit zum historischen Denken zu geben und Aufgaben und Material möglichst zu differenzieren, damit alle Kinder die Chance zum historischen Lernen erhalten. Zu welchen teils beeindruckenden kognitiven Leistungen Grundschulkinder aber auch fähig sind, zeigen die vielfältigen Erfahrungen aus Projekten des Philosophierens mit Kindern in den letzten Jahren (ein Überblick in: Michalik 2015).

4. Es besteht – die empirischen Studien haben dies belegt – die Gefahr, dass bei Kindern das moralische Urteil die Erkenntnis der Andersartigkeit überlagert, in der Terminologie Jeismanns also wie beim alltagsweltlichen Umgang mit Geschichte die Wertung vor oder gar anstelle von Analyse und Sachurteil tritt. Möglicherweise müssen wir dies in einem ersten Zugang zur Geschichte akzeptieren, in unserem Unterricht aber immer besonders darauf achten, dass die Fremdheit vergangener Kulturen und Lebenswelten nicht durch vorschnelle Vergleiche und Aktualisierungen aufgehoben wird. Historische Erkenntnis oszilliert eben ständig zwischen verstehender Annäherung und die Fremdheit akzeptierender Distanz, ein kognitiv anspruchsvoller Prozess, der aber schon bei Kindern angebahnt werden kann.

Die besonderen Lernvoraussetzungen von Grundschulkindern sprechen also, so das Fazit, nicht gegen eine Verankerung historischer Ziele, Inhalte und Methoden im Sachunterricht – eher im Gegenteil; sie verlangen lediglich eine besondere Schwerpunktsetzung bei den Auswahl- und Planungsentscheidungen. Ob aber Geschichte Teil des heutigen und zukünftigen Sachunterrichts sein *soll* – diese Frage kann nur von der Sachunterrichtsdidaktik und letztlich von der Gesellschaft beantwortet werden, wie der Blick über die Grenzen in andere Staaten zeigt, wo, wie z. B. in den USA, England und Frankreich, Geschichte selbstverständlicher Bestandteil des Grundschulcurriculums ist, z. T. sogar als eigenständiges Fach (vgl. hierzu die entsprechenden Länderartikel in Kahlert u.a. 2015 und Becher/Gläser 2015b).

Zum Weiterlesen:

- Rainer Krieger, Mehr Möglichkeiten als Grenzen – Anmerkungen eines Psychologen, in: Klaus Bergmann, Rita Rohrbach (Hrsg.), Kinder entdecken Geschichte. Theorie und Praxis historischen Lernens in der Grundschule und im frühen Geschichtsunterricht, Schwalbach /Ts. 2001, S. 32-50
- Rainer Dollase, Entwicklungspsychologische Grundlagen des kindlichen Weltverstehens, in: Walter Köhnlein u.a. (Hrsg.), Kinder auf dem Wege zum Verstehen der Welt, Bad Heilbrunn 1997, S. 16-38 (knappe und kompetente Zusammenfassung der wichtigsten psychologischen Erkenntnisse)
- Hilke Günther-Arndt, Psychologische Voraussetzungen historischen Lernens in der Primarstufe, in: Irmgard Hantsche, Hans-Dieter Schmid (Hrsg.), Historisches Lernen in der Grundschule, Stuttgart 1981, S. 12-32
- Dies., Historisches Lernen und Wissenserwerb, in: Dies., Meik Zülsdorf-Kersting (Hrsg.), Geschichts-Didaktik. Praxishandbuch für die Sekundarstufe I und II, 6. überarb. Neuaufl. Berlin 2014, S. 24-49 (zwar nicht auf das Grundschulalter bezogen, aber mit grundlegenden Informationen über die Charakteristika historischen Denkens, Wissens und Lernens und die Beziehungen zu den lebensweltlichen Schülervorstellungen unter Einbeziehung einschlägiger ausländischer Forschungen)
- Carlos Kölbl, Geschichtsbewusstsein – Empirie, in: Michele Barricelli, Martin Lücke (Hrsg.), Handbuch Praxis des Geschichtsunterrichts. Bd. 1, Schwalbach/Ts. 2012, S. 112-120 (knapper, grundlegender Aufsatz mit einigen Hinweisen auch auf Forschungen zum Grundschulalter)
- Markus Kübler, Entwicklung von Zeit- und Geschichtsbewusstsein, in: Joachim Kahlert u.a. (Hrsg.), Handbuch Didaktik des Sachunterrichts. 2., aktualisierte und erweiterte Aufl. Bad Heilbrunn 2015, S. 335-340
- Wolfgang Schneider, Ulman Lindenberger (Hrsg.): Entwicklungspsychologie. 7. vollständig überarb. Neuaufl. Weinheim 2012

3. Geschichte im Sachunterricht: Begründungen, Zielsetzungen, Kompetenzen

Geschichte im Sachunterricht?

Ein eigenständiges Grundschulfach „Geschichte" fordert in Deutschland niemand ernsthaft. Unbeschadet der Tatsache, dass historische Elemente auch in anderen Grundschulfächern, vor allem im Religionsunterricht, aber auch in Deutsch, Kunst und anderswo, ihren Platz haben, ist der Sachunterricht der eigentliche Ort historischen Lernens – wenn man es denn für sinnvoll hält. Die Frage nach der Verankerung historischer Inhalte und Fragestellungen in der Grundschule ist also auch eine Anfrage an die Sachunterrichtsdidaktik: Sie lautet: Gehört das historische Lernen zu den Essentials sachunterrichtlichen Lernens? Um vorweg ein mögliches Missverständnis auszuräumen: Es geht bei dieser Frage nicht um die Wiederbelebung eines fachpropädeutischen Sachunterrichts; in der Frühphase wissenschaftsorientierten Sachunterrichts in den frühen 1970er Jahren war eine solche Vorbereitung auf den Fachunterricht der weiterführenden Schulen durchaus ein konsensfähiges Ziel des Sachunterrichts und fand auch Eingang in die ersten revidierten Lehrpläne mancher Bundesländer. Heute dagegen wird ein solcher Ansatz ernsthaft von kaum jemandem mehr vertreten; der Sachunterricht hat vielmehr eine *eigenständige* Zielsetzung, die sich nicht nur in der Zuarbeit zu den Sekundarstufenfächern erschöpft, wie auch die Grundschule als Schulform nicht lediglich „Vorarbeiten" für das „eigentliche Lernen" leistet, sondern vielmehr institutioneller Ausdruck einer eigenständigen grundlegenden Bildung ist. Allerdings ist im Zuge der Kritik des fachpropädeutischen Ansatzes in der Sachunterrichtsdidaktik und der Wende zur Kindorientierung häufig – wie in so vielen pädagogischen „Wenden" – das Kind mit dem Bade ausgeschüttet worden, indem das Gespräch mit den Bezugsfächern des Sachunterrichts abriss und die nach wie vor bedeutende Rolle der Fächer für einen wissenschaftsorientierten Sachunterricht nicht immer angemessen bestimmt wurde und wird. Auch hier ist noch dringender interdisziplinärer Forschungsbedarf.

Befragt man die einschlägigen Gesamtdarstellungen der Sachunterrichtsdidaktik und die Kerncurricula der Bundesländer, so erhält man eine relativ eindeutige Antwort: „Geschichte" gehört in das Sachunterrichtscurriculum (vgl. etwa Soostmeyer 1992, 409-411, Mayer 1993, 107-118, Richter 2002, 134-137, Kahlert 2002, 231f., Köhnlein 2012, 350-363, Hartinger/Lange 2014, 98-116, Kahlert u.a. 2015, 163-168 sowie alle Lehrpläne; am wenigsten noch bei Kaiser 2006, 191-197). Dies drückt sich auch aus in dem von der „Gesellschaft für Didaktik des Sachunterrichts" in einem mehrjährigen Verfahren entwickelten,

2001/2 erstmals veröffentlichten und 2013 gründlich revidierten „Perspektivrahmen Sachunterricht“ (GDSU 2002 und GDSU 2013): Eine der insgesamt lediglich fünf grundlegenden Perspektiven des Sachunterrichts ist hiernach die historische.

Bestandsaufnahme der Unterrichtspraxis

Allerdings: Schlägt sich dieser Konsens von Sachunterrichtsdidaktikern und Richtlinienautoren auch in der Unterrichtspraxis nieder? Zwar fehlen uns auch hier gründliche empirische Forschungen, doch werfen einige Stichproben aus unterschiedlichen Epochen des Sachunterrichts seit Mitte der 1960er Jahre zumindest Schlaglichter auf die Situation:

1965/66 wertete Günther Höcker die Klassenbücher von zehn Kieler Grundschulklassen des vierten Jahrgangs im Hinblick auf die unterrichteten Themen des Sachunterrichts aus (Höcker 1968). Er kam dabei für unseren Zusammenhang zu dem Ergebnis, dass knapp zehn Prozent der Sachunterrichtsstunden geschichtlichen Themen gewidmet seien, wobei allerdings nur wenige „mit eigenständigem Fachansatz qualifiziert” waren, während die meisten eng auf die quantitativ dominierenden erdkundlichen Themen bezogen waren.

Helmut Schreier untersuchte die gleiche Quelle in zehn Kasseler Grundschulen aus der Umbruchszeit von 1967 bis 1975, wobei er das zweite bis vierte Schuljahr berücksichtigte (Schreier 1979). Für den „historischen Bereich“ stellte er fest, dass dieser im zweiten Schuljahr gar nicht vertreten war und im dritten und vierten im Untersuchungszeitraum eine sinkende Tendenz aufwies (ebd., 124-131).

Eine ähnliche Studie wie die Höckers, dreißig Jahre später durchgeführt (Breitschuh 1997), ergab noch ein deutlich schlechteres Bild für die Geschichte, denn nur knapp 5 % der Stunden waren ihr gewidmet, wobei in den meisten Schulen sogar nur 0 bis 3 Sachunterrichtsstunden im ganzen Schuljahr historische Inhalte thematisierten.

Die jüngste vergleichende Lehrplananalyse stammt aus dem Jahr 2004: Saskia Handro untersuchte hier die zu diesem Zeitpunkt gültigen Lehrpläne aller 16 Bundesländer, nahm allerdings keine quantitative Auswertung vor. Qualitativ stellte sie ein breites Spektrum von Lehrplanvorgaben fest: von einer weitgehenden Marginalisierung historischen Lernens über das „klassische“ Nacheinander von Zeitbewusstseinsbildung in Klasse 1/2 und Geschichtsthemen in Klasse 3/4 bis zu anspruchsvollen Konzepten einer Förderung des Geschichtsbewusstseins in allen Jahrgängen der Grundschule; letzteres in wenigen Lehrplänen, die sich offenbar am 2002 erschienenen Perspektivrahmen der GDSU orientierten (Handro 2004).

Und Beate Blaseio hat auf der Grundlage der Analyse von Sachunterrichts-Schulbüchern Entwicklungstendenzen der Inhalte des Faches herausgearbeitet. Für den historisch-chronometrischen Bereich kommt sie für die 2000er Jahre auf einen Anteil von 11,7 (2000 bis 2004) bzw. 8,7 % (2005 bis 2007), einen Anteil, der seit den 1980er Jahren relativ konstant ist (Blaseio 2004, 187 und 2009, 123f.)

Auch wenn zumindest die Studien von Höcker und Breitschuh aufgrund der schmalen empirischen Basis keine Allgemeingültigkeit beanspruchen können, ist der Eindruck wohl nicht falsch, dass die Bedeutung der Geschichte für den Sachunterricht in den letzten Jahrzehnten eher bescheiden ist. Während der (Heimat-)Geschichte in der Heimatkunde ein selbstverständlicher Platz eingeräumt war, wurde dieser in den folgenden Jahrzehnten der Entwicklung des Sachunterrichts zwar theoretisch, wie gesagt, kaum einmal in Frage gestellt, in der Praxis aber immer weniger ausgefüllt. Dass sich dies auch auf wissenschaftlicher Ebene niederschlug, zeigen die relativ wenigen Beiträge zum historischen Lernen in den Publikationsreihen der „Gesellschaft für Didaktik des Sachunterrichts“ und die Tatsache, dass in Astrid Kaisers Praxisbänden zum handlungsorientierten Sachunterricht von insgesamt 83 Unterrichtsbeiträgen nur zwei (!) explizit auf historische Themen bezogen sind (Kaiser 2009, 2010, 2012 und 2014).

In den vergangenen Jahren hat sich die Situation allerdings ein wenig geändert: Zwar steht das historische Lernen sicher nicht im Mittelpunkt der Forschungsdiskurse und der Kreis derjenigen, die sich systematisch und kontinuierlich mit ihm befassen, ist sehr überschaubar, doch zeugen eine Reihe neuerer Publikationen und regelmäßige Themenhefte in allen Grundschulzeitschriften von einem intensivierten Nachdenken über die Ziele und die Möglichkeiten historischen Lernens im Rahmen des Sachunterrichts. Ein wichtiger Impuls dürfte auch von dem voraussichtlich in diesem Jahr erscheinenden Band zur Konkretisierung der Perspektivrahmen-Anforderungen zu erwarten sein, der (hoffentlich) zeigen wird, dass die anspruchsvollen Anforderungen, von denen gleich noch die Rede sein wird, auch tatsächlich umsetzbar sind. Ob sich der verstärkte Diskurs dann auch in der Praxis des Unterrichts niederschlägt, wissen wir nicht.

Historisches Lernen im Rahmen sachunterrichtlicher Zielsetzungen

Von zentraler Bedeutung ist eine Vergewisserung über die grundlegenden Ziele des Sachunterrichts, um auf dieser Basis über einen möglichen Stellenwert der Geschichte nachdenken zu können. Relativ breiter Konsens herrscht über die Auffassung, der Sachunterricht müsse den Kindern bei der Erschließung ihrer Lebenswirklichkeit helfen (vgl. etwa GDSU 2002 und 2013, Kahlert 2002) – die

Allgemeinheit dieser Aussage allerdings macht den Konsens leicht, seine konkrete Umsetzung in Curricula aber schwierig Ein prominenter Begründungszusammenhang für eine solche Umsetzung macht hierfür Anleihen bei der Allgemeinen Didaktik. Argumentiert wird mit dem Schlüsselproblemkonzept Wolfgang Klafkis (Klafki 1994).

Klafkis Konzept ist – wie in zahlreichen anderen Unterrichtsfächern und Fachdidaktiken – auch und besonders im Sachunterricht auf große positive Resonanz gestoßen. Klafki selbst stellte es in den Mittelpunkt seiner Überlegungen zum Bildungsauftrag des Sachunterrichts, ohne allerdings hier konkreter zu werden (Klafki 1992 und 1993). Auch die Gesamtdarstellung der Sachunterrichtsdidaktik von Astrid Kaiser baut ihre Überlegungen zu den Inhalten des Faches wesentlich auf den Schlüsselproblemen auf (Kaiser 1995, 149-152 und 2006, 184-197), bedingt geschieht dies auch bei Joachim Kahlert (Kahlert 2002, 207f.), Dagmar Richter (Richter 2002, 113-115) und Walter Köhnlein (Köhnlein 2012, 278-280).

Für unseren Zusammenhang ist dabei wichtig, dass der Geschichte im Schlüsselproblemkonzept eine wichtige Funktion zukommen muss, indem gegenwärtige und zukünftige Schlüsselprobleme erst durch eine historische Analyse in ihrer Genese deutlich und Alternativen zur gegenwärtigen Welt und ihren Problemen durch den Vergleich mit dem historisch ganz Anderen, Fremden sicht- und denkbar werden (von Reeken 1999b). Argumentiert man also mit Klafkis Allgemeinbildungskonzept, so hat das historische Lernen einen eigenständigen, bedeutenden Stellenwert im schulischen Curriculum. Dies gilt für alle Schulformen und -stufen – so auch für die Grundschule, denn es lässt sich, vor allem angesichts des im letzten Kapitel Festgestellten, kein vernünftiger Grund nennen, warum nun gerade damit erst zu einem viel späteren Zeitpunkt begonnen werden sollte, zumal wenn wir die ohne Zweifel bei Grundschulkinder vorhandenen Interessen und Motivationen für die Frage „Wie war das eigentlich früher?" bedenken. Ein Eingehen darauf gebietet sich nicht zuletzt, wenn man an Klafkis zweite zentrale Dimension, die der vielseitigen Interessen- und Fähigkeitsentwicklung von Kindern, denkt, zu der eben auch das Interesse für Vergangenes und die Fähigkeit zum Umgang mit Vergangenheit und Geschichte gehören.

Die Notwendigkeit historischen Lernens im Sachunterricht lässt sich aber auch auf einem anderen Weg legitimieren: nämlich über die „wuchernde" Geschichtskultur in unserer Gesellschaft. Klaus Bergmann sprach zu Recht von der „Allgegenwart von Geschichte" in unserer Gesellschaft (Bergmann 1993b). Kindern begegnet Geschichte in ihrer Lebenswelt immer wieder, ohne dass sie das bewusst reflektieren; Geschichte „steckt" nicht nur in Bauwerken und Denkmälern ihrer Umgebung, sondern auch – mehr oder weniger offen – in Comics, Zeichentrick- und anderen Filmen, fiktionalen und sachlichen Kinderbüchern, Spielen, Spielzeug usw. So entsteht das, was oben als „alltagsweltliches Geschichtsbewusstsein" bezeichnet wurde, ein Konglomerat von richtigen und falschen Informationen, Deutungen, Urteilen und Vorurteilen, Halbwissen und Wissen. Geschichte ist somit ein elementarer Teil der kindlichen Lebenswirklichkeit – ihre Ausschließung aus dem Sachunterricht bedeutete eine erhebliche Einschränkung der Lernpotenziale des Sachunterrichts und eine sträfliche Vernachlässigung der legitimen Fragen und Lernbedürfnisse von Kindern. Außerdem bestünde die Gefahr der Verfestigung falscher Vorstellungen, wenn man das „Geschäft" der Geschichtsvermittlung ausschließlich den außerschulischen Agenten der Geschichtskultur überließe (vgl. von Reeken 2004a und 2004b).

Fünf weitere Argumente für das historische Lernen seien abschließend genannt:

1. Durch die Untersuchungen der Sozialisationsforschung seit den 1960er Jahren wissen wir mittlerweile, dass sich politische Einstellungen, Urteile und Verhaltensmuster schon im frühen Kindesalter zu bilden und zu festigen beginnen, politische Sozialisation also bereits in der Vorschulzeit einsetzt. Da historisches Lernen unbestritten Teil einer historisch-politischen Bildung ist, kommt ihm hier eine wichtige Aufgabe beim nach wie vor defizitären politischen Lernen im Grundschulunterricht zu (vgl. George/Prote 1996; von Reeken 2007; Claußen 2003; Richter 2004; Richter 2007;).

2. Grundschulkinder erleben ihre Lebenswelt als selbstverständlich; sie neigen zunächst nicht dazu, sie in Frage zu stellen. Die Begegnung mit dem Anderen in der Vorgeschichte der Gegenwart aber verflüssigt solche Selbstverständlichkeiten, bewegt Kinder dazu, nach den Ursachen für Veränderungen zu fragen, Gegenwart als veränderlich und veränderbar zu denken und daraus eigene Handlungsperspektiven zu entwickeln.

3. Von zentraler Bedeutung für die Entwicklung einer demokratischen, humanen und sozialen Gesellschaft ist die Bereitschaft und Fähigkeit der Menschen zur Perspektivenübernahme. An historischen Themen kann Fremdverstehen besonders gut geübt werden, da diese, „wegen der fehlenden direkten Betroffenheit der Schüler – Stichworte: Migrationsbewegungen, Ausländerfeindlichkeit, 'Das Boot ist voll'-Mentalität – weniger angstbesetzt sind als andere" (von Reeken 1996, 364). Historisches Lernen ist damit ein unverzichtbarer Bestandteil interkulturellen Lernens, das gerade für den Sachunterricht in den letzten Jahren verstärkt gefordert wird (vgl. Glumpler 1996;von Reeken 2000 und 2014; Dühlmeier/Sandfuchs 2015).

4. Zum Identitätsbildungsprozess von Kindern und Jugendlichen gehört die Auseinandersetzung mit der eigenen Vergangenheit, mit der des sozialen Bezugssystems (vor allem der Familie bzw. familienähnlichen Gemeinschaft), aber auch in zunehmendem Maße mit der von Herkunftsgruppen wie

Geschlecht, Schicht, Klasse, Nation, Sprach- und Religionsgemeinschaft. Über die Abgrenzung von und Identifikation mit den eigenen – biologischen und sozialen – Vorfahren gewinnen Kinder Konturen eines Selbstbildes (vgl. Wolter 1989, 15). Bestätigt wird dies auch durch empirische Untersuchungen: Kaum ein Thema interessiert Schülerinnen und Schüler so sehr wie die eigene Familiengeschichte (vgl. z. B. von Borries 2001, 8 und Pape 2008a).

5. Die „Öffnung der Schule" ist eines der wichtigsten pädagogischen Reformkonzepte der letzten Jahre, das vor allem in der Grundschule zum Tragen kam. Grundschulen sollen aus dem gesellschaftlichen Schattendasein einer pädagogischen Enklave befreit werden und stärker in ihr – vor allem lokales – Umfeld integriert werden. Praktisch heißt dies, dass die Schulen künftig vermehrt mit außerschulischen Institutionen zusammenarbeiten werden, Einflüsse von außerhalb in die Schulen wirken, Schulen aber auch als Kristallisationskerne lokalen sozialen Lebens dienen werden, z. B. im Rahmen der kulturellen und sozialen Stadtteilarbeit. Ohne eine verstärkte Integration der historischen Dimension dieses Umfeldes ist dies aber kaum möglich; die Zusammenarbeit der Grundschule mit geschichtskulturellen Einrichtungen wie Museen, Archiven, historischen Vereinen, Gedenkstätten, Geschichtswerkstätten, Seniorengesprächskreisen, Erwachsenenbildungseinrichtungen etc. gehört in ein beide Seiten befruchtendes Konzept der Öffnung von Schule.

Ziele historischen Lernens im Sachunterricht

Wie also lauten die Ziele historischen Lernens im Rahmen des Sachunterrichts? Zunächst muss festgehalten werden, dass es weder um einen eigenständigen historischen „Lehrgang" noch um eine Vorverlegung des „eigentlichen" Geschichtsunterrichts, wie er bundeslandspezifisch im 5., 6. oder 7. Jahrgang beginnt, in die Grundschule gehen kann; letzteres schon gar nicht, weil der Geschichtsunterricht in der Sekundarstufe I immer noch vielfach im Sinne eines „chronologischen Durchgangs" durch die Geschichte von den Anfängen der Menschheitsgeschichte bis zur Gegenwart organisiert ist – eine Lernorganisation, die auch dort zunehmend und mit Recht in die Kritik geraten ist und daher nicht einfach in die Grundschule übertragen werden darf.

Grundlegendes Ziel historischen Lernens in der Schule ist die Förderung der Entwicklung eines reflektierten Geschichtsbewusstseins in allen o. g. Dimensionen als unverzichtbarer Teil des Identitäts- und Persönlichkeitsbildungsprozesses des Kindes. Entwicklung des Geschichtsbewusstseins heißt also nicht, einen Kanon von abfragbarem Wissen über Geschichte zu lehren – ohne die Bedeutung von Wissen für Lernprozesse damit gering zu schätzen –, sondern meint vielmehr, die Fähigkeit zur methodisch bewussten und kontrollierten geistigen Verarbeitung historischer Sachverhalte und Deutungsmuster, also: die Fähigkeit zum historischen Denken zu unterstützen. Es geht dabei in der Grundschule im Wesentlichen um folgende acht Dimensionen:

1. *Den Aufbau eines positiven Verhältnisses zur Beschäftigung mit Vergangenem*: Alle diejenigen, die mit Kindern zu tun haben, wissen darüber zu berichten, dass viele Schüler bis etwa zum Eintritt in die Pubertät prinzipiell ein großes Interesse an Geschichte besitzen, an das unterrichtlich leicht angeknüpft werden kann und das auch im Sinne der Klafkischen vielseitigen Interessen- und Fähigkeitsentwicklung gefördert werden muss. Dieses Erfahrungswissen von Lehrerinnen und Lehrern ist mittlerweile auch empirisch bestätigt; Helmut Beilners bereits erwähnte Studie ergab immerhin 82% der befragten Schüler, die bei der Frage nach ihrem Geschichtsinteresse mit „sehr" oder gar „am meisten unter allen Fächern" votierten (Beilner 1999a, 129). Da Geschichte als Gegenstand aber nicht immer leicht zugänglich, meist medial vermittelt und auf Sprachkompetenz angewiesen ist, heißt historisches Lernen auch Überwindung von Schwierigkeiten, bedeutet Anstrengung und bietet einen Gewinn an (Er-)Kenntnissen und Einsichten erst nach einem längeren, arbeitsamen Weg. Historisches Lernen benötigt deshalb ein hohes Maß an intrinsischer Motivation. Hinzu kommt, dass von einer Tradierung von Geschichte durch die Elternhäuser über Erzählungen nicht mehr durchgängig auszugehen und auch die Begegnung von Grundschulkindern mit Angeboten der Geschichtskultur sehr unterschiedlich ausgeprägt ist. Hier kann ein entsprechend gestalteter Sachunterricht in der Grundschule eine wichtige Grundlagenarbeit leisten – nicht (ausschließlich) im Sinne einer Fachpropädeutik, sondern als wichtiger Teil der grundlegenden Bildung, die in der Grundschule geleistet werden soll. Wolfgang Einsiedler hat bereits 1981 darauf hingewiesen, dass im Bereich der Motivation eine ganz zentrale Aufgabe der Grundschule liegt: „Da im Grundschulunterricht häufig die erste Begegnung mit einem Lernbereich stattfindet, die ausschlaggebend für das weitere Engagement in diesem Feld sein kann, sind die motivationalen Ziele fast wichtiger als die Kenntnisvermittlung." (Einsiedler 1981, 87) Von großer Bedeutung ist es, so schon Maria Montessori, eine „Höchstzahl von Interessensamen" zu säen (Schaub 1993, 17) – und die Geschichte besitzt einen schier unerschöpflichen Vorrat an solchen Samen. Welche Bedeutung die Interessenförderung im und durch den Sachunterricht hat, hat Andreas Hartinger in einer empirischen Studie und jüngst auch in einem zusammenfassenden Beitrag gezeigt (Hartinger 1997 und 2015). Allerdings muss es in diesem Zusammenhang auch darum gehen, nicht nur eine Vielfalt von Optionen, von Lebensmöglichkeiten zu präsentieren, sondern den Kindern auch die Gelegenheit zu geben, sich individuelle und sozial verantwortbare Kriterien für deren Auswahl zu erschließen.

2. *Die Erkenntnis der Historizität der eigenen Lebenswelt*: Hierbei geht es natürlich um die Förderung des Historizitätsbewusstseins (s. o.) an einem ganz

konkreten, den Kindern nahestehenden, vertrauten und damit scheinbar „natürlichen" Gegenstand, nämlich an ihrer eigenen räumlichen und sozialen Lebenswelt. In der Erkenntnis, dass das, was um sie herum ist, einmal anders gewesen ist, liegt eine bedeutende Voraussetzung für das Bewusstsein von Historizität überhaupt (vgl. Pandel 1994, 115). Gleichzeitig muss aber auch deutlich werden, dass sich gesellschaftliche Verhältnisse, Strukturen und Mentalitäten unterschiedlich schnell verändern, dass manche durch eine „lange Dauer", andere durch kurze Zyklen gekennzeichnet sind und dass menschliches Handeln absichtlich und unabsichtlich zu Veränderungen wie zu deren Verhinderung beitragen kann. Damit lernen die Kinder grundlegende Kategorien historischen Denkens (vgl. Mayer/Pandel 1976, Rohlfes 1986, 46-58, Mayer 1992, 706-09, Bergmann/Thurn 1998, 23).

3. *Die Erkenntnis des Zusammenhangs von Vergangenheit, Gegenwart und Zukunft.* Grundschulkinder leben vor allem in der Gegenwart; ihr Zukunftsbezug ist nach allem, was wir bislang hierüber wissen – auch hier ist die Wissenslücke bedeutend größer als das gesicherte Wissen –, diffus. Geprägt ist er von eigenen Wünschen, den Erwartungen der Umgebung und den Erfahrungen in einer medial geprägten Welt; fordert man Kinder etwa auf, sich die Zukunft bildlich, gestaltend oder erzählend auszumalen, so sind die Einflüsse der Medien mit Händen zu greifen. Wenn die Ergebnisse der Forschungen von Christina Ehlers verallgemeinerbar sind, so ist die Planungskompetenz in die Zukunft hinein nur bedingt direkt unterrichtlich zu fördern (eine der wenigen methodischen Möglichkeiten ist die „Zukunftswerkstatt"), vielmehr kommt es vor allem auf eine indirekte Förderung an: Indem nämlich das Temporalbewusstsein durch historisches Lernen von der Gegenwart des Kindes in die Vergangenheit sukzessive ausgedehnt wird und sich das Kind in der vergangenen Zeit zunehmend kompetenter und sicherer bewegt, scheint sich auch die Zukunftsfähigkeit gleichsam automatisch mit zu erweitern: „Die Antizipation der Zukunft kann dann gelingen, wenn unter anderem ein Wissen über bereits Vergangenes, über gewisse Strukturen und Möglichkeiten des Geschehens vorhanden sind. Das Wissen um Vergangenes erlaubt es, ein Bewusstsein von zeitlichen Abläufen zu entwickeln und Geschehnisse in zeitliche Abläufe einzuordnen. Außerdem steht es zu vermuten, dass ein Zugang zur Zeitperspektive Kindern leichter fällt, wenn dieser über konkrete Ereignisse, die tatsächlich geschehen sind und zum Teil noch der direkten Erfahrung zugänglich sind, führt und nicht über abstrakte, künftige Dinge." (Ehlers 1989, 125) Ehlers' empirische Untersuchungen bestätigten diese Annahme (vgl. auch Schmitt 1990). Über den „Umweg" in die Geschichte wird das Zukunftsbewusstsein offenbar deutlich realistischer; Kinder lernen im Umgang mit vergangenem Geschehen Möglichkeiten und Grenzen des eigenen Handelns wie der gesellschaftlichen Entwicklung insgesamt.

4. *Fragen an die Geschichte stellen lernen.* Geschichte erschließt sich erst durch unsere aus Gegenwartsinteressen und -bedürfnissen entstandenen Fragen

an sie. Für Kinder muss sich das Fragenstellen an die Geschichte zu einem selbstverständlichen Bestandteil ihres Umgangs mit Problemen entwickeln, um ihre Problemlösungskompetenzen zu erweitern. Im Zuge von Lernprozessen verändert sich auch die Qualität und Differenziertheit von Fragen; während sie zunächst häufig auf einer faktischen Ebene verbleiben, kommen später immer stärker Fragen nach Problemen, Ursachen etc. und eine subjektive Betroffenheit durch die historischen Probleme zum Vorschein. Die Grundschullehrerin Margrit Wolter verdeutlicht dies unter Bezugnahme auf Hartmut von Hentig an einem Beispiel: „Und haben die Kinder einmal entdeckt, dass auch in geschichtlicher Zeit alles Handeln bedingt und begründet war, verändern sich ihre Fragen: Nicht ‚Sind die Großeltern umgesiedelt?' sondern ‚Was hat sie zur Umsiedlung veranlasst, und was hätte sie daran hindern können?' Eigenes Suchen und die handelnde Beschäftigung mit konkreter Geschichte verschiebt die Perspektive von Fakten ‚Damals war KRIEG' (mit den möglichen Assoziationen Technik, Abenteuer, Heldentum) hin zur Frage nach Bedeutung und Wirkung: ‚Was bedeutete es für die Kinder damals, im Krieg zu leben? Möchte ich so leben? Möchte ich Krieg?'" (Wolter 1989, 15) Die Fragen stammen zum einen aus den Vorerfahrungen, Vor-Urteilen und Interessen der Kinder (z. B. bei aktuellen Anlässen), zum anderen muss ihre Entstehung aber auch durch ein entsprechendes Unterrichtsarrangement befördert werden, indem z. B. durch geeignete Medien „begriffliche Konflikte" wie Überraschung, Zweifel, Verwirrung, Verblüffung und Widerspruch erzeugt werden (Knoch 1977, 86f.).

5. *Die Erkenntnis, wie Informationen und Deutungen über Vergangenes zustandekommen.* Wir haben oben bereits festgestellt, dass Geschichte nur als Konstrukt existiert. Ein redliches unterrichtliches Vorgehen gebietet es daher, Schülerinnen und Schülern diesen Konstruktcharakter von Geschichte zu verdeutlichen, um sie dazu zu befähigen, sowohl mit den Konstrukten anderer (z. B. in Form von Geschichtsdarstellungen wie Kinderbüchern, Filmen, Fernsehsendungen etc.) kritisch umgehen als auch eigene Rekonstruktionen und Konstruktionen unternehmen zu können, also selbst Geschichte zu erzählen (s.u.). Hierzu ist der zunehmend eigenständige Umgang mit *Quellen* und die Einführung in historische *Methoden* unerlässlich – natürlich nicht im Sinne eines historischen Methodenseminars, sondern immer im Kontext eines konkreten Unterrichtsinhalts. Kinder lernen so zunehmend, ihre eigenen Fragen an die Geschichte reflektiert und kritisch zu beantworten und dabei auf neue, für sie bedeutsame Fragen zu stoßen, und sie gewinnen gleichzeitig an Kompetenz bei der Informationsbeschaffung und -verarbeitung.

6. *Die Genese von Gegenwartsphänomenen und -problemen durch den Blick in ihre Geschichte erkennen lernen.* Hierbei muss aber die im Sachunterricht beliebte Gegenüberstellung von „früher – heute" vor allem an technischen Gegenständen, aber auch an Themen der Lebenswelt wie Wohnen, Bauernhof etc. mit Vorsicht behandelt werden. Zwar lernen Kinder durch den Vergleich, ihr

Unterscheidungsvermögen zu schulen und Veränderungen in der Zeit im Sinne des Historizitätsbewusstseins wahrzunehmen, doch zum einen fehlt dabei häufig die Einbettung des untersuchten Gegenstandes (z. B. eines Fahrrades, Waschbretts oder Bügeleisens) in die sozialen Zusammenhänge, so dass die Bedeutung für das Leben der Menschen nicht einsichtig wird (vgl. Lampe 1976, 69). Zum anderen fördert ein solcher Längsschnittvergleich ein naives Fortschrittsdenken nach dem Motto: Wie gut haben wir es doch heute mit unseren technischen – oder sonstigen – Errungenschaften! Hermann de Buhr zeigte vor vielen Jahren anhand eines Unterrichtsbeispiels, wie tief verankert die Fortschrittsgläubigkeit im Bewusstsein der Schüler und wie notwendig deren Differenzierung durch Unterricht ist: „Bei einem Besuch mit einem 4. Schuljahr in der Gläser-Sammlung des Römisch-Germanischen Museums in Köln sollten die Schüler die Gläser nach ‘vorher’ und ‘nachher’ einordnen. Natürlich ordneten sie die kunstvollen farbigen römischen Diatret- und Schlangenfadengläser einer späteren Epoche zu, während sie die einfachen Gläser der Völkerwanderungszeit in eine frühere Epoche verlegten, also genau umgekehrt. Anhand der Daten ließ sich rasch einsichtig machen, dass hier eine Stagnation, ein Rückgang und ein Vergessen von Fertigkeiten zu beobachten ist. Diese Einsicht, dass es in der Geschichte durchaus Prozesse von Stagnation und Rückschritt gibt, ist von nicht unerheblicher Bedeutung.” (de Buhr 1981, 102f. ; vgl. auch Buck 2012, 371f.)

7. *Die Förderung von Fremdverstehen und Perspektivität durch die Konfrontation mit dem Anderen in der – eigenen oder fremden – Geschichte.* Verfremdung der eigenen Gegenwart führt zu einer zunehmenden Zukunftsoffenheit, weil die Gegenwart in Frage gestellt und damit ggf. verändert werden kann. Kinder werden so genötigt, ihre Vorstellungen, Erwartungen, Deutungen, Kenntnisse und Erfahrungen immer wieder vor der Folie des ganz Anderen kritisch zu prüfen – ein wichtiger Schritt im Identitätsbildungsprozess von Kindern. Hans Glöckel betonte etwa, die heute Lebenden könnten so lernen, „dass andere Zeiten ganz andere Interessen und Wertsetzungen hatten, dass wir in mancher Beziehung auch ärmer sind als jene, dass wir nicht allein das Maß für die Beurteilung menschlicher Dinge besitzen.” (Glöckel 1981, 56). Einfühlendes Denken ist, dies hat Klaus Bergmann hervorgehoben (Bergmann 1993a, 190), eine Voraussetzung für soziales Handeln und muss erst mühsam erlernt und daher durch Unterricht gefördert werden. Dies ist sicher eine der schwierigsten Zielsetzungen des historischen Lernens in der Schule insgesamt; vielleicht ist hier in der Grundschule erst eine Anbahnung von Fremdverstehen, der Fähigkeit zur Perspektivenübernahme, möglich (vgl. hierzu das Beispiel zur Geschichte Altägyptens: von Reeken 2016), dennoch sollte auf die grundlegende Unterscheidung von Interpretation historischer Sachverhalte – also die Rekonstruktion und Beurteilung nach *damaligen* Maßstäben – und deren Bewertung aus *heutiger* Perspektive mit unseren moralischen, rechtlichen, ethischen oder politischen Normen Wert gelegt werden (vgl. auch von Reeken 2004a). Andererseits haben auch

Grundschulkinder bereits viele Erfahrungen mit Perspektivität in ihrer Lebenswelt gemacht (vgl. Billmann-Mahecha 1990 und Schreiber 2000, 10), und sie haben in Befragungen deutlich gemacht, dass es gerade das Andersartige, Fremde ist, was sie in der Geschichte besonders interessiert (Beilner 1999a, 133). Perspektivität aber soll beim historischen Lernen nicht nur in der Konfrontation von „früher" und „heute" deutlich werden, sondern auch in der Vergangenheit selbst. Für die Geschichtsdidaktik ist daher „Multiperspektivität" eines der zentralen Prinzipien historischen Lernens überhaupt; es bedeutet, dass Menschen damals Phänomene je nach ihrer (sozialen, politischen, kulturellen etc.) Lage, ihren Interessen und Vorerfahrungen unterschiedlich wahrgenommen und gedeutet haben, und dass dies auch historische Lernprozesse, z. B. durch die Konfrontation von Quellen aus unterschiedlichen Perspektiven (Männer-Frauen, Bauern-Adel, Kinder-Erwachsene usw.), prägen soll (grundlegend: Bergmann 2000). Prinzipiell gilt das auch für die Grundschule.

8. *Die Anbahnung und Förderung kritischer Rationalität unter Berücksichtigung von Emotionen, Trieb- und Identifizierungsbedürfnissen.* Lange Zeit diente der Geschichtsunterricht der politischen Gesinnungsbildung, er sollte die Liebe zu Heimat, Vaterland, Nation, Obrigkeit etc. in den Köpfen und Herzen der Lernenden verankern. Dieser Manipulations- und Indoktrinationsfunktion hat eine wissenschaftsorientierte Geschichtsdidaktik zu Recht den Kampf angesagt; Ziel ist eine selbstständige Urteilsbildung der Lernenden, denn historisches Lernen ist, wie schon häufiger betont, ein wichtiges Element historisch-politischer Bildung in einer demokratischen, pluralistischen Gesellschaft. Allerdings hat die Geschichtsdidaktik gerade in jüngster Zeit (wieder-)entdeckt, dass Gefühlen auch eine wichtige Funktion beim historischen Lernen zukommt (vgl. Mütter/Uffelmann 1992 und Brauer/Lücke 2013). Vermutlich spielen Trieb- und Identifizierungsbedürfnisse bei der Rezeption von Geschichte eine viel größere und nachhaltigere Rolle als rationale Ansprüche und Erkenntnisse (vgl. etwa von Borries 1996 und 2014). Dies ist außerhalb der professionellen Beschäftigung mit Geschichte bei den meisten Erwachsenen der Fall und gilt natürlich auch für Kinder und Jugendliche. Die Grundschullehrerin Margrit Wolter etwa berichtete über eine Unterrichtseinheit in einer 4. Klasse, bei der es um die Arbeits- und Lebenssituation von Arbeitern in einer Wollwäscherei ging, die sehr niedrige Löhne zahlte, dafür aber Sozialleistungen bot. Für die Kinder zeichnete sich hier ein Dilemma ab: „'Unter welchen Bedingungen möchte ich leben?' war dann die Frage. Im ersten Gespräch, bevor sich die Kinder schriftlich für eine Seite entschieden, klangen (gegenwärtige!) Gefühle an: Lieber geborgen sein, weil die größere Freiheit Angst macht. Oder lieber Verantwortung übernehmen (selber suchen) und freier sein ...". Und sie kommentierte: „Wieviel möchte ich noch Kind sein, wie groß ist meine Fähigkeit zur Selbstbestimmung schon? Die Ambivalenz der historischen Situation bildete sich in den aktuellen Gefühlen der Kinder ab, besser als es jeder Lehrervortrag vermocht hätte." (Wolter 1989, 16)

Man muss bei vielen historischen Themen mit diesen Gefühlen von Kindern rechnen; sie beeinflussen Analyse und Urteilsbildung, und dies ist auch durchaus zu akzeptieren: Es geht also nicht darum, Gefühle als Störenfried bei der Analyse historischer Sachverhalte auszuschalten, sondern vielmehr sie ernstzunehmen als subjektiven Zugang zur Geschichte, dem auch hohe motivationale Kraft innewohnt (während sie im Sinne der oben erwähnten, auf Gefühlen transportierten Indoktrinationsversuche natürlich obsolet sein müssen!). Gleichzeitig muss aber auch durch entsprechende Gestaltung des Unterrichts, ggf. auch durch entsprechende Fragen und Arbeitsaufgaben sowie eine angemessene Gesprächsführung und -atmosphäre, eine Reflexion über diese Gefühle und ihre Angemessenheit bzw. Nichtangemessenheit in der Beurteilung des historischen Sachverhalts angebahnt werden.

Historische Kompetenzen im Sachunterricht

Die Debatte seit PISA hat dazu geführt, dass auch die beiden hier relevanten Bezugsdisziplinen, die Geschichtsdidaktik und die Sachunterrichtsdidaktik, sich auf den Weg gemacht haben, die allseits geforderte Kompetenzorientierung schulischen Lehrens und Lernens in ihren Konsequenzen für das jeweilige fachliche Lernen zu durchdenken und zu konzeptualisieren. Nicht zuletzt geschah dies auch unter dem Druck der bildungspolitischen Situation: Zwar wurden weder für den Sachunterricht der Grundschule noch den Geschichtsunterricht der weiterführenden Schulen nationale Bildungsstandards entwickelt oder auch nur geplant, doch die Bundesländer gingen nach und nach daran, ihre Curricula aller Schulfächer zunehmend kompetenzorientiert zu gestalten, was zu Anfragen an die Wissenschaften führte, was sie zur wissenschaftlichen Grundlegung dieser Curricula zu bieten hätten. Beide Wissenschaften gingen dabei unterschiedliche Wege: In der Geschichtsdidaktik wurden keine Anstrengungen unternommen, ein einheitliches Kompetenzmodell zu entwickeln. Vielmehr existiert heute ein gutes halbes Dutzend unterschiedlicher Kompetenzmodelle für den Geschichtsunterricht nebeneinander, die zwar auch über gewisse Gemeinsamkeiten verfügen – zum Beispiel die Bezugnahme auf die Kategorie „Geschichtsbewusstsein" – , aber doch zum Teil sehr unterschiedliche Schwerpunkte setzen, so dass die Orientierung schwer fällt und die Curricula in den Bundesländern sehr unterschiedlich vorgehen (vgl. Barricelli/Gautschi/Körber 2012).

Die Sachunterrichtsdidaktik hat hier einen anderen Weg beschritten – und die Voraussetzungen hierfür waren durch die Entwicklung des ersten Perspektivrahmens (GDSU 2002) auch besonders gut. Nach ersten Vorüberlegungen im Rahmen der GDSU (Giest/Hartinger/Kahlert 2008) entwickelte diese in einem längeren Diskussionsprozess einen zweiten, jetzt durchgehend kompetenzorientierten Perspektivrahmen (GDSU 2013).

Für die Historische Perspektive innerhalb dieses neuen Perspektivrahmens war der Autor dieses Buches gemeinsam mit seiner Mitarbeiterin Berit Pleitner verantwortlich, und sie bauten dabei auch auf den eben dargestellten Zielen auf. Außerdem orientierten sie sich an einem der geschichtsdidaktischen Kompetenzmodelle, das bislang als einziges auch explizit Bezüge zum historischen Lernen in der Grundschule hergestellt hatte (vgl. etwa Schreiber 2007 und 2012), modifizierten aber die dortigen Überlegungen und kamen zur Unterscheidung von fünf Kompetenzbereichen (GDSU 2013, 58-60):

1. Historische Fragekompetenz
2. Historische Sachkompetenz
3. Historische Methoden- bzw. Medienkompetenz
4. Historische Narrationskompetenz und
5. Historische Orientierungskompetenz

Im Prinzip kommen alle diese Kompetenzen im Lehr-/Lernprozess und damit im Unterricht zum Tragen: Die Beschäftigung mit einem historischen Thema beginnt mit der Entwicklung von historischen Fragen, die kritische Auseinandersetzung mit Quellen und Darstellungen (Methoden-/Medienkompetenz) führt zu neuem oder erweiterten historischem Wissen (Sachkompetenz) zu dem Thema. Am Ende sind die Lernenden in der Lage, ihre aus der Gegenwart stammenden Eingangsfragen zu beantworten (Narrationskompetenz) und ein Phänomen und damit meist auch einen Ausschnitt ihrer Gegenwart besser zu verstehen (Orientierungskompetenz). Entfaltet wurden im Perspektivrahmen vor allem drei Kompetenzen (Frage-, Methoden-/Medien- und Narrationskompetenz), weil Sach- und Orientierungskompetenz im Sachunterricht eher „en passant“ erworben als systematisch angebahnt werden: *Sachkompetenz* (oder: historisches Wissen) wird von Grundschülerinnen zwar auch entwickelt, so etwa, wenn sie historisch korrekte Begriffe („Pharao“, „Burg“, „Mittelalter“ usw.) benutzen, aber es existiert, anders als im Geschichtsunterricht, kein fester Inhalts- oder Wissenskanon – das erworbene Wissen ist in hohem Maße abhängig von den im Unterricht verfolgten historischen Themen, die außerordentlich unterschiedlich sind (s.u. Kapitel 4) *Orientierungskompetenz* meint die Fähigkeit, sich durch die Beschäftigung mit Geschichte besser in Gegenwart und Zukunft zurechtzufinden und das individuelle „Welt-, Fremd- und Selbstverstehen“ (Schreiber 2007, 10) weiter zu entwickeln. Dies geschieht in der Grundschule wohl nicht immer explizit und systematisch, wird aber gleichwohl angestrebt.

Historische *Fragekompetenz* meint die Fähigkeit, „historische Fragen (Fragen nach Veränderungen menschlichen Zusammenlebens in der Zeit) erkennen und selbst formulieren zu können“, was voraussetzt, dass die Schülerinnen und Schüler bereits gelernt haben, mit den historischen Kategorien „Zeit“ und „Kontinuität/Wandel" umzugehen. Unterschieden werden leitende, erkenntnisorientierte Fragen (meist: Warum-Fragen), die den Erkenntnisprozess insgesamt steuern, von Fragen, die sachorientiert auf die Erschließung des jeweiligen historischen Kontextes zielen (Wer, Was, Wie etc.).

Historische *Methoden-/Medienkompetenz* ist die Fähigkeit, mit historischen Quellen und Darstellungen (Texte, Bilder, Karten, Gegenstände, Filme, Zeitzeugenaussagen usw.) umgehen und ihnen historischen Sinn im Hinblick auf die jeweiligen historischen Fragen entnehmen zu können. Schülerinnen und Schüler müssen den „Aussagewert" von Materialien prüfen, indem sie etwa verschiedene Quellen vergleichen und danach fragen, was sie in ihrer jeweiligen Zeit bedeuteten.

Historische *Narrationskompetenz* zielt auf die Fähigkeit, die aus der Auswertung historischer Quellen und Darstellungen gewonnenen Erkenntnisse über die Vergangenheit in eine sinnhafte Erzählung zu der Ursprungsfrage zu verwandeln, also etwa einen Text zu schreiben, einen Vortrag zu halten, eine Collage oder eine kleine Ausstellung zusammenzustellen, ein Plakat zu entwerfen oder einen Film zu drehen.

Kompetenzorientiertes Lernen in der historischen Perspektive des Sachunterrichts bedeutet also, diese Teilkompetenzen durch passende Lehr-/Lernarragements für die jeweilige Lerngruppe und Altersstufe weiter zu entwickeln und damit das historische Denken von Grundschulkindern zu fördern.

Damit verbunden sind auch Vorstellungen darüber, wie „guter Geschichtsunterricht" auszusehen hat – Vorstellungen, die in den letzten Jahren in der Geschichtsdidaktik verstärkt diskutiert werden und die letztlich auch für historisches Lernen im Sachunterricht gelten, auch wenn hierauf in der Literatur bislang noch nicht Bezug genommen wurde. In der Forschung existieren unterschiedliche Kriterienkataloge für guten Geschichtsunterricht – hier wiedergegeben sei die durchaus pragmatische Auflistung von Michael Sauer in der Einleitung zu seiner viel genutzten Einführung in die Geschichtsdidaktik „Geschichte unterrichten" (Sauer 2015, 7): „Guter Geschichtsunterricht ...

- geht aus von den Lernvoraussetzungen der Schülerinnen und Schüler ...;
- lässt sie historische Kenntnisse und Erkenntnisse gewinnen, die gesellschaftlich und für sie persönlich relevant sind ...;
- beschäftigt sich mit Themen, die in diesem Sinne bedeutsam sind, und lässt diese Bedeutsamkeit zum Vorschein treten ...;
- gibt den Schülerinnen und Schülern die Möglichkeit, fachspezifische Kompetenzen zu erlernen, anzuwenden und zu üben ...;

- orientiert sich an grundlegenden fachdidaktischen Prinzipien ...;
- weist eine erkennbare gedankliche Figur auf, die Idealfall von einer ‚historischen Frage' ausgeht ...;
- macht die fachspezifischen Vermittlungs- und Untersuchungsprozesse, die im Unterricht stattfinden, für die Schülerinnen und Schüler transparent und reflektierbar ..."

Zum Weiterlesen:

- Gesellschaft für Didaktik des Sachunterrichts (GDSU) (Hrsg.), Perspektivrahmen Sachunterricht, vollständig überarbeitete und erweiterte Ausgabe, Bad Heilbrunn 2013
- Dietmar von Reeken, Historisches Lehren und Lernen, in: Andreas Hartinger, Kim Lange (Hrsg.), Sachunterricht – Didaktik für die Grundschule, Berlin 2014, S. 98-116
- Klaus Bergmann, Rita Rohrbach (Hrsg.), Kinder entdecken Geschichte. Theorie und Praxis historischen Lernens in der Grundschule und im frühen Geschichtsunterricht, Schwalbach/Ts. 2001
- Waltraud Schreiber (Hg.), Erste Begegnungen mit Geschichte. Grundlagen historischen Lernens. 2 Teilbände, Neuried 1999
- Kerstin Michalik (Hg.), Geschichtsbezogenes Lernen im Sachunterricht, Bad Heilbrunn und Braunschweig 2004
- Rita Rohrbach, Kinder & Vergangenheit, Gegenwart und Zukunft. Was Erwachsene wissen sollten, Seelze-Velber 2009 (eine etwas andere, aber sehr gelungene Einführung in das historische Lernen im Sachunterricht)

4. Inhalte historischen Lernens

Inhaltsauswahl

Die Zielsetzungen historischen Lernens im Sachunterricht stellen ein anspruchsvolles Programm dar, das eigentlich eine Ausdehnung der zur Verfügung stehenden Unterrichtszeit erfordern würde. Und da die oben genannten vielleicht fünf bis zehn Prozent weiß Gott nicht besonders viel sind, ist hier vielleicht durchaus Hoffnung; das vorliegende Buch soll hierzu ja Mut machen. Dennoch sollten wir davon ausgehen, dass im Schulalltag nur wenig Zeit zur Verfügung stehen dürfte. Hieraus sind zwei Schlüsse zu ziehen:

(1) Zum einen muss es darum gehen, die historische Dimension stärker in andere Themen des Sachunterrichts zu integrieren; die Fragen nach den Ursachen gegenwärtiger Phänomene und Probleme bzw. nach dem ganz Anderen als Vergleichsfolie für Gegenwärtiges sollten sich als selbstverständlich und konstitutiv für Sachunterricht schlechthin einschleifen – dies ist ja auch eine der Zielsetzungen des Perspektivrahmens der GDSU, der nicht von einer ausschließlich fachlichen Behandlung, sondern einer Vernetzung der Perspektiven ausgeht (GDSU 2003 und 2013).

Warum sollte nicht beispielsweise in einer Unterrichtseinheit zum Thema „Wasser" auch die Wasserver- und -entsorgung in früheren Zeiten behandelt werden, oder beim Thema „Freizeitgestaltung" das Spielen von Kindern und die stärkere Verzahnung von Arbeit und Freizeit im Mittelalter, oder beim Thema „Mädchen und Jungen" auch die geschlechtsspezifische Sozialisation vergangener Epochen (Antike, Mittelalter, Bürgertum des 19. Jahrhunderts) oder anlässlich des Besuchs bei der örtlichen Feuerwehr auch die technik-, sozial- und alltagsgeschichtlichen Aspekte von „Feuerwehr früher"?

(2) Zum anderen muss noch viel stärker *exemplarisch* vorgegangen werden; zugespitzt formuliert ist es im Interesse der oben geschilderten Kompetenzentwicklung sicher sinnvoller, wenn in einem Schuljahr ein historisches Thema gründlich, vertieft und schülernah behandelt wird , als wenn einige kurze Unterrichtseinheiten zu verschiedenen historischen Themen durchgeführt würden – noch besser wäre natürlich beides. Da in der Geschichte krass formuliert aber eigentlich nichts exemplarisch ist, jedes Ereignis, jede Entwicklung für sich steht, kommt der Frage der Inhalts*auswahl* eine zentrale Bedeutung zu.

Ein festes Curriculum historischen Lernens im Sachunterricht zu entwerfen, kann nicht sinnvoll sein, zumal die Forderung nach Situationsorientierung und die zunehmende Tendenz zu eher offenen Curricula solche festen Zuordnungen ohnehin fragwürdig machen. Es geht vielmehr im Folgenden darum, mögliche Themen zu benennen und von der fachwissenschaftlichen wie der sachunterrichtsdidaktischen Seite knapp zu beleuchten, wobei sie drei Bedingungen erfüllen müssen:

- Sie müssen geeignet sein, das Geschichtsbewusstsein der Schülerinnen und Schüler im o. g. Sinne weiterzuentwickeln,
- sie müssen den Lernvoraussetzungen der Kinder entgegenkommen und
- sie müssen in die Curricula des Sachunterrichts und seine Zielsetzungen passen.

Ich schlage daher zunächst zwei Kriterien der Inhaltsauswahl vor, die allerdings nicht völlig trennscharf sind (ähnlich schon Hug 1974, 285; vgl. auch Voit 1996, 168f.):

(1) Inhalte mit sozialer und psychischer Nähe zu den Kindern Es heißt hier bewusst nicht „räumliche Nähe" im Sinne der alten Heimatkundedidaktik; über das Prinzip „vom Nahen zum Fernen" sind wir sachunterrichtsdidaktisch längst hinaus, auch wenn es im Einzelfall immer mal wieder sinnvoll sein mag und auch immer noch viele Curricula durchzieht. Klaus Lampe sagte hierzu schon vor mehr als zwanzig Jahren: „Doch darf die pädagogische Kategorie des ‚Vom Nahen zum Fernen', auf die hier Bezug genommen wird, nicht nur vordergründig raum-zeitlich gesehen werden. Nur wenn das raum-zeitlich Nahe auch das Bekannte, d. h. das intellektuell und emotional Bewältigte ist, kann diese Aussage gerechtfertigt werden, wie gleicherweise raum-zeitlich Fernes durchaus, wenn ein angemessener kognitiver und emotionaler Zugang gefunden ist, dem Schüler ‚nah' sein kann." (Lampe 1976, 27). Es geht also darum, Inhalte zu finden, mit denen man an die bisherigen sozialen Erfahrungen der Kinder anknüpfen kann und deren Behandlung zur Erweiterung ihrer Kompetenzen, Interessen und Fähigkeiten führt. Einige solcher Inhalte werden unten näher erläutert werden.

(2) Inhalte, die an SchülerInneninteressen anknüpfen: Man kann wohl grundsätzlich zwei Themengebiete unterscheiden:

(a) Zum einen erzeugen aktuelle Anlässe Fragen an die Geschichte; situationsorientiertes historisches Lernen wäre dann die Folge. Dies können lokale Anlässe sein, wie z. B. ein Orts-, Vereins- oder Schuljubiläum, eine Gedenkveranstaltung, ein archäologischer Fund, der Besuch von emigrierten Juden in der Stadt, eine Ausstellung im örtlichen Museum, ein Konflikt um örtliche Straßennamen, die Veranstaltung eines Mittelaltermarktes usw. Es kann sich aber auch um medial vermittelte Aktualitäten ohne lokalen Bezug wie Kriege, historische Spielfilme in Fernsehen oder Kino handeln – die eingangs erwähnten Dinosaurier hatten ja einen enormen Popularitätsschub bei Kindern und Jugendlichen durch den Medienrummel um „Jurassic Park".

(b) Zum anderen gibt es historische Gegenstände, die auch ohne Aktualität Kinder in diesem Alter interessieren, wie z. B. der große Bereich des Mittelalters, vor allem was Ritter und Burgen angeht, aber auch Ägypten mit den Pyramiden und Pharaonen, die Steinzeitmenschen, Indianer oder Inkas (vgl. Beilner 1999a., 131-133; ähnlich Pape 2008a und 2008b). Hier spielt weniger die Genese gegenwärtiger Probleme oder Phänomene eine Rolle, sondern – ähnlich wie beim Dauerbrenner Dinosaurier – vielmehr die Exotik des Fremden, des Anderen, die die Kinder reizt (vgl. etwa Marienfeld 1979, 37-40 zur Steinzeit), die ihre Phantasie beflügelt, die die Grenzen des Alltäglichen überschreitet (vgl. Kahlert 1996, 6). Die empirischen Untersuchungen zeigen aber auch, dass sich vor allem die Viertklässler (insbesondere die Jungen) zunehmend auch für zeitgeschichtliche Themen interessieren (vgl. etwa Pape 2008b, 4).

Mit allen diesen Themen ist ein historisches Lernen im o. g. Sinne und mit den o. g. Zielen möglich und sinnvoll. Es gibt unter ihnen keine Hierarchie, so dass man sagen könnte, eines sei „wertvoller" als ein anderes. Es kommt vielmehr darauf an, dass Kinder einen Zugang zur Thematik haben bzw. erhalten können.

Wichtig ist darüber hinaus, dass die Inhaltsauswahl und der Umgang mit diesen Inhalten geprägt sind durch einige zentrale historische Kategorien, die historisches Denken charakterisieren: Der Perspektivrahmen hat vier solcher Kategorien (im Perspektivrahmen heißen sie, vielleicht etwas missverständlich, „perspektivenbezogene Themenbereiche") vorgeschlagen:

(1) *Orientierung in der historischen Zeit*: „In Lernprozessen geht es ... um die Fähigkeiten, sich in der Zeit zu orientieren sowie Vergangenheit, Gegenwart und Zukunft zu unterscheiden. Daraus erwächst die Erkenntnis, dass das eine in das andere übergeht. Die Schülerinnen und Schüler verstehen, dass Menschen Zeit nicht einfach nur messen ..., sondern mit ihr Sinn verbinden." (GDSU 2013, 61) Konkret heißt das etwa, dass Schülerinnen und Schüler eine Zeitleiste erstellen und im Unterricht behandelte Ereignisse hier begründet einordnen können.

(2) *Alterität und Identität*: „Die Beschäftigung mit Geschichte ist die Beschäftigung mit Fremdheit – in der Auseinandersetzung mit historischen Personen und Phänomenen begegnen wir dem Fremden in der eigenen und fremden Geschichte. Die Annäherung an das Fremde geschieht durch die Ermittlung der jeweiligen Rahmenbedingungen und durch den Versuch des Perspektivenwechsels: Die Fremdreflexion erweitert und verändert auch die Selbstreflexion; die Begegnung mit dem Fremden unterstützt die Entwicklung von Identität." (ebd.) Konkret heißt das etwa, dass die Schülerinnen und Schüler durch die Auseinandersetzung mit konkreten Beispielen vergangenen Lebens Empathie für als fremd wahrgenommene Lebensformen entwickeln und diese als gleichberechtigt akzeptieren können.

(3) *Dauer und Wandel*: „An Beispielen aus ihrer Lebenswelt erkennen Grundschulkinder, wie sich Phänomene verändern (oder lange Zeit unverändert bleiben) und welche Auswirkungen dies hat; nicht zuletzt lernen sie damit auch etwas über sich selbst, indem sie feststellen, dass sie selbst bereits eine ‚Geschichte' haben, und sich diese Veränderungen in der Vergangenheit auch in der Zukunft fortsetzen werden." (ebd., 62) Konkret heißt das etwa, dass die Schülerinnen an Gegenständen aus ihren eigenen Lebenswelten (z. B. Gebäuden vor Ort) historische Veränderungen benennen und Vorstellungen über die zukünftige Entwicklung ihrer Lebenswelt entwickeln können.

(4) *Fakten und Fiktion*: „Das vergangene Geschehen ist uns nicht mehr unmittelbar zugänglich. Es kommt also darauf an, unterscheiden zu können, was in der Geschichte wirklich war und was nicht – das entscheidende Kriterium hierfür ist die Tatsache, dass es Quellen gibt, die von dem Geschehenen erzählen." (ebd.) Konkret heißt das etwa, dass Schülerinnen und Schüler Vorschläge machen können, wie man überprüfen kann, ob eine Person in der Geschichte tatsächlich existiert hat oder nicht.

Auf den folgenden Seiten sollen wichtige mögliche Inhalte oder Inhaltsbereiche knapp vorgestellt werden (wie gesagt: kein fest stehendes Curriculum; es gibt zahlreiche weitere sinnvolle Themen). Einige wenige Hinweise zu den zentralen Problemen müssen hier genügen; interessierte Leserinnen und Leser können sich mit Hilfe der angefügten Literaturhinweise weiter informieren. Da es bei einigen Inhalten eine quasi „natürliche" Affinität zu bestimmten Methoden historischen Lernens gibt, wird hierauf jeweils kurz hingewiesen; zu näheren Informationen über die jeweilige Methode verweise ich auf Kapitel 5. Zu allen Themen finden sich außerdem Hinweise zu bereits erschienenen Unterrichtsvorschlägen (vor allem aus den Grundschulzeitschriften), die zahlreiche Anregungen und Tipps für die eigene Arbeit enthalten; es handelt sich hierbei bewusst um eine subjektive und beschränkte Auswahl inhaltlich bzw. methodisch interessanter Beiträge. Zusätzlich wurden zahlreiche praktische Hinweise integriert, die durch eigene Kästen hervorgehoben sind.

Zeit

Zeit ist ein klassisches Thema des Sachunterrichts, das in praktisch allen Lehrplänen vorgeschrieben ist; Zeitbegriffsbildung ist ein zentrales Ziel vor allem in den ersten beiden Schuljahren. Allerdings haben Inhalte wie „Uhr", „Kalender" oder „Jahreszeiten" nur bedingt etwas mit historischem Lernen zu tun. Es ist bereits oben erwähnt worden, dass zwar das „Temporalbewusstsein" Teil des Geschichtsbewusstseins ist, doch erschöpft sich dieses nicht in der Kenntnis und dem angemessenen Umgang mit der physikalischen Zeit, zielt vielmehr auf historische Zeit, verknüpft also Zeit mit individuellen Erfahrungen sowie sozialen Zuständen, Prozessen und Geschehnissen. Unterrichtlich kommt es darauf an, bei den Kindern ein Verständnis für die Ausdehnung und Strukturierung von historischer Zeit und ihre inhaltliche Füllung zu wecken und dabei gleichzeitig eine verbreitete, aber wissenschaftlich nicht haltbare Orientierung an einer „absoluten Chronologie" zu vermeiden – chronologisch gleichzeitige Phänomene können eben durchaus „ungleichzeitig" sein, wie z. B. die Tatsache zeigt, dass in unserer gegenwärtigen Welt neben hochtechnologischen und hochdifferenzierten Gesellschaften auch (noch?) solche existieren, die eher mit Steinzeitlebensformen zu vergleichen sind. Die Menschheitsgeschichte verlief und verläuft eben nicht linear oder gar als ständige Fortschrittsgeschichte, sondern mit Beschleunigungen, Verzögerungen *und* retardierenden Entwicklungen, mit langen Dauern *und* Revolutionen sowie regional höchst differenziert.

Methodisch geschieht die Arbeit an der Zeitbegriffsbildung in durchaus bewährter Weise häufig durch die Verwendung von *Zeitleiste* oder Zeitstrahl (s. u.). Sie ermöglichen es, Zeit „durch eine räumlich-bildliche Darstellung zu veranschaulichen und von den eigenen Lebensdaten über die Lebensdaten der Eltern und Großeltern (und der Lehrerin, DvR) bis zu Bildern und Ereignissen aus der Geschichte einen zeitlichen Zusammenhang sichtbar zu machen" (Beck 1998, 3). Die Notwendigkeit einer solchen Vermittlung von „Ankerpunkten" hat in jüngster Zeit vor allem Helmut Beilner hervorgehoben (vgl. etwa Beilner 1999b und 2000).

Während Lehrpläne häufig ein Nacheinander von Zeitbegriffsbildung und historischem Lernen empfehlen und erstere in das erste und zweite Schuljahr, letzteres in das dritte und vierte Schuljahr legen (vgl. zuletzt Blaseio 2009, 123), ist es im Interesse eines sinnvollen historischen Curriculums im Sachunterricht und einer kontinuierlichen Förderung des Geschichtsbewusstseins wesentlich wirkungsvoller, Zeit durchgehend integriert zu behandeln und damit auch Zeitleiste bzw. -strahl als sinnvolle Instrumente durchgängig vom ersten Schuljahr an zu verwenden (vgl. Michalik 2009 und Becher/Gläser 2015, 49). So kann z. B. an der Wand des Klassenzimmers (oder bei größeren Zeiträumen, z. B. der Behandlung der Steinzeit oder Ägyptens, des Flurs vor der Klasse) eine ständig mit Bildern und Texten zu ergänzende dauerhafte Zeitleiste angebracht werden, wodurch das Temporalbewusstsein über Jahre hinweg gefördert wird. Dabei lernen die Kinder gleichzeitig, dass die historische Zeit unabgeschlossen ist, ihr eigenes Leben Teil der ständig voranschreitenden Zeitgeschichte (s.u.) ist und sich Gegenwart und Zukunft beständig in Vergangenheit verwandeln.

Zum Weiterlesen und Sachkundigmachen:

- Christina Ehlers, Durch die Vergangenheit in die Zukunft. Eine Untersuchung zur Förderung des Zeitbewusstseins bei Grundschulkindern, Frankfurt/Main 1989
- Hans-Jürgen Pandel, Zeit, in: Klaus Bergmann u.a. (Hrsg.), Handbuch der Geschichtsdidaktik. 5. überarb. Aufl. Seelze-Velber 1997, S. 10-15 (knappe theoretische Einführung in das historische und geschichtsdidaktische Zeitverständnis)
- Horst Schaub, Zeit und Geschichte erleben. Zeit in der Natur; Umgang mit Zeit; Erfahrung des Wandels, Berlin 2002
- Günther Schorch, Kind und Zeit. Entwicklung und Förderung des Zeitbewusstseins, Bad Heilbrunn 1982
- Helmut Beilner, Zum Zeitbewusstsein bei Grundschulabhängern. Fähigkeiten und Strategien zur zeitlichen Ordnung geschichtlicher Sachverhalte, in: Waltraud Schreiber (Hg.), Erste Begegnungen mit Geschichte. Grundlagen historischen Lernens. Bd. 1, Neuried 1999, S. 153-194
- Markus Kübler, Entwicklung von Zeit- und Geschichtsbewusstsein, in: Joachim Kahlert u.a. (Hg.), Handbuch Didaktik des Sachunterrichts. 2., aktual. u. erw. Aufl. Bad Heilbrunn 2015, S. 335-340

Unterrichtsbeispiele, -materialien und -anregungen:

- Hans-Peter Bülow, Elisabeth Polanz, Die Einführung der Zeitleiste im dritten Schuljahr, in: Sachunterricht und Mathematik in der Grundschule 5(1977), S. 445-452
- Grundschule Sachunterricht. Heft 11/2001: Zeit
- Astrid Kaiser, Zeitfragen, in: Dies, Praxisbuch handelnder Sachunterricht. Bd. 2, Baltmannsweiler 1998, S. 235-241
- Peter Knoch (Hrsg.), Spurensuche Geschichte. Bd. 1, Stuttgart 1992, S. 15f. (mit dem Vorschlag, ein „Zeitband“ abzuwickeln, das vom Klassenraum über die Flure bis in das Schulumfeld reichen kann)

- Kerstin Michalik, Historische Zeit „sichtbar“ machen. Plädoyer für die Arbeit mit Zeitleisten und Zeitrollen von Anfang an, in: Grundschule Sachunterricht 2009, Heft 43, S. 11-15
- Hans-Gert Oomen, Zeitbewusstsein und Zeitmessung. 2./3. Schuljahr, München 1976
- Praxis Geschichte. Heft 6/1999: Zeit
- Praxis Grundschule. Heft 6/2015: Zeit. Gestern – heute – morgen
- Sache-Wort-Zahl. Heft 14/1998: Zeit
- Weltwissen Sachunterricht. Heft 3/2012: Wie die Zeit vergeht - Perspektivübergreifendes Lernen: Zeit erfassen und messen
- Horst Schaub, Zeit und Geschichte erleben. Zeit in der Natur; Umgang mit Zeit; Erfahrung des Wandels, Berlin 2002
- Hans-Dieter Schmid, Historischer Lehrpfad und Zeitbegriffsbildung. Bericht über einen Unterrichtsversuch in der Grundschule, in: Sachunterricht und Mathematik in der Grundschule 5(1977), S. 131-136
- Günther Schorch, Die Förderung des Zeitverständnisses. Überlegungen zum Lernfeld ”Kind und Zeit”, in: Grundschule 2/1984, S. 27-30
- Günther Schorch, Zeiteinteilung und -planung bei Grundschülern, in: Grundschule 2/1984, S. 24-26
- Dietmar Wollny, Vom Rad zum Auto. Umgang mit einer Zeitleiste, in: Grundschule 6/1994, S. 31-33
- Anmerkung: Auch im Kontext des „Philosophierens mit Kindern“ gibt es zahlreiche Vorschläge, mit Kindern über Zeit nachzudenken; vgl. hierzu auch den Basisartikel von Barbara Rütz in dem o.a. Heft von Weltwissen Sachunterricht und das Bilderbuch von Antje Damm, Alle Zeit der Welt. 6. Aufl. Frankfurt am Main 2015

Methodische Anregung: Tipps zur Arbeit mit einer Zeitleiste

✓ Planen Sie ausreichend Platz für die Zeitleiste ein – häufig ist die Wand im Klassenzimmer nur bedingt geeignet, besser ist der Flur vor der Klassenzimmertür.

✓ Denken Sie an einen geeigneten Maßstab. Möglicherweise ist es sinnvoll, mehrere Zeitleisten mit unterschiedlichen Maßstäben herzustellen, denn eine Zeitleiste, die z. B. die Zeit seit der Steinzeit darstellen soll, und eine, die die Lebenszeit der Kinder und ihrer Familien (Eltern/Großeltern) sowie der Lehrerin abbilden soll, sind kaum mit dem gleichen Maßstab herzustellen. Dieses Problem sollte aber bei der Erstellung von Zeitleisten mit unterschiedlichen Maßstäben mit den Kindern besprochen werden.

- ✓ Tragen Sie mit den Kindern in vereinbarten Abständen Jahreszahlen ein.
- ✓ Lassen Sie über und unter der Zeitleiste ausreichend Platz, um Material zu ergänzen. Möglich sind Bilder (z. B. Kopien aus Büchern), Karten, Texte (aus Büchern oder selbst geschriebene), Fotos etc. Nicht nur die Kinder und die Lehrerin, sondern auch im Unterricht befragte Zeitzeugen können Material mitbringen. Besprechen Sie aber in der Klasse, was Aufnahme finden soll und was nicht, damit die Zeitleiste nicht im Laufe der Zeit völlig unübersichtlich wird; außerdem lernen die Kinder dann zu unterscheiden, was (ihnen) wichtig ist und was nicht.
- ✓ Lassen Sie Materialien von den Kindern mit Erläuterungen versehen.
- ✓ Ergänzen Sie die Zeitleiste nicht nur bei der Behandlung historischer Themen im Sachunterricht, sondern auch in anderen Fächern, so dass sie zu einem selbstverständlichen Instrument im Klassenzimmer wird.
- ✓ Richten Sie auf dem Flur an geeigneter Stelle eine Schulzeitleiste ein, die wichtige Ereignisse aus der Schulgeschichte veranschaulichen und in die Zukunft hinein ergänzbar sein soll.
- ✓ Alternativen zur Zeitleiste: Ein *Zeitfaden*, der von den Kindern abgerollt wird, so dass sie insbesondere bei Themen, die zeitlich weit zurück liegen, durch das Abschreiten die Entfernung „erfahren“; eine *Zeitreise*, bei der die Kinder z. B. zu den Klängen mittelalterlicher Musik und mit entsprechenden begleitenden Worten (ähnlich wie bei Fantasiereisen) im Klassenzimmer langsam gehend eine Reise von der Gegenwart in eine ferne Vergangenheit antreten
- ✓ Vorformen zur Zeitleiste (im 1. Schuljahr): Einordnen eigener Erfahrungen in ein Zeitband (z. B. eine Tapetenrolle) für ein Kalenderjahr oder ein Schuljahr, entweder individuell oder für die ganze Klasse; Bitte an die Eltern/Großeltern, ein entsprechendes Zeitband für ihre Kinderzeit (mit entsprechenden Jahresangaben!) zu erstellen, das dann mit denen der Kinder heute verglichen werden kann; vgl. auch die Vorschläge in: Grundschule Sachunterricht 9/2001, S. 9

Methodische Anregung: Rekonstruktion der Einschulung (3./ 4. Klasse)

- ✓ Vorbereitung der Lehrkraft: Sammeln von Materialien über die Einschulung: Eigene Fotos, Zeitungsartikel, Befragung von Kolleginnen
- ✓ Jedes Kind erinnert sich zunächst ganz individuell an den Einschulungstag und schreibt einen Erinnerungsbericht auf.
- ✓ Alle Berichte werden anschließend vorgelesen und besprochen. Gemeinsamkeiten und Unterschiede werden festgehalten.
- ✓ Anschließend wird gemeinsam darüber nachgedacht, wie es zu den Unterschieden kommt und wie man weitere Informationen über den Ablauf des Einschulungstages erhalten kann.
- ✓ Die Kinder fragen ihre Eltern, Großeltern und sonstige Bezugspersonen, die an ihrer Einschulung teilgenommen haben, nach ihren Erinnerungen und nach Fotos, die sie dann in den Unterricht mitnehmen.
- ✓ Aus den mitgebrachten Materialien erstellen alle Kinder individuelle Collagen, die dann, neben- und übereinander gehängt, ein vielfältiges, perspektivenreiches Bild der Einschulung ergeben.
- ✓ Jedes Kind ergänzt/korrigiert seinen Erinnerungsbericht vom Beginn der Unterrichtseinheit unter Einbeziehung der neu gewonnenen Erkenntnisse, Materialien etc.
- ✓ Abschließend findet ein Gespräch statt, in dem darüber nachgedacht wird, ob man auch eine gemeinsame Geschichte der Einschulung erzählen kann.

Methodische Anregung: Ein Geschichtsforscher in hundert Jahren

Stellt euch vor, ein Geschichtsforscher in hundert Jahren will die Geschichte unserer heutigen Gegenwart schreiben.

- ✓ Was wird den Forscher wohl interessieren?
- ✓ Woher erfährt der Forscher etwas über unser heutiges Leben?
- ✓ Was wird der Forscher wohl leicht herausfinden, wo hat er Schwierigkeiten, zuverlässige Informationen zu bekommen?
- ✓ Was wird der Forscher wohl herausfinden? Teilt euch in Gruppen auf und bearbeitet jeweils einen Bereich (z. B. Schule, Verkehr, Freizeit usw.).

Kindheit

Hierbei ist die Relevanz des Themas für Grundschulkinder besonders leicht zu begründen, denn der Zugang zu historischen Sachverhalten wird über die Gemeinsamkeit des „Kindseins" erheblich erleichtert. Allerdings muss dabei berücksichtigt werden, dass Kindheit nicht, wie man lange dachte, ein vorwiegend biologisch bestimmtes Phänomen war und ist, sondern dem historischen Wandel unterliegt. Dies haben vor allem die Forschungen zur Kindheitsgeschichte der letzten zwanzig Jahre gezeigt (vgl. von Reeken 1995 und Michalik 2003), und auch die Debatte um die „veränderte Kindheit" in der Erziehungswissenschaft, der Sozialisationsforschung und der Soziologie liefert eine Fülle von Hinweisen auf die sozialen und kulturellen Bedingtheiten von Kinderleben gestern, heute und morgen (vgl. zusammenfassend Fölling-Albers 2001). Wie sehr Kindheitsgeschichte – wie alle anderen Dimensionen der Geschichte – von Gegenwartsinteressen und Gegenwartsdeutungen geprägt wird, zeigt die Forschungsdebatte über den Charakter der historischen Entwicklung von Kindheit insgesamt, die, kurz gefasst, zwischen den beiden extremen Polen einer zunehmenden Einhegung, Einschränkung und Disziplinierung von Kindern im Zivilisationsprozess auf der einen, einer kontinuierlichen Steigerung von Freiheiten, Spielräumen und der Anerkennung der Bedürfnisse von Kindern auf der anderen Seite oszilliert (von Reeken 1995, 542f.).

Kindheitsgeschichte als Gegenstand des Sachunterrichts hat eine Reihe von Vorteilen (vgl. zum folgenden von Reeken 1995, 552-554):

* Sie fördert das Historizitätsbewusstsein, indem Kinder lernen, dass ihre eigenen Erfahrungen von Kindheit nicht verallgemeinerbar sind. Mit der Einsicht, dass Kindheit früher einmal ganz anders war, wächst die Einsicht, dass Kindheit auch heute und in Zukunft veränderbar ist und dass Kinder selbst – in einem begrenzten Rahmen – die Möglichkeit haben, ihre Lebensumstände zu beeinflussen und Zukunftsperspektiven zu entwickeln. Die Beschäftigung mit Kindheitsgeschichte kann so die Selbstreflexion von Kindern unterstützen.

* Sie fördert das Wirklichkeitsbewusstsein, indem sie es, anders als in der Beschäftigung mit Märchen oder den früher im Heimatkundeunterricht so beliebten Sagen, mit realen Kindern in realen Situationen zu tun haben. Wichtig ist hierbei der Quellenbezug, indem im Unterricht deutlich wird, woher wir etwas über die Kinder und ihre Lebenssituation früher erfahren können und welcher Realitätsgehalt in diesen Quellen steckt. Die Ablösung des frühkindlichen magisch-mythischen Denkens ist ein mühsamer Prozess, der gerade durch die Beschäftigung mit historischen Kindern vorangetrieben werden kann.

* Sie kann das ökonomisch-soziale und das politische Bewusstsein ebenso wie das moralische Bewusstsein fördern, indem sich Kinder z. B. mit Kinderarbeit oder der Produktion und Verwendung von Spielzeug beschäftigen oder die

Kindheiten in unterschiedlichen sozialen Schichten (Bauern- und Ritterkinder im Mittelalter, Bürger- und Arbeiterkinder im 19. Jahrhundert usw.) und unterschiedlichen Geschlechtern miteinander vergleichen.

* Die Behandlung von Kindheit als Unterrichtsthema trägt schließlich auch zur Steigerung des Selbstbewusstseins und Selbstwertgefühls von Kindern bei, denn Kindheit wird so als wichtig erfahren. Kinder erkennen, dass sie mit ihren Lebenswelten, Interessen, Bedürfnissen und Problemen in der Schule ernstgenommen werden.

Zum Weiterlesen und Sachkundigmachen:

* Dietmar von Reeken, Kindheitsgeschichte – Ein Königsweg historischen Lernens in der Grundschule? in: Sachunterricht und Mathematik in der Primarstufe 23(1995), S. 542-555 (dort auch weitere Literatur)

* Kerstin Michalik, Kindheitsgeschichte als Anlass für das Nachdenken über die eigene Lebenssituation, in: Grundschulunterricht 11/2003, S. 6-10

* Sabine Andresen, Klaus Hurrelmann, Kindheit, Weinheim-Basel 2010, S. 11-24 (Überblick)

* Hugh Cunningham, Die Geschichte des Kindes in der Neuzeit, Düsseldorf 2006

Unterrichtsbeispiele, -materialien und -anregungen:

* Gertrud Beck, Gabriele Grauel, Charlotte Röhner, Überlegungen und Materialien zu einer Unterrichtseinheit für den Sachunterricht in der Grundschule: Warum Kinder früher arbeiten mussten, in: Geschichtsdidaktik 2(1977), S. 142-148

* Uwe Czerwonka u.a., Kindheit im Wandel. Ein lebensweltliches Thema für den Anfangsunterricht Geschichte, in: Geschichte lernen 62/1998, S. 52-57

* Babette Danckwerts, Spielzeug früher und heute, in: Grundschule 6/1995, S. 48-50 (mit Anschriften von Spielzeugmuseen in Deutschland)

* Hanna Kiper, Kinderarbeit, in: Geschichte lernen 10/1990, S. 24-30

* Dietmar von Reeken, Kindheitsgeschichte – ein Königsweg historischen Lernens im Sachunterricht? in: Sachunterricht und Mathematik in der Primarstufe 23(1995), S. 542-555

* Reinhild Schäffer, Kinder entdecken römische Spiele und ein Stück Vergangenheit, in: Gertrud Beck (Hg.), Die Grundschulzeitschrift. Sammel-

band Sachunterricht: Zeit und Geschichte, Seelze 1998, S. 42-46 (Spielregeln und Spielvorlagen: S. 82-89)

* Susanne Thurn, „Da die Menschheit dem Kinde ihr Bestes zu geben schuldig ist ...” Kinderrechte im Unterricht, in: Geschichte lernen 6/1988, S. 16-19

* Susanne Thurn, Wie Alkmaion, Nike und andere griechische Kinder jeden Tag älter werden, in: Geschichte lernen, H. 2/1988 (Schülerarbeitsheft)

* Weltwissen Sachunterricht 1/2010: Spuren der Kindheit. Historisches Lernen: Kindheitsgeschichte

* Wie es früher war: Kinderspiel. Sonderhefte Bausteine Grundschule 3/1995 (enthält zahlreiche, unterrichtlich gut einsetzbare Bild- und Textquellen, Darstellungstexte, Bastel- und Spielanleitungen, Arbeitsanregungen und eine Folie mit Breughels berühmtem Bild „Kinderspiele“ von 1560 mit didaktischen Erläuterungen und Literaturhinweisen)

Inhaltliche Anregung: Mögliche Gegenstände der Kindheitsgeschichte

✓ Kinderarbeit in der vorindustriellen Gesellschaft (Landwirtschaft, evtl. Handwerk) und in der Frühindustrialisierung (Bergwerke, Fabriken); hier sind auch die Einbeziehung der entsprechenden gesetzlichen Regelungen zur Begrenzung der Kinderarbeit und ihrer Motive und ein Gegenwartsbezug (Kinderarbeit heute) sinnvoll

✓ Lebenswelten von Kindern in der Antike oder im Mittelalter (hier ist vor allem der Kontrast wichtig, die Entdeckung des ganz anderen in der Geschichte der Kindheit und seiner möglichen Ursachen)

✓ Kinderspiel und Spielzeug im Wandel (Beispiele für römische Spiele finden sich in: Schäffer 1998; weitere Spiele im o.e. Sonderheft „Kinderspiel“ von Bausteine Grundschule)

✓ Tagesabläufe von Kindern in unterschiedlichen Epochen rekonstruieren

Methodische Tipps:

✓ Rollenspiele

✓ Besuch eines Kindermuseums

✓ Alte Kinderspiele spielen (Spielanregungen z. B. im o.e. Sonderheft „Kinderspiel“ von Bausteine Grundschule)

✓ Zeitzeugenbefragung (Anregungen s.u.)

✓ Arbeit mit geeigneten Text- und Bildquellen (s.u.)

- ✓ Wichtig: Immer der Vergleich mit den eigenen Lebenswelten und die Frage nach den Ursachen möglicher Veränderungen

Methodische Anregung: Fundgruben zur Kindheitsgeschichte (Texte und Bilder)

- ✓ Klaus Bergmann u.a. (Hg.), Kindheit in der Geschichte I. 19. und 20. Jahrhundert. Unterrichtsentwürfe, Quellen und Materialien, Düsseldorf 1985
- ✓ Irene Hardach-Pinke, Gerd Hardach (Hg.), Deutsche Kindheiten. Autobiographische Zeugnisse 1700-1900, Kronberg/Ts. 1978
- ✓ Marie-Luise Könneker (Hg.), Kinderschaukel 2. Ein Lesebuch zur Geschichte der Kindheit 1860-1930, Darmstadt-Neuwied 1976
- ✓ Dies., Mädchenjahre. Ihre Geschichte in Bildern und Texten, Darmstadt u.a. 1978
- ✓ Heinrich Pleticha, So war's einmal. Die Alltagswelt der Kinder im vorigen Jahrhundert, Esslingen u.a. 1990
- ✓ Jürgen Schlumbohm (Hg.), Kinderstuben. Wie Kinder zu Bauern, Bürgern, Aristokraten wurden. 1700-1850, München 1983
- ✓ Ingeborg Weber-Kellermann, Die Kindheit. Kleidung und Wohnung, Arbeit und Spiel. Eine Kulturgeschichte, Frankfurt am Main 1979

Methodische Anregung: Zeitzeugenbefragung zum Thema „Spielen in früherer Zeit"

(entnommen aus: Grundschule Sachunterricht 9/2001, S. 16)

- ✓ Wie viel Spielzeug hatten Sie, als Sie so alt waren wie wir?
- ✓ Gehörte das Spielzeug Ihnen allein oder mussten Sie es mit jemandem teilen?
- ✓ Woher stammte das Spielzeug? Wer hat es hergestellt?
- ✓ An welche Spielzeugläden in Ihrer Umgebung können Sie sich noch erinnern?
- ✓ Womit haben die Mädchen am liebsten gespielt (drinnen/draußen)?
- ✓ Welche Lieblingsspielzeuge hatten die Jungen?
- ✓ Wo und was haben Sie im Freien gespielt?

- ✓ Mit wem haben Sie Ihr Kinderzimmer teilen müssen oder hatten Sie ein eigenes Zimmer?
- ✓ Wo haben Sie das Spielzeug aufbewahrt?
- ✓ Welche Pausenspiele waren zu Ihrer Schulzeit in Mode?
- ✓ Wie gefährlich war das Spielen auf der Straße?
- ✓ Welche Gegenstände haben Sie als Spielzeug genutzt?
- ✓ Wie viel Zeit hatten damals die Kinder zum Spielen?
- ✓ Mit wem haben Sie am liebsten gespielt?

Methodische Anregung: Ich habe eine ganz eigene Geschichte

- ✓ Jedes Kind erstellt seinen eigenen Lebenslauf. Hierzu benötigt es Informationen von Verwandten, Materialien (Fotos, Spielzeug und Kleidung von früher usw.) sowie eigene Erinnerungen
- ✓ Die Lebensläufe werden in der Klasse vorgestellt und verglichen; Gemeinsamkeiten und Unterschiede werden herausgearbeitet
- ✓ Mit Hilfe von Quellenmaterial (Auszüge von Lebenserinnerungen etc.) erstellen die Kinder Lebensläufe von gleichaltrigen Kindern in anderen historischen Epochen – hier werden dann vor allem die Unterschiede zur gegenwärtigen Situation deutlich werden. Hilfreich ist auch ein entsprechender Lebenslauf der Lehrerin.
- ✓ Archivbesuch: In Zeitungen eigene Geburtsanzeige suchen und blättern lassen, was sonst noch an diesem Tag geschah – evtl. Collage aus beidem erstellen

Familie

Ähnlich wie beim Thema Kindheit hat sich auch bei der Familie die einstmals dominante Forschungsperspektive in den vergangenen Jahrzehnten deutlich verändert. Vor allem zwei Selbstverständlichkeiten wurden in Frage gestellt: die biologische Bedingtheit der Existenz von Familien und die Vorstellung von der früheren Dominanz der „Großfamilie". Mittlerweile wissen wir, dass die Lebensform Familie neben ihrer biologischen Reproduktionsfunktion in ihren Strukturen und Formen stark sozial und kulturell geprägt wurde und wird. Organisation der Arbeit, Sozialprestige, religiöse Vorstellungen, historische Traditionen, Bevölkerungsentwicklung – all' dies wirkt auf den Charakter von Familie in allen Gesellschaften ein. So wird eine unterrichtliche Behandlung früherer Familienformen für Kinder durchaus „fremd" wirken, indem die heute selbstverständliche emotionale Basis der Familie massiv durch andere Interessen in Frage gestellt wird: Die vorindustrielle Familie – wenn wir sie denn überhaupt mit diesem Begriff belegen wollen – war in erster Linie eine Produktions-, Überlebens- und Schicksalsgemeinschaft, bei der die Gefühle zwischen den Mitgliedern und die biologische Verwandtschaft eine untergeordnete Rolle spielten. Hinzu kommt, dass auch die Vorstellung von der Dominanz der „Großfamilie" sich mittlerweile als Mythos herausgestellt hat. Die vorindustrielle Gesellschaft kannte eine Fülle an unterschiedlichen Familienformen; das – häufig auch idealisierte – Zusammenleben von drei biologisch verwandten Generationen unter einem Dach war nur eine Möglichkeit, die angesichts der niedrigen Lebenserwartung, der Notwendigkeit zur Wiederverheiratung und der ökonomischen Bedingungen vergleichsweise selten vorkam. Außerdem spielte Blutsverwandtschaft keine so große Rolle wie heute; das familienfremde Gesinde etwa gehörte genauso zum Haushalt wie die eigenen Kinder.

Unterrichtlich muss daher darauf geachtet werden, die Mythen früherer Zeiten insbesondere zur „Großfamilie“ nicht in den Köpfen der Kinder zu reproduzieren. Außerdem sollten die eigenen Erfahrungen mit einer Vielzahl von gegenwärtig vorhandenen Familienformen (mit beiden Elternteilen, mit einem Elternteil, mit/ohne Geschwister, mit wechselnden Bezugspersonen, Betreuung durch Großeltern, Scheidungserfahrungen etc.) einbezogen werden, um im Vergleich mit den historischen Lebensformen kein monolithisches Bild der heutigen Familie entstehen zu lassen. Gerade bei dem Vergleich mit den eigenen Familienformen der Kinder sollte berücksichtigt werden, dass es sich hier um ein Eindringen in die Privatsphäre der Kinder und ihrer Familien handeln kann; möglicherweise empfiehlt sich eine vorherige Information der Eltern über die Ziele der Unterrichtseinheit.

Zum Weiterlesen und Sachkundigmachen:

* André Burguière u.a. (Hrsg.), Geschichte der Familie. 4 Bände, Frankfurt/Main 1996/97

* Richard van Dülmen, Kultur und Alltag in der frühen Neuzeit. Bd. 1: Das Haus und seine Menschen. 16.-18. Jahrhundert, München 1990

* Andreas Gestrich, Art.: Familie, Historische Familienforschung, in: Richard van Dülmen (Hrsg.): Fischer-Lexikon Geschichte, Frankfurt 2003, S.. 162-180

* Andreas Gestrich, Geschichte der Familie im 19. und 20. Jahrhundert. 3. um einen Nachtrag erweiterte Auflage München 2013

* Andreas Gestrich u.a., Geschichte der Familie, Stuttgart 2003

* Jack Goody, Geschichte der Familie, München 2002

* William H. Hubbard, Familiengeschichte. Materialien zur deutschen Familie seit dem Ende des 18. Jahrhunderts, München 1983

* Rosemarie Nave-Herz, Familie heute. Wandel der Familienstrukturen und Folgen für die Erziehung, Darmstadt 1994

* Reinhard Sieder, Sozialgeschichte der Familie, Frankfurt am Main 1987

* Ingebort Weber-Kellermann, Die Familie. Geschichte, Geschichten und Bilder, Frankfurt am Main 1976

Unterrichtsbeispiele, -materialien und -anregungen:

* Robert Baar, „Wie war das noch mal?“ Das Aufgreifen von Familiengeschichte(n) für eine identitätsbildende Biografiearbeit, in: Grundschule Sachunterricht 2015, Heft 3, S. 32-37

* Helga Kübler, Meine Familie – meine Vorfahren. Entdeckendes Lernen am Beispiel der eigenen Familiengeschichte, in: Praxis Geschichte 3/1988, S. 40-46

* Marlies Hempel, Die Familie – Aspekte historischen Lernens, in: Sache Wort Zahl 1999, H. 20, S. 28-37

* Thomas Leeb, „Wes Kind ich bin, woher ich komm”. Familiengeschichte als Gegenstand des Sachunterrichts: Generationsfolge, in: Sachunterricht und Mathematik in der Primarstufe 15(1987), S. 16-20, 29

* Ursula Thierfelder, Ulrich Meyer-Husmann, Familie heute – Familie früher. Zweites Schuljahr im Museum, in: Grundschule 9/1978, S. 370-375

* Wie es früher war: Familie. Sonderhefte Bausteine Grundschule 2/1995 (enthält zahlreiche Bild- und Textquellen, Arbeitsanregungen etc.)

Inhaltliche Anregungen

✓ Familienstrukturen und –formen unterschiedlicher Schichten, Regionen (auch: Stadt/Land) und Zeiten: Wer lebt wo und wann zusammen? Was machen die Familienmitglieder? Wer hat welche Rechte? (im ländlichen Bereich sehr gut zu veranschaulichen durch den Besuch eines Freilichtmuseums, denn alte Bauernhäuser spiegeln häufig die vormodernen Familien- und Arbeitsverhältnisse wider)

✓ Geschlechtsrollen

✓ Kindererziehung

✓ Siehe auch die Anregungen im Abschnitt „Kindheit"

Methodische Anregung: Einen Familienstammbaum anfertigen

Tipps:

✓ Vorher die Eltern über die Absicht informieren (Elternabend/Elternbrief)

✓ Eine geeignete Größe und Form des Stammbaums festlegen (mindestens DIN A 3), die es erlaubt, die Informationen ggf. mit Bildern und weiteren Texten zu versehen. Schön ist es, wenn die Kinder auch tatsächlich einen Baum gestalten, wobei sie sich selbst als Stamm darstellen (allerdings ist es dann eigentlich eine „Ahnentafel" – bei einem Stammbaum würde das älteste bekannte Familienmitglied, als „Stammvater" sozusagen, unten aufgeführt)

✓ Jedes Kind sollte mit sich selbst und seinem Geburtsdatum beginnen und dann rückwärts zu Eltern und Großeltern, evtl. auch bis zu den Urgroßeltern fortschreiten. Die Informationen sollten zu Hause erfragt werden; Lücken sind erlaubt, es wird keine Vollständigkeit angestrebt. Ggf. ist es sinnvoll, einen Fragebogen als Hilfestellung zu verwenden (Anregungen in: Schaub 2002, S. 74).

✓ Sinnvoll kann es sein, neben den Namen und Geburts- bzw. Sterbedaten oder -jahren auch Orte und Berufe zu erwähnen, weil hierdurch zahlreiche Anknüpfungspunkte für weitere sachunterrichtliche Themen gewonnen werden können (Heimat – Migration, Berufe früher – Berufe heute – Berufe in Zukunft usw.)

- ✓ Die Kinder können auch ein eigenes Familienwappen entwerfen (und dabei Typisches für die Familie verwenden: den Namen, Beruf, Herkunft, Hobbies o.ä.) und den Stammbaum damit schmücken.
- ✓ Die Stammbäume sollten sowohl in der Klasse präsentiert als auch den Eltern bei passender Gelegenheit (Elternabend, Klassenfest) gezeigt werden.
- ✓ Es kann den Kindern den Zugang erleichtern und sie zur Recherche motivieren, wenn die Lehrkraft selbst einen eigenen Stammbaum vorbereitet und erzählt, wie sie die notwendigen Informationen zusammen getragen hat.

Methodische Anregung: Arbeit mit Familienfotos

Familienfotos sind historische Quellen zur Familiengeschichte, die allerdings wegen ihrer emotionalen Bedeutung für die Kinder im Gegensatz zu anderen historischen Fotos nur behutsam einer Quellenkritik unterzogen werden dürfen.

Siehe auch unten den Abschnitt „Bilder“ in Kapitel 5.

Tipps:

- ✓ Vorher die Eltern auf einem Elternabend über das Vorhaben, die Familiengeschichte anhand von Familienfotos zu untersuchen, informieren
- ✓ Fotos aus der Familie aus unterschiedlichen Epochen mitbringen lassen – auch die Lehrkraft sollte dies tun.
- ✓ Die Fotos können nach unterschiedlichen Aspekten betrachtet/untersucht werden: Wer ist jeweils dargestellt? In welchen Situationen? Wie sind die Personen dargestellt (Kleidung, Körperhaltung, Umgebung, Position zueinander ....)?
- ✓ Standbilder zu einzelnen Fotos erstellen
- ✓ Geschichten zu einzelnen Personen und/oder Situationen erzählen
- ✓ Synchroner und diachroner Vergleich: Vergleich von verschiedenen Fotos der gleichen Epoche (z. B. der 1950er oder 1970er Jahre) und Vergleich von ähnlichen Situationen (z. B. Hochzeit, Kindertaufe, Einschulung, Geburtstag) aus unterschiedlichen Zeiten
- ✓ Collagen mit ergänzenden Texten (die auch die Äußerung von Gefühlen beinhalten dürfen), weiteren Bildern (z. B. Kopien von Bildern aus Büchern, die stellvertretend für die jeweilige Zeit stehen), Zeichnungen etc. erstellen lassen; evtl. in Verbindung mit der Klassenzeitleiste (siehe oben)
- ✓ Selbst Familienfotos herstellen/inszenieren und mit denen „von früher“ vergleichen

Arbeit

Die Arbeitswelt ist Kindern heute im Gegensatz zu früheren Zeiten nur bedingt zugänglich. In der vorindustriellen, nur wenig arbeitsteiligen Gesellschaft erlebten Kinder Arbeit als Teil des Alltags mit und wuchsen praktisch nach- und mitahmend in sie hinein. Mit der räumlichen Trennung von Wohn- und Arbeitsbereich und der zeitlichen Trennung von Arbeitszeit und Freizeit im Zuge der Industrialisierung verschwand die Arbeitswelt dagegen weitgehend als kindlicher Erlebens- und Erfahrungsbereich. Jedenfalls gilt dies für die Erwerbsarbeit in den meisten Bereichen (zum Teil gibt es die stärkere Einheit heute noch im landwirtschaftlichen und gastronomischen Bereich). Dagegen blieb die Hausarbeit Kindern zwar vertraut, sie wurde aber in der Gesellschaft nicht als gleichwertige Arbeit anerkannt und war und ist geschlechtsspezifisch überformt (Schule als Ort der Arbeit von Kindern sei hier einmal ausgeblendet). Kinder haben so zu der Welt der Erwerbsarbeit nur indirekt Zugang, „wenn ihre Eltern über ihre Arbeitsplätze erzählen, müde von der Arbeit nach Hause kommen oder beispielsweise durch neue betriebliche Rationalisierungsmaßnahmen arbeitslos werden." (Oberliesen 1987, 6) Dennoch ist Arbeit, dieser „Grundsachverhalt menschlicher Geschichte und aller historischer Epochen" (Bergmann 1990, 17), aber von zentraler Bedeutung für das Leben von Kindern – sowohl in ihrer Rolle als spätere Erwachsene und damit Arbeitende als auch für ihre gegenwärtige Lebenssituation. Sie erleben die Krise der gegenwärtigen Arbeitsgesellschaft, sollen aber gleichwohl arbeiten lernen; sie erfahren die geschlechtsspezifische Arbeitsteilung; sie werden mit Produkten konfrontiert, die durch Arbeit entstanden sind; sie hören Sprichwörter wie „Arbeit adelt" und „Müßiggang ist aller Laster Anfang" usw. Ein reflektierter Umgang mit dem Thema ist daher wichtig für diesen zentralen Teil kindlicher Lebenswelt und gesellschaftlicher Realität.

Zum Weiterlesen und Sachkundigmachen:

* Klaus Bergmann, Arbeit, in: Geschichte lernen 13/1990, S. 16-23
* Astrid Kaiser, „Arbeiten" – ein Thema für Jungen und Mädchen im Grundschulalter? in: Zeitschrift für Berufs- und Wirtschaftspädagogik 82(1986), H. 2, S. 132-147
* Jürgen Kocka, Claus Offe (Hg.), Geschichte und Zukunft der Arbeit, Frankfurt am Main 2000
* Jürgen Kocka, Mehr Last als Lust. Arbeit und Arbeitsgesellschaft in der europäischen Geschichte (Reprint), in: Zeitgeschichte-online, Januar 2010, online: http://www.zeitgeschichte-online.de/thema/mehr-last-als-lust

* Rolf Oberliesen, Sachunterricht und Arbeit und Produktion: Historisch-Genetisches Lernen in der Grundschule, in: Die Grundschulzeitschrift 5/1987, S. 6-9

* Rudi Palla, Das Lexikon der untergegangenen Berufe, Frankfurt am Main 1998

* Reinhold Reith, Lexikon des alten Handwerks, München 1990

* Ute Stoltenberg, Ein zukunftsfähiger Begriff von Arbeit als Orientierung für grundlegende Bildung im Sachunterricht, in: Brunhilde Marquardt-Mau, Helmut Schreier (Hrsg.), Grundlegende Bildung im Sachunterricht, Bad Heilbrunn 1998, S. 198-210

Unterrichtsbeispiele, -materialien und -anregungen:

* Grundschule Sachunterricht 10/2001: Arbeit (+ Material-Extra: „Arbeit früher und heute. Ein Lese- und Bilderbuch" zu verschiedenen Berufen und Arbeitsabläufen)

* Maili Hochhuth u.a., Haushalt früher und heute – ein Klassenmuseum entsteht, in: Die Grundschulzeitschrift 38/1990, S. 20-22

* Rotraut Kampsmeier, Joachim Radkau, Es klappert die Mühle .... Projekte rund um die Mühle, in: Grundschule 6/1997, S. 52-55

* Peter Knoch, Frieder Stöckle, Altes Handwerk – ein Thema für die Primarstufe?, in: Sachunterricht und Mathematik in der Primarstufe 13(1985), S. 360-366, 401-408

* Thomas Leeb, Frieder Stöckle, Kleider und Leute. Eine Unterrichtseinheit für ein altes Handwerk (Schneider) unter fächerübergreifendem und handlungsorientiertem Ansatz, in: Sachunterricht und Mathematik in der Primarstufe 12(1984), S. 407-416, 467

* Ulrike Rathjen, Berufe früher und heute – Der Werftarbeiter, in: Grundschulunterricht Sachunterricht 55, 2008, H. 1, S. 20-24

* Heinz Schernikau, Brotbacken früher und heute. Von der „Quälarbeit" zur Arbeitslosigkeit, in: Gertrud Beck (Hg.), Die Grundschulzeitschrift. Sammelband Sachunterricht: Zeit und Geschichte, Seelze 1998, S. 54-58 (Material hierzu: ebd., S. 90-98)

* Wie es früher war: Familie. Sonderhefte Bausteine Grundschule 2/1995 (enthält Materialien zur Arbeit im Haushalt)

* Wie es früher war: Handwerk I: Lederherstellung und –verarbeitung. Sonderhefte Bausteine Grundschule Nr. 5 (zahlreiche Bild- und Textquellen und Arbeitsanregungen)

* Wie es früher war: Haushalt. Wie Oma die Familie versorgt hat. Sonderhefte Bausteine Grundschule Nr. 7 (zahlreiche Bild- und Textquellen, Koch- und Backrezepte und Arbeitsanregungen)

Inhaltliche Anregungen

✓ Kinderarbeit in der vorindustriellen Gesellschaft (Landwirtschaft, Handwerk), in der Industrie des 19. Jahrhunderts, im Hausgewerbe

✓ Vergleich landwirtschaftlicher Arbeit vor der Technisierung der Landwirtschaft und heute

✓ Vergleich traditioneller handwerklicher und moderner industrieller Produktion

✓ Bedeutung der Hausarbeit für das Überleben der Menschen

✓ Vergleich von Arbeitszeit und Freizeit früher (z. B. agrarischer Lebensrhythmus, Bedeutung von Feiertagen, Veränderungen durch industrielle Arbeit usw.) und heute

✓ Besprechung von Sprichwörtern: Müßiggang ist aller Laster Anfang, Arbeit adelt, Arbeit macht das Leben süß, Wer nicht arbeiten will, soll auch nicht essen usw.; Informationen zu Sprichwörtern u.ä. in: Lutz Röhrich (Hg.), Das große Lexikon der sprichwörtlichen Redensarten. Neuausgabe, 3 Bände, 7. Aufl. Darmstadt 2004

✓ Wichtig: Nicht nur ein Vergleich von Fakten, sondern die Bedeutung der Arbeit für die betroffenen Menschen einbeziehen!

Methodische Anregungen

✓ Arbeit mit Text- und Bildquellen (finden sich zahlreich in den o.e. geschichtsdidaktischen Zeitschriften, in Schulbüchern der Sekundarstufe I und in Museums- und Ausstellungskatalogen zu sozialgeschichtlichen Themen; zu vormodernen Berufen sind einschlägig die Holzschnitte in: Jost Ammann, Das Ständebuch. 133 Holzschnitte, hrsg. v. Manfred Lemmer, 10. Aufl. Frankfurt am Main 1988)

✓ Arbeit mit Sachquellen (Gebäude, Maschinen, Arbeitskleidung, Werkzeug etc.)

- ✓ Zahlreiche interessante Hinweise zu früheren Haushaltstechniken enthält: John Seymour, Vergessene Haushaltstechniken, Ravensburg 1990
- ✓ Befragung von alten Handwerkern vor Ort und von älteren Arbeitnehmern (letztere z. B. zu den in ihrem Berufsleben sich verändernden Anforderungen)
- ✓ Erkundung eines Bäckereibetriebs und Vergleich mit historischen Quellen (Material hierzu in: Schernikau 1998 (s.o.)); Integration eigener Arbeit (Backen)
- ✓ Unterrichtsgang zu einer örtlichen Fabrik
- ✓ Unterrichtsgang zu einem Bauernhof
- ✓ Besuch eines (Freilicht)Museums: Erkundung von Arbeitsräumen, Arbeitsgeräten etc.
- ✓ Haushaltstechniken selbst ausprobieren (Waschen, Konservieren etc.)
- ✓ Unterrichtsfilme, die untergegangene Arbeitsweisen veranschaulichen. Zahlreiche Filme zur Geschichte alter Handwerke finden sich im Bestand der Stadt- bzw. Kreisbildstellen
- ✓ Angebote des „Museum im Koffer" (siehe: http://www.museum-im-koffer.de), z. B. „Uromas Waschtag", „Uromas Küche", „Papierwerkstatt", „Gutenbergs Druckwerkstatt"; vgl. hierzu: Kristine Popp, Annette Beyer, Zukunft braucht Herkunft. Historisches Lernen – praktisch mit dem Museum im Koffer, in: Klaus Bergmann, Rita Rohrbach (Hg.), Kinder entdecken Geschichte. Theorie und Praxis historischen Lernens in der Grundschule und im frühen Geschichtsunterricht, Schwalbach/Ts. 2001, S. 144-153

Schule

Neben der Familie stellt die Schule nach wie vor die zentrale Sozialisationsinstanz von Kindern dar. Grundschulkinder nehmen sie aufgrund ihres eingeschränkten Erfahrungsraumes ähnlich wie die Familie zunächst als etwas Gegebenes hin. Im Unterricht muss es daher darum gehen, Kindern die Historizität von Schule zugänglich zu machen und damit gleichzeitig an einem Beispiel aus der Lebenswirklichkeit der Kinder eine gesellschaftliche Institution zu untersuchen. Hierzu bietet sich der Vergleich der gegenwärtigen, von den Kindern erlebten und erfahrenen (und erlittenen?) Schulsituation mit der vergangener Epochen an; ob man dies – um Zugang zu den Erinnerungen noch heute lebender Zeitzeugen zu haben – anhand der Schulzeit in der Nachkriegsgesellschaft behandelt oder aber mit dem Rückgriff auf das 19. Jahrhundert oder die vormoderne Gesellschaft (z. B. die römische Schule) tut, ist dabei eher nebensächlich.

Zum Weiterlesen und Sachkundigmachen:

* Christa Berg u.a. (Hrsg.), Handbuch der deutschen Bildungsgeschichte. 6 Bde , München 1987ff.

* Klaus Bergmann, Gerhard Schneider, Didaktik der Schul- und Unterrichtsgeschichte, in: Klaus Bergmann u.a. (Hrsg.), Handbuch der Geschichtsdidaktik. 4. Aufl. Seelze-Velber 1992, S. 333-335

* Gert Geißler, Schulgeschichte in Deutschland. Von den Anfängen bis in die Gegenwart, Frankfurt am Main 2011

* Jürgen Hannig, Schule, Bildung, in: Richard van Dülmen (Hrsg.), Das Fischer Lexikon Geschichte, Frankfurt am Main 1990, S. 270-290

* Hans-Georg Herrlitz u.a., Deutsche Schulgeschichte von 1800 bis zur Gegenwart. Eine Einführung, 5., aktualisierte Aufl. Weinheim-München 2009

* Peter Lundgreen, Sozialgeschichte der deutschen Schule im Überblick. 2 Bde, Göttingen 1980/81

* Horst Schiffler, Rolf Winkeler, Tausend Jahre Schule. Eine Kulturgeschichte des Lernens in Bildern, Stuttgart u.a. 1985 (enthält zahlreiche Bilder)

Unterrichtsbeispiele, -materialien und -anregungen:

* Monika Fenn, „Geschichte steht in Büchern". Transformation kindlich-naiver Vorstellungen über Geschichte in tragfähige Wissensstrukturen, in: Grundschulunterricht 11/2003, S. 49-53 (u.a. zur Schulgeschichte)

* Jürgen Floer, Susanne Unverfehrt, „Is ja cool". Kinder von heute mit Lernmaterialien von gestern, in: Die Grundschulzeitschrift 9(1995), H. 82, S. 17-19

* Gertrud Gruber, Schule früher – Schule heute. Ein Projekt zum Geschichtsunterricht, in: Grundschule 4/1996, S. 50f.

* Hilke Günther-Arndt, Die 'Geschichte der Schule' als Unterrichtsgegenstand in der Grundschule, in: Sachunterricht und Mathematik in der Grundschule 4(1976), S. 589-599

* Wolfgang Hasberg, Schule wie früher – nur ganz anders! In: Waltraud Schreiber (Hg.), Erste Begegnungen mit Geschichte. Grundlagen historischen Lernens. Bd. 2, Neuried 1999, S. 1401-1416

* Waltraud Holl, Erinnerungen einer Großmutter an den Schulalltag. Erfahrungen aus dem Grundschulprojekt „Wir gestalten eine Ausstellung zum Thema 'Schule – gestern, heute und morgen'", in: Sachunterricht und Mathematik in der Primarstufe 20(1992), S. 151-157

* Elisabeth Jehmlich, Schule früher und heute, in: Praxis Grundschule 30, 2007, H. 4, S. 42-45

* Dirk Lange, „Schule heute – gestern – morgen". Lebensweltorientierung im historisch-politischen Sachunterricht, in: Sache Wort Zahl 69/2005, S. 55-59

* Materialpaket „Schule vor 100 Jahren", in: Die Grundschulzeitschrift 21/1989 (Beihefter), auch in: Die Grundschulzeitschrift. Sammelband Sachunterricht: Zeit und Geschichte, hrsg. v. Gertrud Beck, Seelze-Velber 1998, S. 118-143 (viele Bilder und Quellentexte)

* Rolf Oberliesen, Schreibwerkzeuge. Technische und gesellschaftlich-historische Erfahrungen – ein Sachunterrichtsprojekt in der 2. Klasse, in: Die Grundschulzeitschrift 47/1991, S. 14-16

* Berit Pleitner, Kaisertreu und patriotisch – Schule im Deutschen Kaiserreich. Historischen Wandel wahrnehmen und kennenlernen, in: Grundschule Sachunterricht 67/2015,S. 14-21

* Hans-Dieter Schmid, Andere Zeiten, andere Sitten: Schule früher und heute, München 1976

* Unsere Schule hat Geburtstag (Themenheft Grundschule 10/1993)

* Hartmut Tank, Schule früher – ganzheitliches Erfassen einer vergangenen Lebenssituation, in: Grundschulunterricht 11/2003, S. 16-20

* Monika Walensky, Schreibwerkzeuge in Klasse 3. Historisch-genetisches Lernen im offenen Sachunterricht, in: Die Grundschulzeitschrift 88/1995, S. 26-28

* Wie es früher war: Schule. Sonderhefte Bausteine Grundschule 1/1994 (enthält zahlreiche Arbeitsblätter, Text- und Bildquellen, Arbeits- und Handlungsanregungen)

Inhaltliche Anregungen

✓ Schulalltag (Unterrichtszeiten, Schulpflicht, Schulgebete, Feiern etc.)

✓ Räumliche Verhältnisse (Klassenräume, Lehrerwohnung, Schulhof etc.)

✓ Erziehungsziele, Erziehungsnormen, Erziehungsmethoden (z. B. Schulregeln früher und heute)

✓ Unterrichtsfächer, Inhalte des Unterrichts

✓ Schulbücher

✓ Schulstrafen

✓ Schrift (Deutsche Schrift schreiben, ggf. mit Federhalter und Tinte)

✓ Forschende Beschäftigung mit der Geschichte der eigenen Schule

Methodische Anregungen: Mögliche Informationsquellen

✓ Schulbücher, Fibeln, Atlanten, Karten und andere Unterrichtsmittel

✓ Schulchroniken

✓ Schulordnungen

✓ Schulzeugnisse

✓ Fleißkärtchen

✓ Autobiographien/Erinnerungsliteratur (siehe auch oben die Hinweisen zur Kindheitsgeschichte)

✓ Stundenpläne (z. B. von Stadt/Landschulen, Knaben/Mädchenschulen, aus verschiedenen Zeiten)

✓ Gebäude (z. B. Ausmessen des eigenen Klassenraumes und Vergleich mit historischen Angaben, dazu damalige und heutige Schülerzahlen

✓ Einrichtung (Tische, Tafel, Stühle/Bänke, Tintenfässer etc.)

- ✓ Schülerhefte
- ✓ Befragungen von älteren Menschen (Schülern/Lehrer)
- ✓ Fotos von der eigenen Schule (Einweihung, besondere Ereignisse etc.)
- ✓ Schulstunde spielen lassen (einschl. Sitzhaltung, Beachtung von Schulregeln etc.) und Erfahrungen auswerten
- ✓ Ausstellung in Schulräumen, Bericht auf Schulhomepage
- ✓ Viel einsetzbares Material (Bild- und Textquellen) sowie methodische Vorschläge enthält: Die Grundschulzeitschrift. Sammelband Sachunterricht: Zeit und Geschichte, hrsg. v. Gertrud Beck, Seelze-Velber 1998, S. 118-143
- ✓ http://schulmuseum.net (Server für Schulmuseen und schulgeschichtliche Sammlungen)

Methodische Anregung: Einrichtung eines Schularchivs

- ✓ Jede Grundschule sollte über ein eigenes Schularchiv verfügen!
- ✓ Das Archiv sollte bestehen aus auf die Schule bezogenen Texten, Fotos, Zeitungsausschnitten, Gegenständen, Aussagen und Kontaktadressen von Zeitzeugen usw.
- ✓ Sammeln kann man zum einen nicht mehr benötigte Objekte in der Schule, zum anderen durch Bitten in der ehemaligen Lehrer-, Eltern- und ggf. Schülerschaft sowie durch ergänzende Recherchen im jeweiligen Stadt- und Zeitungsarchiv (Kopien von Materialien erstellen)
- ✓ Das Archiv kann nach und nach systematisch ergänzt werden, so dass auch für künftige Schülerinnen und Schüler historische Materialien zur eigenen Schule für Recherchen, Ausstellungen bei Schuljubiläen usw. zur Verfügung stehen.

Methodische Anregung: Befragung eines älteren Menschen nach seiner/ihrer Schulzeit

- ✓ In welchem Jahr und an welchem Schulort bist du in die Schule gekommen?
- ✓ Kannst du dich an deine Einschulung/ an deine erste Schulstunde erinnern?
- ✓ Weißt du noch, wie es damals in der dritten/vierten Klasse war?
- ✓ Wie viele Kinder wart ihr?
- ✓ Wie sah das Klassenzimmer aus?

- ✓ Wie lange hattet ihr an einem Tag Unterricht?
- ✓ Welche Unterrichtsfächer gab es damals? Welches war dein Lieblingsfach? Warum?
- ✓ Womit und worauf habt ihr damals geschrieben?
- ✓ Wie waren deine Lehrer?
- ✓ Welche Strafen und Belohnungen gab es damals?
- ✓ Gab es Schulregeln, die ihr befolgen musstet?
- ✓ Kannst du dich noch an besondere Ereignisse, Ausflüge usw. erinnern? Erzähle bitte.

(nach: Wie es früher war: Schule. Sonderhefte Bausteine Grundschule 1/1994, Blatt 2)

Technikgeschichte

Zahlreiche Unterrichtsbeispiele aus dem Sachunterricht stellen den Vergleich von Gegenständen des alltäglichen Gebrauchs mit den historischen Vorgängern unter der Überschrift „Früher – Heute" an. Dies macht durchaus Sinn, fördert es doch das Historizitätsbewusstsein durch die Infragestellung vertrauter Objekte aus der Lebenswelt von Kindern. Geachtet werden sollte allerdings zum einen auf die Einbindung der Gegenstände in ihren sozialen Kontext – also keine isolierte Geschichte einzelner technischer Geräte wie Bügeleisen, Fahrrad oder Waschmaschine –, zum anderen, darauf wurde schon oben hingewiesen, auf die Vermeidung einer einlinigen Fortschrittsgeschichte. Methodisch wird es hier vielfach um die Arbeit mit Bild- und Textquellen gehen, wobei auch der handelnde Umgang mit technischen Geräten, z. B. im Museum oder durch den Nachbau einfacher Geräte in Verbindung mit dem Werkunterricht, einbezogen werden sollte.

Zum Weiterlesen und Sachkundigmachen:

* Wolfgang König (Hrsg.), Propyläen-Technikgeschichte. Sonderausgabe, 5 Bde, Berlin 1997
* Hans-Werner Niemann, Vom Faustkeil zum Computer. Technikgeschichte – Kulturgeschichte – Wirtschaftsgeschichte, Stuttgart 1985
* Joachim Radkau, Technik in Deutschland, Frankfurt am Main 1989
* Herbert Rogger, Didaktik der Technikgeschichte. Ort, Zeit, Objekt, Hamburg 2003

Unterrichtsbeispiele, -materialien und -anregungen:

- Sandra Deibl, Was sind Maschinen und wer hat sie erfunden? Ein Streifzug durch die Technikgeschichte, in: Grundschulmagazin 4/2015, S. 13-18
- Franz H. Filsner, Mein Rad ist viele tausend Jahre alt, in: Sachunterricht und Mathematik in der Primarstufe 20(1992), S. 246-256
- Geschichte lernen Heft 32 (1993): Mensch und Technik im Mittelalter
- Katja Gorbahn, Matthias Heymann, Das Auto verändert die Stadt. Die umwelt- und technikgeschichtliche Perspektive historischen Lernens, in: Grundschule 36, 2004, H. 7-8, S. 42-44

- Wolfgang Maron, Aus der Geschichte des Fahrrads. Skizzen zu einem thematischen Längsschnitt für das 3./4. Schuljahr, in: Sachunterricht und Mathematik in der Primarstufe 8(1980), S. 426-432
- Barbara Orland, Die Waschmaschine: Wäschewaschen in der Wohnung, in: Praxis Geschichte 5/1988, S. 56f.
- Horst Rückl, Über Stock und Stein, durch Wind und Wellen. Transport im Mittelalter, in: Geschichte lernen Heft 32 (1993), S. 21-25
- Beate Straub, Hanna Bickel, Die Kunst des Brückenbaus. Eine technikgeschichtliche Perspektive, in: Grundschule 36 (2004), H. 7-8, S. 61-63
- Technikgeschichte, in: Praxis Grundschule 4/1979, S. 19-22
- Sigrid Ullwer, „Heute anders als früher". Zwei Unterrichtseinheiten für das zweite Schuljahr, in: Sachunterricht und Mathematik in der Primarstufe 6(1978), S. 501-507 (betr. Kaffeemühle und Bügeleisen)
- Weltwissen Sachunterricht 3/2013: Erfindungen verändern die Welt. Historisches Lernen: Erfindungen und Erfinder entdecken, Technikkompetenz entwickeln

Methodische Anregungen

- ✓ Arbeit mit Text- und Bildquellen (z. B. Längsschnitte zu Verkehrsmitteln, Bauten, landwirtschaftlichen Geräten etc.)
- ✓ Handelnder Umgang mit technischen Geräten (z. B. im Museum)
- ✓ Nachbau einfacher technischer Geräte, ggf. in Verbindung mit dem Werkunterricht
- ✓ Befragung von Zeitzeugen, z. B. zur Erfahrung der Technisierung des Haushalts oder zur Durchsetzung des Autos als Massenverkehrsmittel
- ✓ Erkundung einer Fabrik vor Ort als Dokument der Technikgeschichte des 19. und 20. Jahrhunderts, von Wind- und Wassermühlen, älteren Brücken usw.
- ✓ Entstehungs-/Erfindungsgeschichte eines vertrauten technischen Gegenstands erforschen
- ✓ Pro- und Contra-Diskussion zum Thema: Technischer Fortschritt: Segen oder Fluch? (z. B. anhand des Computers) (4. Klasse)
- ✓ Wichtig: Die unterschiedliche Annäherung der Geschlechter an technische Phänomene beachten!

Lokalgeschichte

Die Anknüpfung an die räumlichen Erfahrungen der Kinder kann auch bei historischen Themen trotz des o. e. Wandels von der Heimatkunde zum Sachunterricht nach wie vor sinnvoll sein. Die lokale Umwelt stellt auch im Zeitalter von Fernreisen und medialer Welterschließung einen wichtigen, wenn nicht den wichtigsten kindlichen Lebens-, Erfahrungs- und Handlungsraum dar. In den letzten Jahren wird dies in der Forschung auch zunehmend unter dem Stichwort der „Wiedergewinnung des Nahraums" diskutiert; die Geschichte dieses Nahraums spielte dabei allerdings leider keine Rolle. Dabei ist es für die Handlungsfähigkeit von Kindern von entscheidender Bedeutung, auch ihre Lebenswirklichkeit unter dem Aspekt der Veränderung in der Zeit zu sehen; sie müssen lernen, „Veränderungen in der vertrauten Umwelt zu beobachten und ihren Ursachen nachzugehen" (Hug 1974, 283). Und dies trifft auch auf großes Interesse bei Grundschulkindern, wie Helmut Beilner in einer kleinen empirischen Untersuchung mit Grundschulabgängern nachweisen konnte (Beilner 1999a, 130; vgl. auch Beilner 1999c, 819).

Wichtig ist hierbei vor allem, dass bei der lokalgeschichtlichen Arbeit die eigenständige Forschungsmöglichkeit von Kindern, also die Unterrichtsmethode des entdeckenden Lernens, besonders geeignet ist. Während ansonsten historische Themen häufig über Medien aus „zweiter Hand" behandelt werden müssen, besteht hier die Möglichkeit zur Integration von Erkundungen zu historischen Stätten, zu Gebäuden, Denkmälern, zu Archiven und Museen als Lernorten, zu Experten oder Betroffenen etc. Auch die Präsentationsformen der Ergebnisse unterrichtlicher Arbeit sind hier bei einer interessierten lokalen Öffentlichkeit (Lokalpresse, örtliches Museum, Archiv, Stadtbibliothek, Rathaus etc.) deutlich größer. Nicht zuletzt deshalb hat lokalgeschichtliches Arbeiten in der Grundschule einen hohen Stellenwert im Rahmen des historischen Lernens. Beispiele gelungenen lokalgeschichtlichen Forschens liefert regelmäßig der Geschichtswettbewerb des Bundespräsidenten (http://www.geschichtswettbewerb.de). So befasste sich eine vierte Grundschulklasse aus dem bayerischen Puchheim im Rahmen des Sonderthemas „Umwelt hat Geschichte" mit der Geschichte der Abfallbeseitigung vor Ort, sammelte aus „Interviews, alten Fotos, Broschüren, Zeitungsausschnitten, Chroniken und Festschriften" zahlreiche Informationen und führte eigene Ausgrabungen auf der ehemaligen Müllkippe durch, auf der die Kinder heute wohnen. Die Erkenntnisse, die sie bei ihrer umwelthistorischen Forschung gewonnen hatten, führten sie zum Nachdenken über unseren heutigen Umgang mit Müll und zur Entwicklung von Vorschlägen und Anregungen zur Müllvermeidung und -verwertung (Schülerwettbewerb 1991, 40).

Zum Weiterlesen und Sachkundigmachen:

Hier kann naturgemäß keine allgemeine Literatur empfohlen werden. Vgl. lediglich:

* Themenheft „Geschichte vor Ort". Praxis Geschichte 3/1989 (vor allem den Basisbeitrag von Peter Knoch)
* Handbuch der historischen Stätten Deutschlands, Stuttgart 1958ff. (erschienen sind Bände für alle deutschen Regionen, z. T. auch bereits überarbeitet)
* Michael Sauer (Hrsg.), Spurensucher. Ein Praxisbuch für historische Projektarbeit, Hamburg 2014 (Begleitband zum Geschichtswettbewerb des Bundespräsidenten, in dem alle zwei Jahre vor allem lokalhistorische Projekte, u.a. auch von Grundschülern, durchgeführt werden)

Unterrichtsbeispiele, -materialien und -anregungen:

* Renate Blankenhorn, Mirjam Karnetzki, Detlef Pech, Jung fragt Alt im Kiez: Geschichte wird lebendig. Ein Projektbericht, in: Grundschulunterricht Sachunterricht 2/2014, S. 16-19
* Doris Freeß, Historisches und kommunikatives Lernen als Einheit betrachten. Kinder erkunden in kommunikativen Situationen den historischen Wandel ihrer Stadt, in: Grundschulunterricht Sachunterricht 2/2014, S. 38-45
* Geschichte vor Ort. Themenheft Praxis Geschichte 3/1989
* Waltraud Holl-Giese, Kindheitsdorf und Kindheitsstadt vor fünfzig Jahren. „Kinderräume" und Kinderspiele einer vergangenen Welt „erforschen", in: Sache Wort Zahl 34, 2006, H. 76, S. 14-24
* Wolfgang Maron, Werner Ley, Alte Ansichten unserer Stadt. Ein Beispiel zur ortsbezogenen Arbeit mit historischen Ansichtskarten, in: Sachunterricht und Mathematik in der Primarstufe 9(1981), S. 427-431
* Wolfgang Maron, Werner Ley, Geschichtliche Lernorte außerhalb der Schule. Ein ortsbezogenes Projekt zum historischen Lernen in der Grundschule, in: Sachunterricht und Mathematik in der Primarstufe 11(1983), S. 348-354

- * Klaus-Ulrich Meier, Der Geschichte auf der Spur. Ein handlungsorientierter Beginn des Geschichtsunterrichts, in: Geschichte lernen 62/1998, S. 47-51
- * Monika Mennen, u.a., Stadtgeschichte am Beispiel Hannover, in: Hantsche/Schmid 1981 (s. Literaturverzeichnis), S. 191-213
- * Susanne Petersen, Spurensuche im Stadtteil – ein Kinderstadtteilführer entsteht, in: Kerstin Michalik (Hg.), Geschichtsbezogenes Lernen im Sachunterricht, Bad Heilbrunn und Braunschweig 2004, S. 43-52
- * Susanne Petersen, Stadtteilforscher auf Entdeckungstour. Die Geschichte des eigenen Stadtteils bzw. des eigenen Ortes rekonstruieren, in: Grundschule Sachunterricht 2009, Heft 43, S. 25-28

Inhaltliche Anregungen

- ✓ Veränderungen im Orts- bzw. Stadtbild: Funktionen von Plätzen, markante Bauwerke, Schulen, Ausbau der Verkehrsinfrastruktur (Schiene, Straßennetz) usw.
- ✓ Geschichte von Denkmälern vor Ort
- ✓ Suche nach der Bedeutung von Straßen-, Flur- oder Ortsnamen
- ✓ Erkundung der Lebenswelten von Kindern früher und heute (Wo und wie spielten Kinder früher in unserem Ort? Gab es Vereine, Einrichtungen etc. speziell für Kinder? usw.)
- ✓ Erkundung von Umweltveränderungen/problemen vor Ort (überbauter Bach, ehemalige Mülldeponien, früheres Fabrikgelände ...)

Methodische Anregungen: Geschichtsdetektive unterwegs

- ✓ Forschungsorientierte Erkundungen durchführen: Genaues Betrachten (z. B. von Bauwerken), Zeichnungen anfertigen bzw. Fotografieren (Vergleich mit früheren Abbildungen: Fotos, Ansichtskarten, Gemälden, Karten/Plänen usw.) Durchführung von Befragungen, Nutzung von Archiv, Museum, Rathaus etc.,
- ✓ Auf Spaziergängen räumliche Erstreckungen (z. B. die Enge der mittelalterlichen und frühneuzeitlichen Stadt) und Bedingungen (z. B. die Lage der Burg auf einem Berg, ihre schwere Erreichbarkeit zu Fuß und damit gute Verteidigungssituation) erfahren
- ✓ Einen stadtgeschichtlichen Führer für ortsfremde Kinder entwerfen

- ✓ Infotafeln für Kinder in der Stadt planen und in Zusammenarbeit mit der örtlichen Verwaltung aufstellen
- ✓ Ein Brettspiel auf der Grundlage eines Plans der eigenen Stadt erfinden

Methodische Anregung:

Lokalgeschichtliche Sammlung an der Schule aufbauen

Der Aufbau einer eigenen lokalgeschichtlichen Sammlung an der Schule verbessert mittelfristig die Möglichkeiten lokalgeschichtlichen Arbeitens im Unterricht erheblich. Wichtig ist hierbei vor allem:

- ✓ Der Aufbau einer kleinen Bibliothek mit lokalgeschichtlicher Literatur
- ✓ Die Schaffung einer kleinen Kartei mit Kontakten vor Ort: An wen kann man sich wenden, wenn man Informationen, Zeitzeugen etc. benötigt? (Dies erleichtert auch neuen Kolleginnen, die nicht aus dem Ort stammen, die Einarbeitung)
- ✓ Der Aufbau einer Sammlung mit Text- und Bildquellen. Dies kann geschehen durch die Archivierung von Materialien, die im Rahmen entsprechender lokalgeschichtlicher Unterrichtseinheiten ohnehin gesammelt wurden. Nützlich sein kann auch die Zusammenarbeit mit Hochschulen in der Nähe, wo Studierende im Rahmen von Seminar- oder Abschlussarbeiten Quellen gezielt aufbereiten können, und mit Kollegen benachbarter weiterführender Schulen. Meist sehr hilfsbereit sind auch die örtlichen Heimat- bzw. Geschichtsvereine.
- ✓ Die Sammlung von Gegenständen mit lokalem Bezug
- ✓ Die enge Zusammenarbeit mit dem örtlichen Archiv und dem Museum

Steinzeit

„Spaß an den Geschichten der Familie Feuerstein – Zeitliche Zuordnung von Urmenschen zu den beliebten Dinos – Interesse an Fragen nach Herkunft und Eigenart der Menschen gegenüber den Menschenaffen schon im Grundschulalter – weltweite Aufmerksamkeit für spektakuläre Entdeckungen prähistorischer Wandmalereien – ständig neue Funde der Überreste von Vor- und Urmenschen – Publizität und weit verbreitetes öffentliches Interesse an der Entschlüsselung der Fragen und Rätsel um die ersten Menschen: Gegenstände der Vor- und Frühgeschichte gehören zu den Themen, bei denen wir mit spontanen, lebhaften und elementaren Interessen der Schülerinnen und Schüler unterschiedlicher Altersstufen rechnen können." (Mayer 1998, 14) Hier ist es vor allem die Fremdheit und Abenteuerlichkeit des Lebens, die Kinder fasziniert (vgl. etwa die empirischen Forschungen Beilners: Beilner 1999a, 126 und 131). Die fehlende Komplexität der sozialen Verhältnisse (wenig Berufsdifferenzierung und Arbeitsteilung, einfache Werkzeugherstellung, enger Bezug zur Natur) erleichtert den Zugang (vgl. Marienfeld 1979, 39f.). Gerade dieses Thema bietet vielfältige Möglichkeiten handlungsorientierten Arbeitens – hierbei muss allerdings unbedingt beachtet werden, dass es sich nicht um einen Selbstzweck handelt, sondern auf der Grundlage eigener Erfahrungen in Gesprächen Hypothesen entwickelt und über deren mögliche Überprüfung diskutiert wird. Dabei wird deutlich werden, dass wir gerade in dieser historischen Epoche wegen des Fehlens schriftlicher Quellen vielfach auf Vermutungen und Plausibilitätsargumentationen angewiesen sind. Solche Gespräche mit Kindern über die Triftigkeit unserer Bilder der Vor- und Frühgeschichte sind aber nicht zuletzt deshalb besonders wichtig, weil die Gefahr besteht, dass die – notwendigerweise aktivierte – Fantasie der Kinder hier ins Kraut schießt. Was aber sicher zu erreichen ist und deshalb auch Ziel eines Unterrichts über die Vor- und Frühgeschichte sein sollte ist ein Abbau von möglicherweise vorhandenen Vorurteilen über die damaligen Menschen und deren „Primitivität" und die Würdigung ihrer Leistungen in der Bewältigung ihres Lebens.

Zum Weiterlesen und Sachkundigmachen:

* Almut Bick, Die Steinzeit. Erweiterte Neuauflage Stuttgart 2012
* Rolf Esser, Urige Zeiten. Ein Streifzug durch die Urgeschichte der Menschheit, Mülheim an der Ruhr 1993 (anschaulich geschrieben, enthält auch eine Reihe von Arbeitsblättern)
* Geschichte lernen, H. 70/1999: Steinzeit (Basisartikel liefert sehr guten Einstieg in die Thematik)

* Geschichte lernen, H. 142/143/2011: Ur- und Frühgeschichte (auch hier der Basisartikel von Ulrich Mayer)
* Wolfgang Marienfeld, Ur- und Frühgeschichte im Unterricht, Frankfurt am Main 1979
* Jochen Martin, Norbert Zwölfer (Hrsg.), Geschichtsbuch 1. Neue Ausgabe, Berlin 1992, S. 14-35 (es handelt sich hierbei um ein Geschichtsbuch für die Sekundarstufe I der Gymnasien mit zahlreichen kompakten und fachwissenschaftlich kompetenten Informationen)
* Hansjürgen Müller-Beck, Die Steinzeit. Der Weg der Menschen in die Geschichte. . 4. durchges. u. aktual. Aufl. München 2009 (kompakte Darstellung auf der Grundlage des neuesten Forschungsstands)
* Louis-René Nougier, Die Welt der Höhlenmenschen, Zürich-München 1989
* Ernst Probst, Deutschland in der Steinzeit, München 1991
* Friedemann Schrenk, Die Frühzeit des Menschen. Der Weg zum Homo Sapiens. 5., vollständig neubearbeitete und ergänzte Auflage München 2008 (kompakte Darstellung auf der Grundlage des neuesten Forschungsstands)
* Themenheft Vorgeschichte. Praxis Geschichte 6/1994 (vor allem Basisbeitrag von Gerhard Bosinski)
* Anmerkung: Gerade auf diesem Forschungsgebiet ist wegen der vor allem durch neue Funde häufig notwendigen Veränderung der Deutungen dringend anzuraten, bei der Literatur immer zu den neuesten Auflagen zu greifen, weil hier jeweils neuere Erkenntnisse und Forschungshypothesen eingebaut sind.

Unterrichtsbeispiele, -materialien und -anregungen:

* Gipsy und Franz Baumann, Mit dem Mammut nach Neandertal, 6. Aufl. Münster 2001 (enthält viele Spielanregungen)
* Burkhard Ernst, „Im Buch sieht das alles so einfach aus!" Projektorientiertes Arbeiten am Thema „Altsteinzeit", in: Geschichte lernen 62/1998, S. 44-46
* Führer zu archäologischen Denkmälern in Deutschland, Stuttgart 1983ff. (bislang 52 Bände; Vorgänger: Führer zu vor- und frühgeschichtlichen Denkmälern in Deutschland. 50 Bände, Mainz 1964-1982)

* Brigitte Goetze-Emer, Gudrun Husemann, Hintergestern oder Vorvorgestern – Zurück in die Steinzeit, in: Bergmann/Rohrbach 2001, S. 179-197

* Frank Heidtmann, Das Buch vom Steinzeitmenschen. Eine Geschichtsstunde mit einer 5. Klasse in einer Jugendbibliothek, in: Praxis Geschichte 3/1989, S. 38-41

* Wulf Hein, Komm mit in die Steinzeit. Materialien ab Klasse 5, Garching b. München 2014 (auch für die Grundschule geeignet!)

* Astrid Kaiser, Leben in der Steinzeit, in: Dies., Praxisbuch handelnder Sachunterricht. Bd. 1, Baltmannsweiler 1996, S. 166-176

* Peter Knoch (Hrsg.), Spurensuche Geschichte. Anregungen für einen kreativen Geschichtsunterricht. Bd. 1, Stuttgart 1990, S. 21 (Anregungen zum Bau einer steinzeitlichen Höhle in der Schule), S. 31 (Mehlherstellung und Backen als Methode experimenteller Archäologie), S. 38 (Jugendbücher zum Thema)

* Fredy Köster, Lebens- und Arbeitswelt in urgeschichtlicher und heutiger Zeit, in: Hantsche/Schmid 1981 (s. Literaturverzeichnis), S. 156-190

* Matthias Kohnen, Gabriele Roentgen, Die Steinzeit erkunden. Ein Projekt zu zwei Jugendromanen, in: Geschichte lernen Heft 71 (1999), S. 27-32

* Eva Möll u.a., Steinzeit live im Unterricht. Kleidung, Nahrung, Werkzeuge und Schmuck selbst herstellen, Neuried 2001

* "Ötzi" und seine Welt. Themenheft Geschichte mit Pfiff 1/1995

* Klaus Schubring, Klaus, Kultur in der Urzeit und heute. 3./4. Schuljahr, München 1977

* Nicole Schweitzer, Steinzeitwerkstatt. Ästhetische Erfahrungsmöglichkeiten für Kinder, in: Praxis Grundschule 5/2000, S. 16-25 (mit Kopiervorlagen)

* Friedrich Seeberger, Steinzeit selbst erleben! Stuttgart 2002 (enthält 28 Arbeitsanleitungen für die Herstellung von steinzeitlichen Geräten und Musikinstrumenten)

* Steinzeit. Themenheft Die Grundschulzeitschrift 124/1999

* Steinzeit. Themenheft Grundschule Sachunterricht 17/2003

* Steinzeit. Themenheft Sache Wort Zahl 113/2010

* Steinzeit für Kinder. Themenheft Weltwissen Sachunterricht 2006, Heft 3 (viele anregende und reflektierte Unterrichtsbeiträge für den Sachunterricht)

- Christiane Stephan, Fantasie und Lehm. Hausbau in der Jungsteinzeit, in: Praxis Geschichte 3/2003, S. 17-21
- Ur- und Frühgeschichte. Themenheft Geschichte lernen 142/143/2011
- Vorgeschichte. Themenheft Praxis Geschichte 6/1994
- Werkzeuge, in: Praxis Grundschule 3/1986, S. 17-22
- Zurück in die Steinzeit (= Bausteine Grundschule 3. + 4. Schuljahr 2/2001)
- Weiterer Hinweis: In den Beständen der Stadt- und Kreisbildstellen finden sich mehrere Filme zur Vor- und Frühgeschichte (z. B. zum Werkzeuggebrauch der jungsteinzeitlichen Bauern, zur Herstellung von Holzgefäßen und Speerschleudern usw.)

Inhaltliche Anregungen

- ✓ Werkzeuge und Waffen
- ✓ Wohnen
- ✓ Kleidung
- ✓ Nahrung, Tiere, Jagd
- ✓ Verhältnis der Geschlechter
- ✓ Jenseitsglaube und Totenbestattung (ggf. in fächerübergreifender Zusammenarbeit mit dem Religionsunterricht)
- ✓ „Ötzi“
- ✓ Wichtig: Keine monolithische Darstellung „der“ Steinzeit, sondern Anbahnung von Differenzierung (Veränderungs- und Entwicklungsprozesse, z. B. Sesshaftwerdung in der Jungsteinzeit, Wandel der Arbeitsformen, der Nahrung, Wohnung etc.)

Methodische Anregungen

- ✓ Arbeit mit der Zeitleiste (siehe oben Abschnitt „Zeit“)
- ✓ Herstellung von Werkzeugen und Waffen aus geeigneten Naturmaterialien (s.u.; Anleitungen z. B. in: Die Grundschulzeitschrift 124/1999, S. 10-13)
- ✓ Mit selbst hergestellten Speerschleudern üben (Bauanleitung: Geschichte lernen 70/1999, S. 38; Sicherheitshinweise beachten!)

- ✓ Herstellung von Modellen steinzeitlicher Wohnformen (Hütten, Zelte, jungsteinzeitliche Langhäuser) und Siedlungen bzw. Landschaften
- ✓ Bau eines altsteinzeitlichen Windschirms (Anleitung: Geschichte lernen 70/1999, S. 30)
- ✓ Jungsteinzeitliche Tongefäße herstellen (Anleitung: Geschichte lernen 70/1999, S. 58f.)
- ✓ Kleidungsstücke und Schmuckstücke herstellen (z. B. Schuhe aus Lederresten und mit selbst hergestellten Nähnadeln aus Knochen, Schmuck aus Muschelschalen, Schneckenhäusern, Knochen etc.)
- ✓ Einen Webrahmen bauen (Anleitung: Die Grundschulzeitschrift 124/1999, S. 19f.)
- ✓ Steinzeitfladen aus selbst mit Steinen gemahlenem Mehl (z. B. Dinkel) backen
- ✓ Feuer machen (Material siehe unten; Anleitung z. B. in: Die Grundschulzeitschrift 124/1999, S. 22f.; Alternative: Bau eines Feuerbohrers, Anleitung in: Geschichte lernen 70/1999, S. 44f.)
- ✓ Steinzeitliche Höhlenmalerei (Material s. u.)
- ✓ Informationen und Anleitungen auch in: Friedrich Seeberger (Hg.), Steinzeit selbst erleben! Waffen, Schmuck und Instrumente – nachgebaut und ausprobiert, Stuttgart 2002 sowie in Wulf Hein, Steinzeit-Werkstatt im Unterricht, Seelze 2011
- ✓ Arbeit mit Kindersachbüchern und erzählenden Kinderbüchern (siehe Kasten): Bücherkiste von der örtlichen Bibliothek zusammen stellen lassen
- ✓ Falls möglich: Besuch einer archäologischen Ausgrabung (siehe unten Abschnitt „Sachquellen und Archäologie“)

Methodische Anregungen: Materialien für handlungsorientiertes Arbeiten

- ✓ Rinderschulterblätter vom Schlachter (zum Graben von Fallen)
- ✓ Holz im Wald sammeln (für die Herstellung von Speeren)
- ✓ Schieferstücke und scharfkantige Steine; evtl. selbst hergestellte Farben und Pinsel aus Naturmaterialien (Pinsel aus Stöcken und Tierhaaren, Farben aus Erden, Früchten, Pigmenten etc.) für die Simulation von Höhlenmalereien (Anleitung: Praxis Grundschule 5/2000, S. 20f.); fächerübergreifende Zusammenarbeit mit dem Kunstunterricht (Informationen über die Farben und ihre Herstellung finden sich auch im Internet:

http://www.seilnacht.tuttlingen.com/Lexikon/FProj2.htm)

- ✓ Feuerstein, Markasitstein/Pyrit, trockener Zunderschwamm (Baumpilz), trockene Gräser, Rindenstücke, Moose (zum Feuermachen)
- ✓ Geweihstücke (z. B. vom örtlichen Jäger, Förster oder Zoo) und Schweinedarm (vom Schlachter, am besten in Salzwasser einlegen, dann hält er sich länger) für die Herstellung von Messern
- ✓ Knochenstücke für die Herstellung von Nähnadeln
- ✓ Zweige und Äste, Steine, Lederreste, Zapfen, Gräser, evtl. Pappmaschee für die Erstellung einer Steinzeitlandschaft
- ✓ Buntsandsteinplatten (z. B. vom Steinmetz) zum Mahlen von Getreide
- ✓ Schweinerippen (als Mammutknochenersatz) für den Bau von Zeltmodellen

Methodische Anregung: Kinderbücher zum Thema (ab 9/10 Jahre)

- ✓ Erich Ballinger, Der Gletschermann. Ein Krimi aus der Steinzeit, Wien 1992
- ✓ Gabriele Beyerlein, Herbert Lorenz, Die Sonne bleibt nicht stehen. Eine Erzählung aus der Jungsteinzeit, Würzburg 1992
- ✓ Gabriele Beyerlein, In die Steinzeit und zurück. Eine abenteuerliche Zeitreise. 3. Aufl. Garching b. München 2014 (dazu erhältlich: Materialien und Kopiervorlagen zur Klassenlektüre)
- ✓ Gabriele Beyerlein, James Field, Steinzeit – die Welt unserer Vorfahren, Würzburg 2008
- ✓ Anne Eliot Crompton, Der Magier, Weinheim 2002
- ✓ Vicky Davenport, Phil Wilkinson, Die ersten Menschen, Hildesheim 2003 (Sachbuch)
- ✓ Justin Denzel, Tao, der Höhlenmaler, München 1992
- ✓ Dirk Lornsen, Rokal, der Steinzeitjäger, Stuttgart 1998
- ✓ Dirk Lornsen, Tirkan, Stuttgart 1994
- ✓ Fiona MacDonald, Steinzeit-Nachrichten. Unabhängige Zeitung für die Vorgeschichte der Menschheit, Düsseldorf 2000
- ✓ Norbert Kissel, Vera Rupp (Hg.), Kleine Hefte zur Archäologie für Kinder. Erschienen u.a.: Vom Urmenschen und Faustkeilen. Ein Buch über die Alt-

steinzeit und: Von den ersten Bauern. Ein Buch über das Leben zu Beginn der Jungsteinzeit, beide Beselich 1998

- ✓ S. W. Pokrowski, Uomi, der Geistersohn, Leipzig 2003
- ✓ Franz S. Sklenitzka, So lebten die Steinzeitmenschen, Würzburg 2002 (Sachbuch)
- ✓ Franz S. Sklenitzka, Ute Martens, Das will ich wissen. Die Steinzeitmenschen, Würzburg 1995
- ✓ Als Übersicht: Kurt Franz u.a. (Hg.), Archäologie, Ur- und Frühgeschichte im Kinder- und Jugendbuch. Mit einer Gesamtbibliografie, Baltmannsweiler 2003
- ✓ Der Arbeitskreis „Archäologie im Schulbuch" der Deutschen Gesellschaft für Ur- und Frühgeschichte gibt auch Literaturempfehlungen zur Archäologie heraus, die Kinder- und Jugendliteratur umfassen: http://www.dguf.de/index.php?id=82

Methodische Anregung: Internetseiten zum Thema

- ✓ http://www.lehrer-online.de/lascaux.php (Unterrichtsvorschlag zur Höhle von Lascaux mit ihren Höhlenmalereien)
- ✓ http://www.lehrer-online.de/hoehlenbilder.php?sid=49214100624706794245338533853830 (ein weiterer Vorschlag hierzu)
- ✓ Zahlreiche für Grundschulkinder geeignete Steinzeitseiten verzeichnet die Kindersuchmaschine http://www.blinde-kuh.de

Ägypten

Pyramiden, Pharaonen, Mumien, Ausgrabungen, Hieroglyphen, Götter – die Geschichte Altägyptens ist voll von Elementen, die Grundschulkinder faszinieren. Es ist daher kein Wunder, dass die sachunterrichtliche Behandlung des Themas häufig in Projektform geschieht, weil die Motivation der Kinder und die Fülle an Inhalten den Rahmen einer „normalen" Unterrichtseinheit übersteigen. Der hohe zeitliche Aufwand ist aber nicht nur wegen der Anknüpfung an Schülerinteressen und wegen des daraus resultierenden Schubs an Motivation für historisches Lernen zu rechtfertigen, sondern auch, weil sich am – relativ überschaubaren und im Vergleich zu modernen Gesellschaften weniger komplexen und differenzierten – Beispiel der frühen Hochkultur Ägypten grundlegende historische Einsichten gewinnen lassen, wie etwa die technische Nutzbarmachung der Natur und die sie voraussetzende Zusammenarbeit der Menschen mit den entsprechenden gesellschaftlichen Konsequenzen, die Entstehung und Durchsetzung politischer Herrschaft und die Bedeutung der Religion für die Menschen. Beim Thema „Hieroglyphen" bietet sich die Zusammenarbeit mit dem Deutschunterricht an.

Zum Weiterlesen und Sachkundigmachen:

* Geschichte lernen Heft 36 (1993): Frühe Hochkulturen
* Geschichte lernen Heft 82 (2001): Altes Ägypten (beide Hefte mit zahlreichen wichtigen sachlichen, didaktischen und methodischen Informationen, Hinweisen und Tipps)
* Emma Brunner-Traut, Die alten Ägypter, 3. Aufl. Stuttgart u.a. 1981
* Emma Brunner-Traut, Kleine Ägyptenkunde. Von den Pharaonen bis heute. 4. Aufl. Stuttgart u.a. 2000
* Lionel Casson, Ägypten. Die Pharaonenreiche, Reinbek bei Hamburg 1978
* Manfred Clauss, Das Alte Ägypten, Berlin 2001
* Alan Gardiner, Geschichte des alten Ägypten, Augsburg 1994
* Erik Hornung, Grundzüge der ägyptischen Geschichte, 7. Aufl. Darmstadt 2010
* Hermann A. Schlögl, Das Alte Ägypten. 4. durchges. Aufl. München 2015

Unterrichtsbeispiele, -materialien und -anregungen:

- Bausteine Grundschule 3/2006: Am Ufer des Nils – Das Leben im Alten Ägypten
- Brokemper, Peter u.a. (Hrsg.), Ansichten 1. Arbeitsbuch für Geschichte-Politik an Hauptschulen in Nordrhein-Westfalen, Berlin 1997, Kapitel 3: Herrschaft durch Wasser (mit zahlreichen Texten, Bildern und Arbeitsanregungen)
- Eine Wohnung für die Ewigkeit: Abenteuer und Geheimnis des Pyramidenbaus. Themenheft Geschichte mit Pfiff 7/1979
- Geschichte lernen (siehe oben)
- Geschichte mit Pfiff 9/1993: Götter, Gräber, Pharaonen
- Peter Knoch (Hrsg.), Spurensuche Geschichte. Anregungen für einen kreativen Geschichtsunterricht. Bd. 1, Stuttgart 1992, S. 40-50 (Thema „Das alte Ägypten"; mit vielen sachlichen Informationen und Unterrichtsanregungen)
- Leben im Alten Ägypten, in: Praxis Grundschule 5/1988, S. 27-32
- Praxis Geschichte 4/1995: Altes Ägypten
- Claudia Rees, Pharao & Co.. Entdeckungsreise ins Alte Ägypten, in: Grundschulmagazin 2014, Heft 6, S. 31-36 (mit vielen Arbeitsblättern für ein Stationenlernen, fast alle online)
- Dietmar von Reeken, Ferne Nähe. Das Alte Ägypten zwischen Fremdheit und Lebensweltbezug, in: Andrea Becher, Eva Gläser, Berit Pleitner (Hrsg.), Die historische Perspektive konkret. Begleitband zum Perspektivrahmen Sachunterricht, Bad Heilbrunn 2016 (im Erscheinen)
- Gerda Schivelbusch, Claus Claussen, Ägypten ohne Lernziele. Kinder machen ihr eigenes Projekt, in: Grundschule 5/1988, S. 24-26 (viele Unterrichtsanregungen)
- Manfred Seidenfuß u.a., Wie lebten die alten Ägypter? Grundschule und Hochschule führen ein Projekt durch, in: Sache Wort Zahl 14/1998, S. 38-47 (viele Unterrichtsanregungen)
- Roswitha Tewes-Eck, Erich Dunkel, Ägypten – Hochkultur am Nil (= Lernerlebnis. Entdecken – Handeln – Verstehen), Paderborn 2000 (viele Anregungen und Informationen, leider ohne Text- und Bildquellen)
- Susanne Thurn, Kinder erzählen vom alten Ägypten, in: Geschichte lernen 2/1988, S. 16-19 (mit vielen Literaturhinweisen, auch zu Sach- und erzählenden Büchern für Kinder und Jugendliche)

- Weltwissen Sachunterricht, 2/2008: Auf rätselhaften Spuren: das Alte Ägypten
- In den örtlichen Kreis- oder Stadtbildstellen bzw. Medienzentren finden sich z. T. auch noch Unterrichtsfilme zum Alten Ägypten (z. B. zu den Pyramiden)

Methodische Anregungen: Internetseiten zum Thema „Ägypten"

✓ http://www.selket.de (Ägypten-Seite mit vielen Informationen)

✓ http://www.altes-aegypten.info/index.htm (informative Ägypten-Seite für den Sachunterricht, wenn auch nicht auf dem neuesten Stand)

✓ http://www.blinde-kuh.de/egypten/ (eine Seite für Kinder, u.a. mit vielen weiteren Linktipps)

✓ http://www.voxel-man.de/galerie/virtuelle_mumie/ (eine virtuelle Mumie zum Auswickeln)

✓ http://www.kemet.de/Ausgaben/3-1998/Pyramiden.htm (Theorien zur Bautechnik der Pyramiden)

✓ http://www.pbs.org/wgbh/nova/pyramid/geometry/print.html (Papiermodell einer Pyramide zum Ausdrucken; englischsprachige Seite)

✓ http://www.lehrer-online.de/url/aegypten (Unterrichtsvorschlag „Pyramiden, Mumien und Co.", u.a. mit zahlreichen Linkhinweisen)

✓ http://lernarchiv.bildung.hessen.de/grundschule/Sachunterricht/geschichte/aegypten/material/index.html (Unterrichtsmaterial Ägypten)

✓ Außerdem lohnt sich ein Blick auf die Internetseiten der verschiedenen Ägyptischen Museen im deutschsprachigen Raum

Methodische Anregungen: Kinder- und Jugendbücher zum Thema „Ägypten"

✓ Das alte Ägypten (Was ist was, Bd. 70), Nürnberg 2000

✓ Ägypter und ihre Welt (entdeckt & nachgebaut), Nürnberg 1997 (mit vielen Bastel- und Handlungsanleitungen)

✓ Susanne Gernhäuser, Joachim Knappe, Altes Ägypten, Ravensburg 2013

✓ Gill Harvey, Das Leben im alten Ägypten, Würzburg 2003

- ✓ Peter Heilmann, Irene Hoffmann, Mek mesu kemet. Kinder spielen das alte Ägypten, Münster 2000
- ✓ Janice Kamrin, Hieroglyphen für Kinder, Zug 2010
- ✓ Wolfgang Korn, Das Alte Ägypten, Hildesheim 2010
- ✓ Rolf Krenzer, Das große Buch von den kleinen Ägyptern, Hamburg 2002
- ✓ David Macaulay, Wo die Pyramiden stehen, Düsseldorf 2002
- ✓ Pyramiden (Was ist was, Bd. 61), Nürnberg 1999
- ✓ Freya Stephan-Kühn, Viel Spaß mit den alten Ägyptern, Würzburg 1994
- ✓ David Steward, Sei froh, dass du keine Mumie bist, Wien 2003
- ✓ Heinrich Tiano, Heinrich Olivier, Das Alte Ägypten, Bindlach 2003
- ✓ Tutanchamun. Leben und Tod eines Pharaos (Sehen, Staunen, Wissen: Geschichte erleben), Hildesheim 1999

Methodische Anregungen: Mit Hieroglyphen schreiben

- ✓ http://www.blinde-kuh.de/egypten/hieroglyphen.html (Kinderseite mit Hieroglyphen-Übersetzer)
- ✓ http://www.hieroglyphen.de (viele Informationen, Tipps und Beispiele)
- ✓ Knoch 1992 (siehe Kasten oben), S. 44f.
- ✓ Janice Kamrin, Hieroglyphen für Kinder, Zug 2010
- ✓ Gabriele Wenzel, Hieroglyphen. Schreiben und lesen wie die Pharaonen, München 2001

Mittelalter

Auch das Mittelalter genießt als Epoche besondere Wertschätzung im allgemeinen Geschichtsbewusstsein. Schon Grundschulkinder haben Burgen und Schlösser besucht, waren auf den immer beliebter werdenden Mittelalter-Märkten oder -Festen oder haben von Prinz Eisenherz, Robin Hood und Richard Löwenherz gehört (vgl. Bergmann 1993b, 211). Das Mittelalter fungiert dabei häufig als Gegenbild zur modernen Gesellschaft (vgl. Reeken 2016). Das Interesse und Aufklärungsbedürfnis der Kinder sollte durch die Behandlung mittelalterlicher Themen im Sachunterricht genutzt werden; inhaltlich bieten sich hier Ritter und Burgen und Lebensformen in Stadt und Land, also vor allem alltagsgeschichtliche Zugänge an. Zu den vielfältigen methodischen Möglichkeiten vgl. den Beitrag von Claudia Schomaker in der ersten Auflage dieses Buches.

Literatur zum Weiterlesen und Sachkundigmachen:

* Hartmut Boockmann, Einführung in die Geschichte des Mittelalters, 8. Aufl. München 2007
* Arno Borst, Lebensformen im Mittelalter. 3. Aufl. Neuausgabe Berlin 2002
* Otto Borst, Alltagsleben im Mittelalter 4. Aufl. Frankfurt am Main 1986
* Dieter Breuers, Ritter, Mönch und Bauersleut; eine unterhaltsame Geschichte des Mittelalters, Wiesbaden 2004 (populärwissenschaftlich)
* Hans-Werner Goetz, Leben im Mittelalter, München 1986
* Hans-Werner Goetz, Proseminar Geschichte: Mittelalter. 4., akt. u. erw. Aufl. Stuttgart 2014
* Harald Müller, Mittelalter. 2., überarb. u. akt. Aufl. Berlin 2015
* Dietmar von Reeken, Mittelalter in der Geschichtskultur – Phänomene, Ursachen und didaktische Perspektiven, in: Geschichte lernen 170/2016 (im Erscheinen)
* Karin Schneider-Ferber, Alles Mythos! 20 populäre Irrtümer über das Mittelalter, Stuttgart 2009
* Uwe Uffelmann, Das Mittelalter im Historischen Unterricht, Düsseldorf 1978 (mit wichtigen inhaltlichen und didaktischen Überlegungen; enthält außerdem interessante Text- und Bildquellen)

Unterrichtsbeispiele, -materialien und -anregungen:

* Vera Billich, Das Leben im Mittelalter. Eine Lernkartei für den historisch ausgerichteten Sachunterricht über das Alltagsleben im Mittelalter, in: Praxis Grundschule 5/1992, S. 41-50 und 6/1992, S. 51-58
* Die mittelalterliche Stadt, in: Praxis Grundschule 5/1988, S. 7-26
* Differix Klassenbibliothek (Cornelsen Verlag): 4 Hefte: Leben im mittelalterlichen Dorf 1 + 2, Leben in der mittelalterlichen Stadt, Ritter und Burgen
* Josef Eimer, Wir erforschen in Teamarbeit eine heimatliche Burg, in: Sachunterricht und Mathematik in der Primarstufe 20(1992), S. 528-531
* Geschichte lernen. Sammelband Mittelalter, Seelze-Velber 1994 (mit Unterrichtsbeiträgen zu Rittern, Bauern, Stadt, Ernährung, Kirchen, Transport, Wasser etc. und einem Mittelalterspiel)
* Hartmut Giest, Historisches Lernen im Sachunterricht und neue Medien, in: Grundschulunterricht 11/2003, S. 21-24, 41f.
* Brigitte Goetze-Emer, Rita Deterding, Eine Reise ins Mittelalter. Unterrichtsprojekt für Kinder von 5 bis 8 Jahren, in: Grundschule 5/1988, S. 9-12 (Literaturhinweise!)
* Die Grundschulzeitschrift 189/2005: Ritter und Burgen
* Hartmut Hoefs, Durchblick – Freies Lernen in Projekten. Ritter, Bauern, Bürger, Mülheim an der Ruhr 1993 (zahlreiche Arbeitsblätter und methodische Anregungen; fächerübergreifend)
* Waltraud Holl-Giese, Der Schwarze Tod – die Pest im Mittelalter. Mit Überlegungen und Materialien zur Vermittlung im Sachunterricht, in: Sache Wort Zahl 35, 2007, Heft 83, S. 21-27
* Astrid Kaiser, Stadt im Mittelalter, in: Dies., Praxisbuch handelnder Sachunterricht. Bd. 2, Baltmannsweiler 1998, S. 192-198
* Rosmarie Köpfelsberger, Geschichte spielen – Geschichte lernen: Leben im Mittelalter (3. – 6. Jahrgangsstufe), München 1982
* Jaques Le Goff, Das Mittelalter für Kinder, München 2007 (Buch eines bekannten Mittelalter-Historikers)
* Eva Maria und Wilhelm Lienert, „Um ihrer Seele willen ...“ Ein Blick auf die Lebensformen im Mittelalter, in: Praxis Geschichte 3/2003, S. 40-48 (Rollenspiel mit Rollenkarten)
* Leben auf der Burg. Bausteine Grundschule 4/1988

* Edelgard Maers, „Der gnädige König von Durstina” – Ein Projekt zum Thema „Mittelalter” mit einem 4. Schuljahr, in: Sachunterricht und Mathematik in der Primarstufe 21(1993), S. 342-345
* Berit Pleitner, Essen und Trinken im späten Mittelalter. Historische Methodenkompetenz fördern, in: Grundschulmagazin 2014, Heft 2, S. 19-24
* Sache Wort Zahl 81/2006: Ritter und Burgen
* Astrid Schach, Wunschthema: Ritter. Eine Arbeitskartei entsteht, in: Praxis Grundschule 6/1994, S. 9-11
* Schülerarbeitsheft „Alltag im Mittelalter – Aus dem Leben der Ritter und Bauern”, in: Die Grundschulzeitschrift 50/1991, S. 21-39, auch in: Die Grundschulzeitschrift. Sammelband Sachunterricht: Zeit und Geschichte, Seelze-Velber 1998, S. 101-117 (mit vielen Bildern und Texten)
* Weltwissen Sachunterricht 4/2011: Stolze Ritter, arme Bauern, weise Frauen. Historisches Lernen: Das Mittelalter
* Monika Zeidler, Monika, Leben und Wohnen in der mittelalterlichen Stadt – Leben heute, in: Sachunterricht und Mathematik in der Primarstufe 21(1993), S. 104-110

Methodische Anregungen: Handlungsorientierter Sachunterricht zum Thema „Mittelalter“

(teilweise in Anlehnung an Claudia Schomakers Vorschläge in der ersten Auflage dieses Buches; genauere Angaben finden sich dort)

- ✓ Burgmodelle aus verschiedenen Materialien (z. B. Jogurtbecher, Papierrollen, Styropor, Pappmaschee usw.) erstellen und mit Hilfe von Büchern und Internetseiten auf ihre historische Triftigkeit prüfen (Burgmodell zum Ausdrucken unter: http://www.ritterburgen.de/dateien/burg.pdf)
- ✓ Mittelalterliche Speisen kochen
- ✓ Ein Mittelalter-Fest besuchen und in Gruppen untersuchen, ob die Darstellungen dort dem heutigen Mittelalter-Bild der Wissenschaft entsprechen
- ✓ Ein Wappenmemory spielen
- ✓ Standbilder zu verschiedenen Situationen (Feste, Turniere, bäuerliches Alltagsleben usw.) erstellen
- ✓ Einen mittelalterlichen Markttag nachspielen
- ✓ Mittelalterliche Berufe pantomimisch darstellen und erraten lassen

- ✓ Messen wie im Mittelalter (Fuß, Elle, Spanne, Finger)
- ✓ Ein Redensarten-Puzzle spielen (z. B.: „Jemanden im Stich lassen“, „etwas im Schilde führen“ usw.)
- ✓ Zahlreiche Anregungen auch in: Laurie Carlson, Wir spielen Mittelalter. Eine Mappe zum Basteln, Malen, Kochen, Spielen, Lernen, Mülheim an der Ruhr 1998 und in: Kristine Hoffmann-Pieper, Hans Jürgen Pieper, Das große Spectaculum. Kinder spielen Mittelalter, Münster 1995

Methodische Anregung: Erkundung einer Burg

Fragen wie die folgenden können die eigenständige Erkundung einer Burg leiten; teilweise können sie vor Ort erschlossen werden, teilweise bedarf es dazu weiterführender Informationen durch Experten (Burgführer), Ausstellungsbesuch, schriftliche und bildliche Materialien etc.

- ✓ Wann und von wem wurde die Burg gebaut? Informiere dich über die Bauarbeiten und die Quellen, die wir hierfür haben.
- ✓ Warum wurde die Burg an dieser Stelle gebaut?
- ✓ Beschreibe das Gelände unterhalb der Burg.
- ✓ Welche Verteidigungsanlagen hat die Burg? Wie konnte sie verteidigt werden?
- ✓ Hatte die Burg noch andere Funktionen?
- ✓ Beschreibe die einzelnen Gebäudeteile und ihre Funktionen
- ✓ Was wurde in späteren Zeiten verändert?
- ✓ Welche Burgbewohner gab es? Wie viele Menschen lebten hier?
- ✓ Wie wurden die Menschen versorgt (Wasser, Nahrung)?
- ✓ Spielt Szenen aus dem Burgleben am historischen Ort; tragt hierzu, wenn möglich, auch Kostüme.
- ✓ Vgl. hierzu: Horst W. Heitzer, Die Burg im Mittelalter: die Veste Oberhaus in Passau, in: Waltraud Schreiber (Hg.), Erste Begegnungen mit Geschichte. Grundlagen historischen Lernens. Bd. 2, Neuried 1999, S. 1037-1074

Methodische Anregung: Kinder- und Jugendbücher zum „Mittelalter“

- ✓ Anke Bär, Endres, der Kaufmannssohn. Vom Leben in einer mittelalterlichen Hansestadt, Hildesheim 2014
- ✓ Gabriele Beyerlein, Gabriele Beyerlein erzählt vom Mittelalter, Hamburg 1992
- ✓ Kirsten Boie, Der kleine Ritter Trenk und fast das ganze Leben im Mittelalter, Hamburg 2012
- ✓ Claudia Brinker, Der Ritter von der Drachenburg. Burgleben im Mittelalter, Zürich-München 1989
- ✓ Christopher Gravett, Burgen – Vom Leben in den beeindruckenden Festungen des Mittelalters, Hildesheim 2002
- ✓ Lydia Hauenschild, Leselöwen Mittelalter-Wissen, Bindlach 2007
- ✓ Andrew Langley, Leben im Mittelalter, Hildesheim 2003
- ✓ Jacques Le Goff, Das Mittelalter für Kinder, München 2007
- ✓ David Macaulay, Es stand einst eine Burg, Düsseldorf 2002
- ✓ Pierre Mique, So lebten sie zur Zeit der Ritter und Burgen, Hamburg 1979
- ✓ Jörg Müller, Anita Siegfried, Jürg Schneider (Hg.), Auf der Gasse und hinter dem Ofen. Eine Stadt im Mittelalter, Aarau u.a. 1995
- ✓ Andrea Schaller, Was ist was, Band 118: Das Mittelalter. Die Welt der Kaiser, Edelleute und Bauern, Nürnberg 2013
- ✓ Maria Seidemann, Das Leben im Mittelalter, Würzburg 2008
- ✓ Lesley Sims, Ritter und Burgen, Ravensburg 2003
- ✓ Freya Stephan-Kühn, Die Ritter, Würzburg 1994
- ✓ Freya Stephan-Kühn, Viel Spaß im Mittelalter, Würzburg 1996
- ✓ Kyrima Trapp, Auf unserer Ritterburg, Ravensburg 2002 (Bilderbuch für jüngere Kinder)
- ✓ Stephanie Turnbull, Von Rittern und Burgen, Würzburg 2003
- ✓ Außerdem: Jörg Müller, Die Stadt im Mittelalter. Alltagsleben hinter Turm und Mauern. Eine Multimedia-Anwendung auf CD-ROM, Köln 1995 (vgl. hierzu den Unterrichtsvorschlag von Giest 2003)
- ✓ Literaturtipp: Ingrid Bennewitz, Andrea Schindler (Hg.), Mittelalter im Kinder- und Jugendbuch. Akten der Tagung Bamberg 2010, Bamberg 2012

Zeitgeschichte

Schließlich hat von den historischen Epochen die Zeitgeschichte einen besonderen Platz im Rahmen der Grundschule. Dies hat ebenfalls – wie bei der Lokalgeschichte – mit einem besonderen methodischen Zugriff zu tun: Nur bei der Zeitgeschichte (über ihre genaue Definition und zeitliche Eingrenzung streiten sich die Geister; sie beginnt etwa zwischen 1917/18 und 1945 und reicht bis an die Gegenwart heran) ist die Befragung von Zeitzeugen möglich. Gleichzeitig sind die Auswirkungen dieser Geschichte auf die Lebenswelt von Kindern noch am unmittelbarsten „spürbar" und die Fremdheit der Geschichte hier noch am geringsten – und damit die Verstehenshürden am niedrigsten. Das Wirklichkeitsbewusstsein kann durch zeitgeschichtliche Arbeit besonders gut gefördert werden, weil „den Kindern der Wirklichkeitscharakter durch den Lehrer, die Eltern, Großeltern oder Bekannten verbürgt werden kann, die diese Zeit selbst miterlebt haben und daher aufgrund ihrer eigenen Erfahrungen und Erlebnisse viele Einzelheiten mitteilen können. Das heißt, die Authentizität wird gestützt durch die Autorität der Augenzeugen." (Hantsche 1980, 128) Nicht zuletzt sind, da die Zeitgeschichte eine unabgeschlossene Epoche ist, die Kinder selbst mit ihren Lebensgeschichten Teil dieser Zeitgeschichte, was ihnen durch die Arbeit mit dem Zeitstrahl bzw. der Zeitleiste und die Thematisierung der eigenen Geschichte bewusst gemacht werden kann. Deutlich werden kann den Kindern dieser hier besonders enge Zusammenhang von Vergangenheit und Gegenwart auch durch die Behandlung geschichts- und erinnerungskultureller Phänomene im Unterricht, Phänomenen also, bei denen eine Gesellschaft oder einzelne in ihr in der Gegenwart mit der jeweiligen Geschichte umgehen – z. B. in einem lokalen Konflikt um Straßenschilder und Denkmäler oder der Beteiligung an der örtlichen Erinnerungskultur.

Gleichzeitig enthält die Zeitgeschichte allerdings auch besondere Schwierigkeiten, denn die Behandlung der Geschichte der nationalsozialistischen Zeit in der Grundschule ist sowohl aufgrund der nach wie vor in vielen Elternhäusern vorhandenen Tabuisierung als auch wegen der psychischen Belastungen, die die Thematisierung von Judenvernichtung und Krieg mit sich bringt, nicht einfach. Dass aber selbst der Holocaust mit geeigneten methodischen Zugriffen (z. B. mit Kinderbüchern) in der Grundschule behandelt werden kann, haben die jüngere Forschung (vgl. Die Grundschulzeitschrift 97/1996, Moysich/Heyl 1998, Deckert-Peaceman 2002 und Reeken 2007 sowie die o.g. empirischen Arbeiten) und unterrichtspraktische Vorschläge (z. B. Becher 2015) gezeigt. In Schulbüchern für den Sachunterricht hat sich dies bislang allerdings noch nicht niedergeschlagen (Blaseio 2009, 124).

Literatur zum Weiterlesen und Sachkundigmachen:

Auch hier ist die Angabe von allgemeiner Literatur sehr schwierig, weil es sich bei der Zeitgeschichte um einen komplexen Zeitraum handelt; vgl. zur ersten fachlichen Einführung vor allem die entsprechenden Bände aus den Reihen „Grundriss der Geschichte" und „Enzyklopädie deutscher Geschichte", die beide im Münchner Oldenbourg-Verlag erscheinen. Außerdem allgemein:

* Isabel Enzenbach, Detlef Pech, Zeitgeschichte thematisieren in der Grundschule. Zum Stand einer Diskussion und ihrer Leerstellen am Beispiel der Thematisierung von Holocaust, Nationalsozialismus und jüdischer Geschichte, in: Medaon 6 (2012), H. 11, S. 1-13, online unter http://medaon.de/pdf/MEDAON_11_Enzenbach_Pech.pdf
* Irmgard Hantsche, Zeitgeschichte im Sachunterricht der Primarstufe: Die Nachkriegszeit, in: Verfassung und Geschichte der Bundesrepublik Deutschland im Unterricht, hrsg. v. d. Bundeszentrale für politische Bildung, Bonn 1980, S. 121-152
* Dietmar von Reeken, Holocaust und Nationalsozialismus als Thema in der Grundschule? Historisch-politisches Lernen im Sachunterricht, in: Dagmar Richter (Hrsg.): Politische Bildung von Anfang an. Demokratie-Lernen in der Grundschule, Bonn: Bundeszentrale für politische Bildung 2007, S. 199-214
* Dietmar von Reeken, Zeitgeschichte geschichtsdidaktisch, in: Zeitschrift für Geschichtsdidaktik 2008, S. 94-113

Unterrichtsbeispiele, -materialien und -anregungen:

* Bausteine Grundschule 3/2012: Deutschland gab's mal doppelt
* Andrea Becher, Erinnerungskultur gestalten. Zugänge zur Thematisierung von Holocaust und Nationalsozialismus im (Sach-)Unterricht, in: Grundschule Sachunterricht 2015, Heft 3, S. 13-21
* Renate Blankenhorn, Mirjam Karnetzki, Detlef Pech, Jung fragt Alt im Kiez: Geschichte wird lebendig. Ein Projektbericht, in: Grundschulunterricht Sachunterricht 2/2014, S. 16-19
* Heike Deckert-Peaceman, „Warum gibt es immer noch Nazis?" Annäherungen an Geschichte und Wirkung des Holocaust mit Grundschülern, in: Kerstin Michalik (Hg.), Geschichtsbezogenes Lernen im Sachunterricht, Bad Heilbrunn und Braunschweig 2004, S. 71-86 (u.a. mit einer Liste empfehlenswerter Kinderbücher)

* Ulrich Dovermann u.a., vergangenes sehen. Perspektivität im Prozess historischen Lernens. Theorie und Unterrichtspraxis von der Grundschule bis zur Sekundarstufe II, Bonn 1995, S. 45-121 (enthält viele Bilder und Unterrichtsanregungen zur Nachkriegsgeschichte)
* Klaus Emrich, Silvia Walper-Richter, Der „9. November" in einer 2. Klasse, in: Die Grundschulzeitschrift 64/1993, S. 30-32
* Andrea Gernhöfer, Als das Meer nach Hamburg kam. Zweitklässler auf Spurensuche zur Sturmflut von 1962 in Zeitdokumenten und im Gespräch mit Zeitzeugen, in: Grundschule Sachunterricht 2009, Heft 43, S. 16-24
* Herbert Hagstedt, „Wenn der Opa nicht geholfen hätte". Zeitzeugen im Unterricht, in: Die Grundschulzeitschrift 38/1990, S. 26-29
* Holocaust als Thema in der Grundschule, Themenheft Die Grundschulzeitschrift 97/1996
* Bettina Hurrelmann, Empfehlenswerte Kinderbücher über die Zeit des Nationalsozialismus, in: Die Grundschulzeitschrift 24/1989, S. 48f.
* Beate Leßmann, Erinnern statt Vergessen. Anregungen für den Unterricht zur Erinnerung an den Pogrom vom 9. November 1938, in: Die Grundschulzeitschrift 64/1993, S. 26-29
* Material „Als es noch kein Fernsehen gab", in: Die Grundschulzeitschrift 34/1990, jetzt auch in: Die Grundschulzeitschrift. Sammelband: Zeit und Geschichte, Seelze-Velber 1998, S. 64-81 (viele Bilder und Texte)
* Michael Otten, Kompetent am Erinnerungsdiskurs teilnehmen. Mit Kindern die soziale Praxis des Erinnerns erschließen, in: Grundschule Sachunterricht 2015, Heft 3, S. 38-45
* Detlef Pech, Meike Wulfmeyer, Wie war das damals? Zeitgeschichte als Bereich des historischen Lernens in der Grundschule, in: Grundschule 42, 2010, H. 7/8, S. 6-9
* Berit Pleitner, Erinnerungen an die Berliner Mauer. Ideen für das historisch-politische Lernen im Sachunterricht, in: Grundschule Sachunterricht 2015, Heft 3, S. 27-31
* Dietmar und Silke von Reeken, Die Zerstörung des jüdischen Friedhofs in Diepholz. Ein Projekt in der Grundschule, in: Grundschule 7-8/1997, S. 68-70
* Rita Rohrbach, Nationalsozialismus als Thema im frühen Historischen Lernen – Erfahrungen und Unterrichtsmaterialien, in: Klaus Bergmann, Rita Rohrbach (Hg.), Kinder entdecken Geschichte. Theorie und Praxis histo-

rischen Lernens in der Grundschule und im frühen Geschichtsunterricht, Schwalbach/Ts. 2001, S. 298-365

* Claudia Schomaker, Bettina Lindmeier, „Auf Spurensuche“. Erinnern an NS-„Euthanasie“-Verbrechen – die Umsetzung eines inklusiven Projekts, in: Grundschule Sachunterricht 2015, Heft 3, S. 22-26

* Waltraud Schreiber, Heimat verlieren – Heimat finden. Flucht, Vertreibung und Integration in der Folge des Zweiten Weltkriegs, in: Kerstin Michalik (Hg.), Geschichtsbezogenes Lernen im Sachunterricht, Bad Heilbrunn und Braunschweig 2004, S. 135-151

Inhaltliche Anregungen (siehe auch oben die Ausführungen zur Lokalgeschichte)

✓ Krieg und Frieden (vor allem am Thema Zweiter Weltkrieg)

✓ Armut und Wohlstand

✓ Migration, ihre Ursachen und ihre Folgen für die betroffenen Menschen (vor allem an den beiden „Beispielen“ Flüchtlinge und Vertriebene nach 1945 und Arbeitsmigration in die Bundesrepublik Deutschland)

✓ Die Wende 1989/90 und ihre Wahrnehmung/Erinnerung durch die betroffenen Menschen

Methodische Anregungen

✓ Befragung von Zeitzeugen (sowohl von „normalen“ Bürgern als auch von Funktionsträgern)

✓ Arbeit mit Bildern, vor allem Fotos (vgl. hierzu ausführlich Dovermann 1995)

✓ Arbeit mit erzählenden Kinderbüchern zur Zeitgeschichte

✓ Arbeit mit Filmen; hierzu gibt es reichhaltiges zeitgeschichtliches Material (z. B. die TV-Reihe „100 deutsche Jahre“), das aber auf seine Verwendbarkeit im Sachunterricht der Grundschule erst noch geprüft werden muss

✓ Lokalgeschichtliche Erkundungen (siehe oben „Lokalgeschichte“)

✓ Arbeit mit Textquellen, vor allem aus lokalgeschichtlicher Literatur und aus lokalen Archiven (Zeitungen!)

✓ Gedruckte Zeitzeugenberichte sind z. B. erschienen in der Reihe „zeitgut“ im Verlag JKL Publikationen Berlin; alleine 6 Bände zur Kindheit zwischen

1914 und 1960. Hierzu gibt es häufig auch lokale Erinnerungsprojekte im Rahmen von Geschichtswerkstätten, Volkshochschulkursen etc.; als Beispiel: Dagmar Niemann-Witter (Hg.), „Also Langeweile gab es nicht“. Kindheit und Jugend in Oldenburg 1900-1950, Oldenburg 1992 und dies., Udo Elerd (Hg.), Wenn das man gut geht! Oldenburg in den Jahren 1930-1960, Oldenburg 1995

Wege zur Informationsbeschaffung über historische Themen

Bei allen historischen Themen stellt sich – wie bei anderen Teilbereichen des Sachunterrichts auch –, das Problem, dass eigentlich notwendige inhaltliche und methodische Kompetenzen bei der Unterrichtsvorbereitung im Studium nur unzureichend oder gar nicht erworben werden können. Als ich vor einiger Zeit einige Studierende schriftlich und anonym befragte, wie sie sich informieren würden, wenn sie in die Lage kämen, ein historisches Thema im Sachunterricht zu unterrichten, kamen folgende Vorschläge:

- Schulbücher
- Zeitschriften (gemeint waren vor allem Grundschulzeitschriften bzw. populärwissenschaftliche Zeitschriften wie „Geschichte mit Pfiff")
- „meine alten Geschichtsbücher"
- Kinderbücher
- Lehrer fragen
- (Stadtteil-)Bibliothek

Sicher sind dies alles mögliche Informationsquellen – doch fast niemand kam auf die Idee, sich zunächst einmal über den Forschungsstand zu dem Thema zu informieren, also eine „Sachanalyse" unter Berücksichtigung der wichtigen und einschlägigen Fachliteratur anzufertigen. Dies hat im Wesentlichen drei Gründe:

- Die Studierenden erleben fachwissenschaftliche Lehrveranstaltungen als zwar durchaus interessant, ihre Relevanz für ihre künftige Schul- und Unterrichtspraxis bleibt ihnen aber meist völlig verschlossen,
- sie haben die wohl sehr realistische Einschätzung, dass der stressreiche und zeitraubende Schulalltag nur wenig Zeit lässt, um sich intensiv und gründlich in ein Thema einzuarbeiten, das dann nur wenige Unterrichtsstunden umfasst und – hiermit in engem Zusammenhang stehend –
- sie erfahren in ihrer Ausbildung kaum, wie man sich eigentlich schnell und trotzdem kompetent ein neues Thema erschließt, welche Hilfestellungen es hier gibt, wo man Informationen gewinnen und wie man ihre Qualität beurteilen kann usw.

Nun dürfte kein Zweifel darüber bestehen, dass aus der Perspektive eines wissenschaftsorientierten Sachunterrichts dieser Zustand überaus unbefriedigend ist. Grundschulpädagogik und Sachunterrichtsdidaktik haben in den vergangenen Jahrzehnten viel Zeit darauf verwendet, den Unterricht schülernäher zu gestalten – und dies war auch gut so. Doch in der letzten Zeit mehren sich die Stimmen, die sich darum sorgen, ob hierbei nicht „die vertiefte (auch anstrengende und anspruchsvolle) geistige Auseinandersetzung mit einem Sachverhalt" vernachlässigt wird (Fölling-Albers 1997, 51). Auch der bereits mehrfach erwähnte „Perspektivrahmen Sachunterricht" forderte daher, Sachunterricht dürfe Grundschulkinder „nicht unterfordern" und müsse „Anschluss suchen an das in Fachkulturen erarbeitete, gepflegte und weiter zu entwickelnde Wissen" (GDSU 2013, 10f.).

Ein verantwortlicher Sachunterricht muss also auch sachlich auf der Höhe der Zeit sein, und das heißt, dass sich Sachunterrichtslehrkräfte um eine Erarbeitung des Stands der Forschung im jeweiligen Bereich bemühen müssen, um nicht Fehlinformationen, Legenden oder Sterotypen aufzusitzen. Das Alltagswissen oder die Erinnerung an die eigene Schulzeit reichen hier nicht aus; die wenigen Anmerkungen zum Stand der historischen Kindheits- und Familienforschung (s.o.) mit ihrer Widerlegung hartnäckiger, im Alltagsbewusstsein verankerter Mythen belegen diese Notwendigkeit eindrucksvoll. Wie aber kann dies im Bereich des historischen Lernens geschehen, ohne hierfür ausgebildet zu sein und ohne hierfür zu viel Zeit aufzuwenden?

Die beste und vor allem schnellste Möglichkeit, sich über den neuesten Forschungsstand und wichtige Literatur zu informieren, bieten einige Zeitschriften. Dies gilt in erster Linie für die beiden geschichtsdidaktischen Zeitschriften „Geschichte lernen" und „Praxis Geschichte". Sie erscheinen seit fast dreißig Jahren alle zwei Monate und haben jeweils eine Epoche („Steinzeit", „Mittelalter", „Absolutismus", „Frühe Bundesrepublik", „DDR"), einen methodischen Zugang („Erzählen", „Bilder im Unterricht", „Geschichte im Film", „Historische Kinder- und Jugendliteratur", „Denkmäler", „Historisches Lernen mit digitalen Medien"), ein Land bzw. eine Region („Lateinamerika", „China", „Türkei") oder ein Problem zum Thema (z. B. „Menschenrechte", „Migration", „Frauenarbeit", „Sinne und Gefühle", „Ernährung"). In beiden Zeitschriften gibt es immer einen grundlegenden, einführenden Aufsatz („Basisartikel" bzw. „Basisbeitrag"), der sich zur raschen, kompetenten fachwissenschaftlichen und fachdidaktischen Information besonders eignet. Hinzu kommt eine Reihe von Unterrichtsbeiträgen zum Thema mit weiteren Literaturhinweisen, zahlreichen Materialien (Texte und Bilder) sowie didaktisch-methodischen Überlegungen; Grundschulbeiträge sind allerdings nicht systematisch aufgenommen, sondern nur von Fall zu Fall (Geschichte lernen) oder gar nicht (Praxis Geschichte).

Neben diesen beiden Zeitschriften, die für SachunterrichtslehrerInnen besonders zu empfehlen sind (die wichtigsten Themenhefte sind bereits oben bei den betreffenden Inhalten genannt), gibt es einige weitere, die sich bemühen, historische Themen einem breiteren Publikum nahezubringen. Sie zeichnen sich daher durch Allgemeinverständlichkeit, leichtere Zugänglichkeit (viele Abbildungen) und Anschaulichkeit aus, allerdings kommt dadurch die wissenschaftliche Gründlichkeit manchmal zu kurz (so fehlen z. T. Literaturhinweise und Belege); dennoch sind sie als Einstieg in ein Thema durchaus zu empfehlen. Zu nennen sind hier in erster Linie:

– **G – Geschichte** (eindeutig populärwissenschaftlich; jeweils Themenhefte)

– **Damals. Das Magazin für Geschichte und Kultur** (deutlich wissenschaftsnäher; enthält aber in jedem Heft neben dem Titelthema Beiträge zu vielen verschiedenen Themen, was den Zugang bei der Suche nach einem bestimmten Unterrichtsinhalt schwieriger macht)

– **Der Spiegel Geschichte** (Themenhefte, wissenschaftliche Begleitung)

– **Zeit Geschichte** (Themenhefte, wissenschaftliche Begleitung)

Hinweise für Studierende

Im Gegensatz zu den im Dienst befindlichen Lehrerinnen haben Studierende eher die Gelegenheit, sich fachwissenschaftlich gründlich in ein Thema einzuarbeiten. Die folgenden Hinweise sollen hier eine erste Hilfestellung leisten. Grundsätzlich muss es darum gehen, sich bei der Einarbeitung in ein neues, bislang noch unbekanntes Thema den neuesten Forschungsstand zu erschließen. Hierzu sollte neuere Literatur gefunden und in ihrer Bedeutung eingeschätzt werden können. Grundsätzliche Hilfestellungen bei der Suche nach Fachliteratur liefern folgende Bücher:

- Winfried Baumgart, Bücherverzeichnis zur deutschen Geschichte: Hilfsmittel, Handbücher, Quellen, 18., überarb. u. erw. Aufl. München 2014
- Reinhard Feldmann, Klaus Schultze, Wie finde ich Literatur zur Geschichte? 3. durchges. Aufl. Berlin 1995
- Nils Freytag, Wolfgang Piereth, Kursbuch Geschichte. Tipps und Regeln für wissenschaftliches Arbeiten. 2., akt. Aufl. Paderborn 2004 (S. 13-33: „Literatur und Quellen finden")

Für zahlreiche Teilgebiete und Themen der Geschichte (auch zu möglichen Themen des Sachunterrichts wie Kindheit, Familie, Alter, Ernährung, Wohnen usw.) gibt es spezielle Bibliografien, die Bücher und Aufsätze bis zum Zeitpunkt des Erscheinens der Bibliografie erfassen. Sie sind verzeichnet in dem o.a. Buch von Baumgart.

Bibliografien in Buchform haben allerdings immer den Nachteil, schnell zu veralten, weil die Forschung ständig neue und wichtige Publikationen liefert. Am dichtesten an den Stand der Forschung kommt man daher durch Rezensionen in einschlägigen historischen Zeitschriften, die zudem den Vorteil besitzen, dass die Lektüre auch einen ersten schnellen Eindruck vom Inhalt eines Buches und von seiner Qualität erlaubt. Besonders zu empfehlen sind Sammelrezensionen, die

die wichtigste erschienene Literatur zu bestimmten Epochen (z. B. über die Weimarer Republik, das späte Mittelalter oder den Nationalsozialismus) oder bestimmten Themen bzw. Problemen (z. B. zur Alltagsgeschichte, zum Wohnen im 19. und 20. Jahrhundert oder zur Geschichte der Kindheit) der vergangenen Jahre zusammenfasst. Wichtige Rezensionszeitschriften, die in allen größeren Bibliotheken vorhanden sein dürften, sind:

- Archiv für Sozialgeschichte (viele Rezensionen auch online verfügbar)
- Das Historisch-Politische Buch
- Geschichte in Wissenschaft und Unterricht (regelmäßige Sammelrezensionen zu einzelnen Epochen oder Themen der Geschichtswissenschaft bzw. Geschichtsdidaktik)
- Historische Zeitschrift
- Neue Politische Literatur

Daneben gibt es mittlerweile viele Rezensionen, die online verfügbar sind, insbesondere:

- http://www.hsozkult.de/review/page
- http://www.sehepunkte.de/ (monatliches Rezensionsjournal)
- http://www.recensio.net/front-page (übergreifende Rezensionsplattform)

Die Literatur zu einzelnen Regionen oder Orten erschließen am besten regionale Bibliografien und regionale historische Zeitschriften. Erstere gibt es zu allen Regionen Deutschlands (meist für das jeweilige Bundesland, zum Teil auch für kleinere Gebiete; erschlossen sind sie in: Feldmann 1995, Kap. 4 (s.o.)), letztere ebenfalls (z. B. „Oldenburger Jahrbuch", „Westfälische Forschungen", „Zeitschrift für bayerische Landesgeschichte" usw.). Insbesondere die lokalgeschichtliche Literatur sollte allerdings immer besonders kritisch auf ihren Wert hin geprüft werden. Die Grenzen zwischen wissenschaftlich fundierter, auf gründlicher quellengestützter Forschung beruhender und heimattümelnder, von der allgemeinen Wissenschaftsentwicklung wenig berührter und idyllisierender Literatur sind hier häufig fließend.

Abschließend sollen noch vier Buchreihen genannt werden, die jeweils wissenschaftlich sehr kompetente und kompakte Einführungen in begrenzte Themen der Geschichte sowie ausführliche Literaturhinweise und zum Teil auch Kommentare zu den Tendenzen und Problemen der Forschung liefern:

- Enzyklopädie Deutscher Geschichte (Oldenbourg-Verlag München)
- Grundriss der Geschichte (Oldenbourg-Verlag München)
- Geschichte kompakt (Wissenschaftliche Buchgesellschaft Darmstadt)

- Wissen (C.H.Beck München)

Außerdem gibt es auch einige Internetadressen, wo sich Geschichtsinteressierte zuverlässige Informationen über historische Themen, Forschungen und Literatur beschaffen und zum Teil auch über historische Fragen diskutieren können. In erster Linie zu nennen sind hier:

- http://www.clio-online.de/ (zentrales Fachportal für die Geschichtswissenschaften)
- http://hsozkult.geschichte.hu-berlin.de/ (Online-Informationsforum für die Geschichtswissenschaften)
- http://www.historisches-centrum.de/index.php?id=529 (Virtual Library Geschichte)
- Auch Wikipedia (https://www.wikipedia.de/) enthält zahlreiche Beiträge mit soliden historischen Informationen – das Wiki-Prinzip bringt es allerdings mit sich, dass nicht alle Artikel gleich gut sind und sich darunter auch bewusste oder unbewusste Fehlinformationen befinden; eine kritische Prüfung ist also notwendig.

5. Methoden, Medien, Lernorte

Auch in der Geschichtsdidaktik wird in den vergangenen Jahren immer stärker betont, dass dem Methodenlernen eine Schlüsselfunktion im Geschichtsunterricht der Gegenwart und Zukunft zukommen müsse. Es geht hierbei nicht in erster Linie um Probleme der allgemeinen Unterrichtsmethodik wie die Frage nach Frontalunterricht, Partnerarbeit, Gruppenarbeit usw., sondern vielmehr um *fachspezifische Methoden* und deren Erwerb im Unterricht. Schüler müssen einen durch selbstständiges Arbeiten entstandenen Eindruck davon gewinnen, woher und wie wir überhaupt unsere historischen Erkenntnisse gewinnen, um mit dem Konstruktcharakter von Geschichte umgehen zu können. Zu bevorzugen ist daher ein forschend-entdeckendes, problemlösendes, arbeitsunterrichtliches Verfahren, das in der Grundschule – aber nicht nur dort – zunehmend auch durch handlungsorientierte Methoden ergänzt wird. Nicht zu trennen von der Methodenfrage ist die Frage nach geeigneten Medien und Lernorten; der Unterrichtsgang zu einem Denkmal vor Ort etwa ist eine Methode, das Denkmal, um das es hier geht, ist sowohl ein Medium als auch ein außerschulischer Lernort.

Ein solches methodenorientiertes Verfahren beim historischen Lernen korrespondiert auch mit neueren Überlegungen in der Sachunterrichtsdidaktik (vgl. von Reeken 2003c). Dabei sollte auch berücksichtigt werden, dass Kinder heute bereits über ein breites Repertoire an Vorwissen und Vorerfahrungen verfügen, das durch geeignete Verfahren auch im Unterricht zur Geltung kommen sollte (Brainstorming, Cluster, Mindmapping usw.).

Grundsätzliche Überlegungen

Es soll im Folgenden in pragmatischer Absicht um die wichtigsten Methoden, Medien und Lernorte gehen, die das historische Lernen im Sachunterricht prägen sollten. Dabei unterscheiden sich diese nur graduell von denen des Geschichtsunterrichts in der Sekundarstufe I und II. Vor allem die komplexeren, abstrakteren Methoden und Medien, wie die Arbeit mit Statistiken, Graphiken und differenzierteren Geschichtskarten, kommen aber aufgrund der Lernvoraussetzungen der Grundschulkinder höchstens in ersten Ansätzen zur Anwendung.

Grundsätzlich haben Methoden innerhalb des historischen Lernens im Sachunterricht zwei Funktionen: Sie sollen zum einen dazu dienen, historische Einsichten zu gewinnen, und dies auf eine interessante, abwechslungsreiche, anschauliche und spannende Weise. Und sie sollen selbst zum Gegenstand des Lernens werden, indem Kinder sich Methoden wie den Umgang mit Texten, Bildern, Karten, Gegenständen etc. zu eigen machen, damit sie ihnen als „Werkzeuge“ für eigene Rekonstruktionen und Konstruktionen zur Verfügung stehen- und sie so in die Lage versetzen, ihre möglichst triftige Geschichte zu erzählen.

Beides sind grundlegende Elemente wissenschaftsorientierten Arbeitens im Sachunterricht, indem Kinder ihre Beobachtungen, Fragen, Interessen allmählich in eine geordnete, strukturierte, begrifflich angemessene Form bringen, Informationen sammeln und in sinnvolle Zusammenhänge bringen können, mit hierzu nötigen Hilfsmitteln umgehen und schließlich ihre eigenen Aussagen auf systematisch gewonnene und überprüfte Informationen und nicht nur auf Vermutungen gründen. Der neue Perspektivrahmen fasst dies unter die Begriffe „Perspektivenbezogene“ bzw. „Perspektivenübergreifende Denk-, Arbeits- und Handlungsweisen“ (GDSU 2013). Um es noch einmal zu betonen: Es geht hier nicht um fachpropädeutisches Arbeiten im klassischen Sinne, sondern um den Einsatz fachwissenschaftlicher Methoden, „um aus einer eher spielerischen Aneignung eine deutlicher auf Erkenntnis zielende Aneignung wachsen zu lassen.” (Dovermann 1995, 73)

Gerade beim historischen Lernen ist eine reflektierte Auswahl von Methoden und Medien besonders wichtig, weil, dies wurde schon mehrfach erwähnt, beim Gegenstand „Geschichte” die direkte Anschauung fehlt, die für Grundschulkinder noch von großer Bedeutung für ihr Lernen ist. Es geht daher darum, sekundäre Anschauungen herzustellen, und hierbei spielen geeignete Methoden und Medien eine entscheidende Rolle. Diese Erkenntnis betrifft aber nicht nur die Grundschule, sondern ist mittlerweile auch in der Arbeit in den weiterführenden Schulen anerkannt, so dass die Geschichtsdidaktik auch ohne, dass sie sich um die Grundschule kümmerte, intensiver über einen schülernäheren Geschichtsunterricht nachgedacht und auch neue Formen des handelnden, erfahrungsorientierten Umgangs mit Geschichte entwickelt hat, die auch für unseren Zusammenhang von Bedeutung sind.

Was Leserinnen und Leser möglicherweise vermissen werden, sind methodische Antworten auf neue Herausforderungen des Unterrichts wie Heterogenität oder Inklusion. Es besteht kein Zweifel, dass es sich hier um zentrale Aufgaben von Grundschullehrerinnen und -lehrern handelt, die in Zukunft immer wichtiger werden und entsprechende Kompetenzen für die Unterrichtsplanung und Unterrichtsdurchführung voraussetzen. Leider stehen die meisten Wissenschaften aber im Hinblick auf eine Entwicklung entsprechender methodischer Konzepte noch ganz am Anfang. Dies gilt auch für die Geschichtsdidaktik, weshalb hier nur auf erste, tastende Veröffentlichungen verwiesen werden kann – theoretisch reflektierte, empirisch geprüfte und pragmatisch erprobte Konzepte stehen leider noch nicht zur Verfügung.

Literaturhinweise zu Methoden

Aus der Perspektive des Geschichtsunterrichts:

- ✓ Volker Bauer u.a., Methodenarbeit im Geschichtsunterricht, Berlin 1998
- ✓ Klaus Bergmann u.a. (Hg.), Handbuch Methoden im Geschichtsunterricht. 4. Aufl. Schwalbach/Ts. 2013
- ✓ Hilke Günther-Arndt, Saskia Handro (Hg.), Geschichts-Methodik. Handbuch für die Sekundarstufe I und II. 5., überarb. Neuaufl. Berlin 2015
- ✓ Bernd Hey u.a., Umgang mit Geschichte. Geschichte erforschen und darstellen – Geschichte erarbeiten und begreifen, Stuttgart 1992
- ✓ Lernbox Geschichte. Das Methodenbuch, Seelze-Velber 2000
- ✓ Michael Sauer, Methodenkompetenz als Schlüsselqualifikation. Eine neue Grundlegung des Geschichtsunterrichts?, in: Geschichte, Politik und ihre Didaktik 30, 2002, S. 183-192

Aus der Perspektive des Sachunterrichts:

- ✓ Marlies Hempel (Hg.), Lernwege der Kinder, 2. Aufl. Baltmannsweiler 2002
- ✓ Astrid Kaiser, Detlef Pech (Hg.), Basiswissen Sachunterricht. Bd. 5: Unterrichtsplanung und Methoden, 5. Aufl. Baltmannsweiler 2015
- ✓ Dietmar von Reeken (Hg.), Handbuch Methoden im Sachunterricht. 3. Aufl. Baltmannsweiler 2014 (eine aktualisierte Fassung wird 2016 erscheinen)

Literaturhinweise zu Heterogenität, Diagnostik, Differenzierung und Inklusion

Aus der Perspektive des Geschichtsunterrichts:

- ✓ Peter Adamski, Historisches Lernen diagnostizieren. Lernvoraussetzungen – Lernprozesse – Lernleistung, Schwalbach/Ts. 2014
- ✓ Geschichte lernen, Heft 116/2007: Diagnostizieren im Geschichtsunterricht
- ✓ Geschichte lernen, Heft 131/2009: Differenzierung
- ✓ Christoph Kühberger, Elfriede Windischbauer, Individualisierung und Differenzierung im Geschichtsunterricht. Offenes Lernen in Theorie und Praxis, Schwalbach/Ts. 2012

- ✓ Birgit Wenzel, Heterogenität und Inklusion – Binnendifferenzierung und Individualisierung, in: Michele Barricelli, Martin Lücke (Hg.), Handbuch Praxis des Geschichtsunterrichts. Bd. 2, Schwalbach/Ts. 2012, S. 238-254

Aus der Perspektive des Sachunterrichts:

- ✓ Michael Gebauer, Toni Simon, Inklusiver Sachunterricht konkret: Chancen, Grenzen, Perspektiven, in: www.widerstreit-sachunterricht.de/Ausgabe Nr. 18/Oktober 2012, online: https://www.widerstreit-sachunterricht.de/ebeneI/superworte/inklusion/gebauer_simon.pdf
- ✓ Hartmut Giest, Astrid Kaiser, Claudia Schomaker (Hg.), Sachunterricht – auf dem Weg zur Inklusion, Bad Heilbrunn 2011
- ✓ Marlies Hempel, Diagnostik der kindlichen Lebenswelt als Voraussetzung zur Förderung des Kompetenzerwerbs der Lernenden, in: Roland Lauterbach u.a. (Hg.), Kompetenzerwerb im Sachunterricht fördern und erfassen, Bad Heilbrunn 2007, S. 23-36
- ✓ Joachim Kahlert, Ulrich Heimlich, Inklusionsdidaktische Netze – Konturen eines Unterrichts für alle (dargestellt am Beispiel des Sachunterrichts), in: Dies. (Hg.), Inklusion in Schule und Unterricht. Wege zur Bildung für alle. Stuttgart 2012, S. 153-190
- ✓ Bärbel Kopp, Sabine Martschinke, Heterogene Lernvoraussetzungen, in: Joachim Kahlert u.a. (Hg.), Handbuch Didaktik des Sachunterrichts. 2., akt. u. erw. Aufl. Bad Heilbrunn 2015, S. 361-365
- ✓ Simone Seitz, Diagnostisches Handeln im Sachunterricht, in: Ulrike Graf, Elisabeth Moser Opitz (Hg.), Diagnostik und Förderung im Elementarbereich und Grundschulunterricht: Lernprozesse wahrnehmen, deuten und begleiten, Baltmannsweiler 2008, S. 190-197

Methodische Anregung: Beispiele für Arbeitsaufträge zum historischen Lernen

(entnommen aus: Rohrbach 1998, S. 29)

- ✓ Überlegt gemeinsam, was wir zu unserem Thema arbeiten/herstellen können.
- ✓ Wenn du Material für unseren Thementisch hast, dann bringe es bitte mit.
- ✓ Sucht Bücher zu unserem Thema in der Schülerbücherei und stellt sie den anderen vor.

- ✓ Schau dir die Bücher auf dem Thementisch an und erzähle uns zu einem Bild oder Text, was dich besonders interessiert hat.
- ✓ Was wissen eure Eltern/Nachbarn/Menschen auf der Straße über ...? Fragt sie und schreibt es auf.
- ✓ Stell dir vor, du hättest in der Zeit von ... gelebt. Schreibe auf, was du erlebt hast.
- ✓ Stell dir vor, du wärst die kleine Schwester/der kleine Bruder von ... (historische Person). Schreibe ihr/ihm einen Brief.
- ✓ Wie hast du dich gefühlt beim Lesen/Hören/Spielen dieses Textes/dieser Erzählung/dieses Interviews? Schreibe deine Gefühle auf. Wenn du möchtest, kannst du sie jemandem vorlesen oder im Kreis vorstellen.

Textquellen

Quellen sind das wichtigste Erkenntnismedium der Geschichtswissenschaft. Zwar steht Geschichte nicht in den Quellen, doch ohne Quellen ließe sich keine Geschichte schreiben, und auch gegen die Quellen kann keine „wahre" Geschichte geschrieben werden – der Geschichtstheoretiker Reinhart Koselleck sagte daher zu Recht, die Quellen hätten ein „Vetorecht". Prinzipiell ist alles das eine Quelle, was Aufschlüsse über Vergangenes liefert; dies können schriftliche Zeugnisse sein, Bilder, Filme, Gegenstände, Sachverhalte usw. Die Quellen sprechen nicht von sich aus; sie müssen erst vom Historiker befragt werden. Ihr „Wahrheitsgehalt" kann erst nach dem Prozess der Quellenkritik und Quelleninterpretation beurteilt werden.

Quellenkritik und Quelleninterpretation – eine Kurzvorstellung

Zentrale Fragen sind:

- ✓ Ist die Quelle echt? Von wem und von wann stammt sie? Handelt es sich bei der vorliegenden Fassung um eine originalgetreue? usw. Diese Fragen sind bei Quellen, die wir Quellensammlungen oder Schulbüchern entnehmen, in der Regel bereits geklärt worden – bei Quellen aus dem lokalen Archiv oder aus Privatbesitz gilt dies allerdings nicht!
- ✓ Wer ist der Autor/die Autorin der Quelle? (möglichst viele Informationen über Person, Alter, Funktion, Einstellungen etc.)
- ✓ Um welche Quellenart handelt es sich? (Eine Rede ist eine deutlich andere Gattung als ein Brief, ein Zeitungsartikel eine andere als ein Aktenvermerk usw.)
- ✓ Was ist aus der Quelle zu erfahren? Zentrale Aussagen, zentrale Begriffe (zeitgenössischer Sinn!)
- ✓ An wen richtet sich die Quelle?
- ✓ Was konnte der Verfasser wissen, was nicht? Sind die Aussagen glaubwürdig? Auch hier benötigt man zur Urteilsbildung zusätzliche Informationen aus anderen Informationsquellen.
- ✓ Welchen Zweck hatte der Text (wahrscheinlich)? (Information, Manipulation, Meinungsbildung usw.)
- ✓ Einordnung in den historischen Zusammenhang
- ✓ Schließlich: Was nützt uns die Quelle für unsere historische Frage?

Da die Quellen den unmittelbarsten Zugang zum historischen Geschehen bieten, haben sie grundsätzlich in einem wissenschaftsorientierten Unterricht einen zentralen Stellenwert. Dies wird in der Geschichtsdidaktik auch – bis auf wenige Ausnahmen – weitgehend anerkannt. Sie bieten den Schülern die Möglichkeit, Geschichte eigenständig zu rekonstruieren, und stehen daher im Mittelpunkt arbeitsunterrichtlicher Verfahren. Dies gilt im Prinzip auch für die Grundschule.

Die häufigste Quellenart sind die *schriftlichen Quellen*; sie prägen weite Teile des Geschichtsunterrichts in den Sekundarstufen I und II. In der Grundschule stellen sich hier allerdings auch erhebliche Schwierigkeiten ein, die das Prinzip „quellenzentrierter Unterricht" sogleich wieder einschränken: Zum einen haben Grundschüler aufgrund ihrer noch z. T. geringeren Sprachkompetenzen größere Hürden zu überwinden, um die Quellen überhaupt zu verstehen; dies gilt zumindest für alle Quellen, die aus Epochen jenseits der Zeitgeschichte stammen. Besondere Probleme gibt es hier in ethnisch heterogenen Klassen, in denen viele Kinder schon die „normale" deutsche Umgangssprache nicht beherrschen. Allerdings sollte man die detektivischen Fähigkeiten von Grundschülern hier auch nicht unterschätzen; jeder, der einmal in einer dritten oder vierten Klasse mit seinen Schülerinnen und Schülern die deutsche Schrift behandelt hat, kann davon berichten, wie rasch sie in der Lage sind, Wörter, Sätze und ganze Passagen zu entziffern. Die zweite Schwierigkeit resultiert aus dem Charakter der meisten Textquellen. Sie betreffen nämlich häufig Verwaltungshandeln oder setzen detaillierte politische Kenntnisse voraus; dies gilt z. B. für Gesetze, Verordnungen, politische Debatten, Parteiprogramme, Verlautbarungen, viele Zeitungsartikel etc. Alle diese Textquellen sind angesichts des Erfahrungsraumes von Grundschülern und der Inhalte historischen Lernens im Sachunterricht (s. o. Kap. 4) nur in Ausnahmefällen für den Sachunterricht geeignet – dann nämlich, wenn sie in eines der o. g. kindernahen Themen integriert werden können (z. B. Schulordnungen, Gesetz betr. Kinderarbeit etc.). In der Regel sind dagegen Textquellen geeigneter, die anschauliche, lebensnahe Schilderungen oder Berichte enthalten; dies gilt in erster Linie für autobiographische Quellen (Briefe, Tagebücher etc.), aber auch für Zeitungsberichte und -anzeigen, Inschriften an Grabsteinen, z. T. auch für Auszüge aus Chroniken (Hantsche 1980a, 102f.), für Auszüge aus früheren Schul- oder Kinderbüchern usw. Gut ausgewählte Textquellen sind allerdings – und dies ist ein Vorteil – meist deutlich anschaulicher und frag-würdiger als ein darstellender Schulbuch- oder Sachbuchtext.

Methodisch sollte neben der inhaltlichen Erfassung des Quelleninhalts auch die Quellenkritik eine Rolle spielen. Grundschulkinder sind durchaus in der Lage, insbesondere durch den *Vergleich* unterschiedlicher Quellen zum gleichen Sachverhalt z. B. die Perspektivität eines Autors bei der Abfassung eines Briefes zu erkennen, nach den Ursachen der Unterschiede zu fragen, Hypothesen aufzustellen und sie auf ihre Plausibilität hin zu überprüfen; alles das sind wesentliche Bausteine der oben dargestellten historischen Methoden-/Medienkompetenz.

Das zentrale Problem bei der Arbeit mit schriftlichen Quellen im Sachunterricht dürfte die Auswahl geeigneter Quellen sein. Die Zusammenstellung von historischen Quellen zu einschlägigen Themen speziell für die Grundschule ist leider immer noch ein dringendes Desiderat. Empfohlen werden kann daher bislang nur die Suche in den o. g. Zeitschriften sowie in den neueren Schulgeschichtsbüchern für die Mittelstufe, insbesondere für die Haupt- und Realschule (siehe Kasten), die vor allem in den jetzt überall vorhandenen alltags- und sozialgeschichtlichen Kapiteln viel geeignetes Quellenmaterial bereithalten, das zum Teil durch entsprechende Kürzungen auch in einer dritten oder vierten Klasse zu verwenden ist. Dabei sollte, wenn irgend möglich, eine Version benutzt werden, die nah am Original ist; dies hat nicht nur den Vorteil der größeren Wissenschaftlichkeit, sondern die Quelle transportiert gleichzeitig ein Stück der Fremdheit, die nun einmal die Beschäftigung mit Geschichte ausmacht. Allerdings darf diese Fremdheit nicht zum Prinzip werden, wenn sie die Zugänglichkeit der Inhalte für Grundschüler durch ihre sprachliche und/oder inhaltliche Sperrigkeit verstellt; vorsichtige Modernisierungen in der Sprache sollten hier durchaus erlaubt sein (auch wenn mancher Historiker das zu Recht nicht gerne hört!). Gutes Textquellenmaterial enthalten auch die Hefte der Reihe „Wie es früher war. Sonderhefte Bausteine Grundschule" aus dem Bergmoser + Höller Verlag (erschienene Themenhefte: Schule, Familie, Kinderspiel, Reisen, Feuerwehr, Handwerk I: Lederherstellung und –verarbeitung, Haushalt und Drucken mit Buchstaben – Von Gutenberg bis zum Computer, Feste und Bräuche im Jahreskreis, Wohnen auf dem Land und in der Stadt; die Reihe wird offenbar nicht mehr fortgesetzt).

Literatur zum Weiterlesen und Sachkundigmachen:

* Andrea Becher, Eva Gläser, Mit historischen Quellen Geschichte begreifen lernen. Historische Methodenkompetenzen vermitteln, in: Grundschule Sachunterricht 2015, Heft 67, S. 7-13
* Ahasver von Brandt, Werkzeug des Historikers. Eine Einführung in die Historischen Hilfwissenschaften, 18. Aufl. Stuttgart u.a. 2012 (grundlegend für den Quellenbegriff und die Quellenkunde)
* Hermann de Buhr, Die Quelle im historischen Arbeitsbereich der Primarstufe, in: Irmgard Hantsche, Hans-Dieter Schmid (Hrsg.), Historisches Lernen in der Grundschule, Stuttgart 1981, S. 97– 107

* Monika Fenn, Zur eigenen Vergangenheit und zur Schulzeit der Großeltern „forschen“. Historisches Methodenlernen mit schriftlichen Quellen, in: Sache Wort Zahl 33, 2005, H. 69, S. 7-12

* Monika Fenn, Zur Schulzeit nach Kriegsende „forschen“. Historisches Methodenlernen mit schriftlichen Quellen, in: Sache Wort Zahl 33, 2005, H. 69, S. 13-17

* Eva Gläser, „Das sind Überreste aus der Vergangenheit“, in: Die Grundschulzeitschrift 26 (2012), H. 252/253, S. 38-41

* Irmgard Hantsche, Schriftliche Quellen in der Grundschule? in: Hartmut Voit (Bearb.), Geschichtsunterricht in der Grundschule, Bad Heilbrunn/Obb. 1980, S. 99-114

* Methodenarbeit im Geschichtsunterricht, Berlin 1998, S. 33-37 (knappe Darstellung von Quellengattungen und Quellenkritik für den Oberstufenunterricht)

* Hans-Jürgen Pandel, Quelleninterpretation. Die schriftliche Quelle im Geschichtsunterricht, Schwalbach/Ts. 2000 (gründlichste und kompetenteste Gesamtdarstellung dieser Quellenart)

* Dietmar von Reeken, Zu den Quellen! Historische Quellen im Sachunterricht, in: Grundschule 2010, H. 7-8, S. 10f.

Methodische Anregung: Schulgeschichtsbücher für die Mittelstufe mit Textquellen, die zum Teil auch für die Grundschule (3./4. Klasse) geeignet sind:

- ✓ „Entdecken und Verstehen“ (Cornelsen)
- ✓ „Ansichten“ (Cornelsen)
- ✓ „Forum Geschichte“ (Cornelsen)
- ✓ „Schauplatz Geschichte“ (Cornelsen)
- ✓ „Geschichte Real“ (Cornelsen)
- ✓ „Menschen, Zeiten, Räume“ (Cornelsen)
- ✓ „Geschichte plus“ (Cornelsen)
- ✓ „Lebendige Vergangenheit“ (Klett)
- ✓ „Geschichte und Geschehen“ (Klett)
- ✓ „Geschichtlich-soziale Weltkunde“ (Klett)

- ✓ „Zeitreise“ (Klett)
- ✓ „mitmischen“ (Klett)
- ✓ „ZeitRäume“ (Klett)
- ✓ „Damals heute morgen“ (Klett)
- ✓ „Geschichte konkret“ (Schroedel)
- ✓ „Zeitlupe“ (Schroedel)
- ✓ „Trio“ (Schroedel)
- ✓ „denkmal“ (Schroedel)
- ✓ „Zeit für Geschichte“ (Schroedel)
- ✓ „Zeiten“ (Schroedel/Diesterweg)
- ✓ „Expedition Geschichte“ (Diesterweg)
- ✓ „Die Reise in die Vergangenheit“ (Westermann)
- ✓ „Durchblick“ (Westermann)
- ✓ „Horizonte“ (Westermann)
- ✓ „Anno“ (Westermann)
- ✓ „TOP Geschichte“ (Westermann)
- ✓ „Geschichte kennen und verstehen“ (Oldenbourg)
- ✓ „Mosaik“ (Oldenbourg)
- ✓ „von ... bis“ (Schöningh)
- ✓ „Zeiten und Menschen“ (Schöningh)
- ✓ „Geschichte und Gegenwart“ (Schöningh)
- ✓ „Das waren Zeiten“ (Buchner)
- ✓ „Geschichte entdecken“ (Buchner)

Bilder

Auch Bilder sind wichtige Quellen in der Arbeit des Historikers; ihre Bedeutung nahm und nimmt ständig zu. Auch sie sind – obwohl es manchmal so scheinen mag – kein objektives Abbild der Wirklichkeit, sondern genauso perspektivisch, interessengeleitet und ausschnitthaft wie eine schriftliche Quelle, bedürfen also genau wie diese einer kritischen Interpretation. Diese Notwendigkeit ist allerdings vor allem bei Fotografien, aber auch bei vielen Gemälden wegen ihrer – scheinbaren – unmittelbaren Zugänglichkeit schwerer zu vermitteln. Dies gilt insbesondere für Kinder – aber nicht nur für sie! Dennoch kommt Bildern eine große Bedeutung gerade im historischen Lernen im Sachunterricht zu: Aus der psychologischen Forschung wissen wir, „dass das eidetische (also anschauungsbezogene, DvR) Gedächtnis bei jungen Menschen überproportional häufig vorkommt" (Rohlfes 1986, 331), und die Kindern heute begegnende Bilderflut führt zum einen dazu, dass sie es gewohnt sind, über Bilder Zugänge zu Sachverhalten zu erhalten, ja dies geradezu einfordern, zum anderen, dass Bilder auf sie einstürzen und zur geistigen Verarbeitung der rasch wechselnden Bilder nur wenig Zeit bleibt. Beides kann im historischen Lernen mit dem Einsatz von Bildern „genutzt" werden: Bilder dienen als Motivationsträger und Zugangserleichterung, sie müssen aber auch als Quellen verwendet und daher intensiv betrachtet und ausgewertet werden. Wie Grundschulkinder allerdings mit historischen Bildern umgehen, ist bislang unbekannt; auch für ältere Kinder und Jugendliche gibt es hierfür erst wenige Ansätze empirischer Forschungen (z. B. Lange 2011).

Erläuterung: ikonographisch-ikonologische Interpretation von Bildern nach Erwin Panowsky

- ✓ Vorikonografische Bildbetrachtung: Wahrnehmen und Beschreiben von Gegenständen, Formen, Farben, Motiven, Figuren etc.
- ✓ Ikonografische Bildanalyse: Entschlüsselung/Analyse der zeitgenössischen Bildmotive (Was bedeutet zur Entstehungszeit die Darstellung einer Sanduhr, was eine bestimmte Farbe usw.)
- ✓ Ikonologische Bildintepretation: Eigentliche Deutung der Aussage des Bildes (Absichten des Auftraggebers, des Künstlers, Widerspiegelung von Deutungen sozialer Realität seiner Zeit usw.)

Allerdings ist eine dem Bild völlig gerecht wertende „ikonographisch-ikonologische" Interpretation (siehe Kasten) meist weder von der Lehrkraft noch von den Schülern zu leisten; hierzu sind zumindest bei Werken der Malerei (weniger bei Fotografien) zahlreiche Zusatzinformationen über abgebildete Personen, Gegenstände, Symbole etc. notwendig, deren Behandlung den Rahmen des Sachunterrichts sprengen würde. Es geht vielmehr darum, die „Imaginationsfähigkeit" von Schülern anzuleiten (vgl. zur Notwendigkeit etwa Beilner 1999b, 165f. und 2000, 26), ihnen also eine Vorstellung vom Sichtbaren in der Geschichte zu vermitteln. Sie können sich mit Hilfe von Bildern ein eigenes „Bild machen" von den Lebenswelten vergangener Zeiten, von den Wohn- und Arbeitsbedingungen von Menschen, von historischen Schauplätzen usw. und damit gleichzeitig auch ihre zeitlichen Ordnungsleistungen verbessern. Dabei muss immer auch die eingeschränkte Aussagekraft von Bildern berücksichtigt werden, denn sie vermitteln im Wesentlichen das, was man sehen kann, „die äußere Beschaffenheit eines Objekts, seine Farbe, Größe und Ausdehnung, sein Erhaltungszustand." (Bergmann/Schneider 1986, 427). Hier liegt ihre Stärke; dagegen sind Gefühle, Gedanken, zwischenmenschliche Beziehungen u.ä. nicht direkt abbildbar, sondern nur durch eine eingehende Interpretation von Bildern zu erschließen, die Grundschulkinder bei geeigneten Themen zumindest in ersten Ansätzen leisten können, wie die Perspektivitäts-Studie gezeigt hat (vgl. Dovermann 1995, z. B. 58ff.)

Auch bei den Bildern sollten, wenn möglich, Quellen im Mittelpunkt stehen, also Bilder, die in der Zeit des dargestellten Geschehens entstanden. Später entstandene Bilder über frühere historische Zeiten enthalten zusätzlich immer noch die historischen Deutungsabsichten des Darstellenden: „Wegen der doppelten Verschlüsselung der historischen Wirklichkeit sollte man diese Bilder ... im Unterricht, gerade bei jüngeren Schülern, nur mit viel Skrupel verwenden. Solche Bilder über die Vergangenheit enthalten nämlich infolge ihrer kalkulierten Wirkung in didaktischer Hinsicht eine große Gefahr, weil sie eine Wirklichkeit erfinden und szenisch verdichten, weil sie durch ihr ästhetisches Arrangement die Betrachter fesseln und ihre Vorstellungskraft sättigen, ihnen eine Realität suggerieren, die so nicht vorhanden war und schließlich ein eindeutiges und kaum wieder korrigierbares inneres Bild herstellen." (Mayer 1997, 50) Das gleiche gilt grundsätzlich auch für heutige Illustrationen, wie sie sich vielfach in Sachbüchern für Kinder finden. Ist sich die Lehrkraft dieses Problems bewusst, so spricht allerdings wenig gegen eine – vorsichtige – Verwendung auch dieser Bilder, wenn andere mit Quellencharakter nicht zur Verfügung stehen, die didaktischen Zielsetzungen anders nicht erreicht werden können und vor allem den Kindern der Charakter dieser Illustrationen deutlich wird. Dies zeigt etwa ein vorliegendes Unterrichtsbeispiel aus der Grundschule, wo in einem zweiten Schuljahr mit einer Bildmappe gearbeitet wurde, die auf sieben großformatigen, farbigen Bildern die gleiche fiktive – und daher eigentlich unhistorische – Mittelgebirgslandschaft im Abstand von jeweils drei Jahren zwischen 1953 und 1972 zeigt (Broel/Mayer 1988, 14-17). Da Kindern in ihrem Alltag, vor allem in Kinder- und Jugendbüchern, insbesondere diese fiktiven Bilder und nicht Bildquellen begegnen werden, müssen sie lernen, sie als *eine* mögliche Interpretation der vergangenen Wirklichkeit – und nicht als Abbild dieser Wirklichkeit – zu erkennen. Geschieht dies im Unterricht – und für solche medienkritischen Gespräche sollte im Sachunterricht immer wieder Zeit sein –, so können die im Gegensatz zu geeigneten Bildquellen zahlreich vorhandenen und leicht zugänglichen Bilder ein wichtiges Medium im historischen Sachunterricht sein. Hilfreich bei der Anbahnung eines bildkritischen Verständnisses kann es sein, Kinder selbst Bilder (etwa Fotos) anfertigen zu lassen, weil sie im Vergleich der entstandenen Bilder erkennen, dass Perspektiven, Interessen, Auswahlentscheidungen etc. die Bilder prägen.

Die Suche nach geeigneten Bildern für das historische Lernen im Sachunterricht ist nicht ganz einfach. Mögliche Fundorte sind außer den Kindersachbüchern, wie bei den Textquellen, die Schulgeschichtsbücher für die Sekundarstufe I (siehe Kasten oben!), aber auch Ausstellungskataloge von Museen sowie die oben genannten geschichtsdidaktischen und populärwissenschaftlichen Zeitschriften. Gutes Bildquellenmaterial enthalten auch die Hefte der Reihe „Wie es früher war. Sonderhefte Bausteine Grundschule“ aus dem Bergmoser + Höller Verlag (bisher erschienene Themenhefte: Schule, Familie, Kinderspiel, Reisen, Feuerwehr, Handwerk I: Lederherstellung und –verarbeitung, Haushalt und Drucken mit Buchstaben – Von Gutenberg bis zum Computer).

Literatur zum Weiterlesen und Sachkundigmachen:

* Klaus Bergmann, Gerhard Schneider, Das Bild, in: Hans-Jürgen Pandel, Gerhard Schneider (Hrsg.), Handbuch Medien im Geschichtsunterricht, Schwalbach/Ts. 1999, S. 211-254

* Ingeborg Broel, Ulrich Mayer, Alle Jahre wieder saust der Presslufthammer nieder. Grundschüler beschreiben die Veränderung einer Landschaft, in: Geschichte lernen 4, 1988, S. 14-17

* Bernd Köhler, Kinder suchen nach erzählter Geschichte. Historische Fotos im Sachunterricht, in: Die Grundschulzeitschrift 34/1990, S. 20

* Ulrich Mayer, Umgang mit Bildern, in: Geschichte lernen. Sammelband Geschichte lehren und lernen – Unterrichtsmethoden, Lerntechniken, Handlungsorientierung, Seelze-Velber 1997, S. 49-53 (enthält zahlreiche methodische Hinweise und Tipps zum schülernahen, handlungsorientierten Umgang mit Bildern im Unterricht, die z. T. sehr gut auch im Sachunterricht umsetzbar sind)

* Hans-Jürgen Pandel, Bildinterpretation. Die Bildquelle im Geschichtsunterricht. 2. Aufl. Schwalbach/Ts. 2011 (neben dem Buch von Sauer das Standardwerk in der Geschichtsdidaktik)

* Michael Sauer, Bilder im Geschichtsunterricht, Seelze-Velber 2000 (gründliche, kompetente Darstellung der verschiedenen Bildtypen und ihrer methodischen Bedingungen und Möglichkeiten)

* Dieter Schödel, Nacherleben und sich einfühlen. Fotos im historischen Lernen in der Grundschule, in: Geschichte lernen 91/2002, S. 24-28

* Claudia Schomaker, „Alle Menschen alles zu lehren". Stellenwert, Funktion und Chancen von Bildern in Schulbüchern im Sachunterricht, in: Gabriele Lieber (Hg.), Lehren und Lernen mit Bildern. Ein Handbuch zur Bilddidaktik, Baltmannsweiler 2008, S. 154-162

* Waltraud Schreiber, Bilder bilden Wirklichkeit nicht ab. Historisches Bildquellen mit Bildquellen, in: Sache Wort Zahl 33, 2005, H. 69, S. 18-22

* Waltraud Schreiber, Der Altennachmittag vor zwei Jahren. Historisches Methodenlernen mit Bildquellen, in: Sache Wort Zahl 33, 2005, H. 69, S. 21f.

* Waltraud Schreiber, Eisenbahngeschichte in Bildquellen. Historisches Methodenlernen, in: Sache Wort Zahl 33, 2005, H. 69, S. 23-26

* Manfred Treml, Bildquellen, in: Waltraud Schreiber (Hg.), Erste Begegnungen mit Geschichte. Grundlagen historischen Lernens. Bd. 1, Neuried 1999, S. 365-390

Methodische Anregung: Tipps zum Umgang mit Bildern

✓ Wichtig: Genügend Zeit einplanen!

✓ Erster Schritt: Zulassen spontaner Äußerungen

✓ Zweiter Schritt: Neugieriges Fragen und Vermuten (ggf. angeregt durch entsprechende Hinweise oder Provokationen der Lehrkraft)

✓ Dritter Schritt: Genaues Hinsehen: Wahrnehmen und Festhalten von Einzelheiten (komplexere Bilder evtl. zuvor mit Lineal und Bleistift mit einem Raster versehen; auch das Zerschneiden des Bildes in Puzzleteile und ihr Zusammensetzen zwingt zur genauen Wahrnehmung); sinnvoll kann sein, das Bild „zum Sprechen" zu bringen: „Ich sehe ...", „Ich frage mich ...", „Ich höre ...", „Ich rieche ...", „Ich fürchte ..." usw. (Anregung von Ulrich Mayer).

✓ Vierter Schritt: Klärung von Einzelheiten durch Gespräche, Lehrerinformationen, Recherche in Literatur und ggf. Internet

✓ Fünfter Schritt: Deutung des Bildes (in seiner Zeit)

- ✓ Sechster Schritt: Bewertung von heute: Was sagt uns dieses Bild noch?
- ✓ Nicht nur Analyse, sondern auch kreativer Umgang mit Bildern: Bilder verändern, ergänzen (durch Zeichnungen, Bildunterschriften, Sprech- oder Gedankenblasen etc.), Bildreihen zusammenstellen (z. B. zum gleichen Thema: Darstellung von Kindern in verschiedenen Epochen), Bilder kontrastieren, Collagen erstellen, dargestellte Personen „sprechen" lassen oder zu ihnen sprechen (einen Brief schreiben, ...), eine Geschichte zu einem Bild erzählen, Bildszenen nachspielen usw.

Methodische Anregung: Tipps zum Umgang mit Fotos/Fotos als Lernanlässe

- ✓ Zu Fotos eine Geschichte erzählen lassen (z. B. durch Zeitzeugen, durch Schüler)
- ✓ Fotos (z. B. Ortsfotos) in die richtige chronologische Reihenfolge bringen bzw. ungefähr datieren; Begründungen für die Urteile liefern
- ✓ Selber Fotos zum gleichen Thema herstellen und präsentieren (Ausstellung in der Schule, Dia-Serie, Internetseite der Schule etc.)
- ✓ Historische Fotos und eigene Fotos kontrastieren (z. B. zu den Ansichtskarten des eigenen Ortes vom Beginn des 20. Jahrhunderts eigene Ansichtskarten mit Bild und Text aus heutiger Perspektive entwerfen.
- ✓ Vgl. auch die Hinweise im Abschnitt „Familie" zum Umgang mit Familienfotos

Methodische Anregung: Schulgeschichtsbücher für die Mittelstufe mit Bildquellen, die zum Teil auch für die Grundschule (3./4. Klasse) geeignet sind:

Siehe Kasten oben im Abschnitt „Textquellen"

Karten

Im Unterricht zu „historischen Karten" – also z. B. einer Weltkarte des 16. Jahrhunderts – sind *„Geschichtskarten"* ein didaktisches Medium, ein Mittel zur visuellen Darstellung räumlicher Beziehungen in der Geschichte, meistens zur Verwendung im Geschichtsunterricht; hier spielen sie auch eine wichtige Rolle. Für den Einsatz in der Grundschule sind sie allerdings nur sehr bedingt geeignet. Dies liegt vor allem an der Tatsache, dass sie eben kaum einmal ein Mittel zur Veranschaulichung, also zur Verstehenserleichterung sind, sondern eher abstrahieren und generalisieren und eine methodisch kontrollierte Entschlüsselung notwendig machen. Die Bedeutung der verwendeten Zeichensysteme (Pfeile, Linien, Punkte, Symbole etc.) und der Farben muss erst geklärt werden, um dann eine Aussage über die dargestellten historischen Zusammenhänge machen zu können. Außerdem enthalten sie häufig eine derart hohe Informationsdichte, dass sie sogar für Mittelstufenschüler noch schwer zu handhaben sind. Immerhin werden aber auch schon Grundschüler im Alltag mit kartographischen Darstellungen konfrontiert (Wetterkarte, Stadtpläne, Autokarten, Karten in Zeitungen und Zeitschriften usw.), so dass der Umgang mit solchen Darstellungen eine wichtige schulische Aufgabe ist. Im Sachunterricht beginnt daher häufig bereits die Arbeit mit geographischen Karten, während Geschichtskarten aufgrund ihrer größeren Komplexität – zur Kategorie Raum kommt eben noch die Kategorie Zeit hinzu! – hier noch keine Rolle spielen.

Dennoch kann die Verwendung von Karten hier schon zumindest in einer Hinsicht sinnvoll sein, nämlich bei der Arbeit mit *historischen Karten* des eigenen Raumes. Wenn Kinder etwa lokalgeschichtlich arbeiten und hierzu alte Stadtpläne oder Flurkarten heranziehen, so verwenden sie eine historische Karte. Hierbei können sie insbesondere im Vergleich von zwei oder mehr Karten desselben, in der Gegenwart bekannten und vertrauten Raumes aus unterschiedlichen Zeiten wichtige Erkenntnisse über die Historizität der Lebenswelt gewinnen.

Hierin liegt also eine mediale Funktion von Karten im Sachunterricht; ob Kinder darüber hinaus durch die eigenständige Anfertigung von Geschichtskarten mit reduzierter Komplexität, also einem handelnd-produzierenden Umgang mit diesem Medium, tatsächlich wichtige, nicht nur fachpropädeutische Kompetenzen erwerben, ist bislang kaum erprobt worden. Durchaus anregende Vorschläge hierfür hat Ulrich Mayer entwickelt: „Es gehört zu den gängigsten Verfahren der Einführung in das Kartenverständnis in der Grundschule, den unmittelbaren lokalen Lebensraum der Kinder, eine erfundene Szenerie wie etwa einen Zoo oder einen Phantasieort mit einfachen Materialien, Figuren und gebastelten Gebäuden im Sandkasten oder auf einem großen Papierbogen nachzubilden. Es folgt die Betrachtung dieses Modells aus der Vogelschau sowie der Übergang zur Grundrissdarstellung und schließlich zur einfachen Karte. Dieses elementare

Vorgehen lässt sich auf historische Gegenstände übertragen, indem beispielsweise eine Sagenszene, ein historisches Ereignis der Heimatgeschichte oder eine historische Siedlung im Modell dargestellt und schließlich in einen Grundrissplan überführt werden. Weitere Möglichkeiten ergeben sich mit der kartographischen Aufnahme der heute noch weit verbreiteten Modellburgen, von Western-Forts und Indianersiedlungen, von Modelleisenbahnen oder Science-Fiction-Landschaften." (Mayer 1997, 21).

Literatur zum Weiterlesen und Sachkundigmachen:

* Bernd Hey u.a., Umgang mit Geschichte. Geschichte erforschen und darstellen – Geschichte erarbeiten und begreifen, Stuttgart 1992, S. 150ff.
* Geschichte lernen Heft 59 (1997): Arbeit mit Geschichtskarten (vor allem darin: Ulrich Mayer, Umgang mit Geschichtskarten, S. 19-25)
* Helmut Schreier, Die Madaba-Karte in der Grundschule, in: Praxis Grundschule 6/2005, S. 30-34 (eines der wenigen Beispiele für den Umgang mit historischen Karten im Sachunterricht)
* Karl Filser, Karten, in: Waltraud Schreiber (Hg.), Erste Begegnungen mit Geschichte. Grundlagen historischen Lernens. Band 1, Neuried 1999, S. 431-458
* Praxis Geschichte Heft 4/1999: Kartenarbeit im Geschichtsunterricht
* Praxis Geschichte Heft 5/2008: Kartenarbeit
* Anmerkung: Forschungsarbeiten aus dem Sachunterricht liegen zu diesem Medium bislang nicht vor, auch Unterrichtsbeiträge sind kaum vorhanden.

Methodische Anregung: Eine Karte mit einem historischen Rundgang durch die Stadt bzw. den Ortsteil entwerfen (Projekt)

- ✓ Voraussetzung: Einführung in die (geographische) Kartenarbeit
- ✓ Erkundungsgänge in Stadt(teil)
- ✓ Entscheidungen in Gruppen, was aufgenommen werden soll
- ✓ Entscheidung für Planvorlagen auf Grundlage eines reduzierten Stadt(teil)plans
- ✓ Entscheidung für Darstellungsformen, Symbole (z. B. für Burg, Kirche, Denkmal etc.), Beschriftungen etc.

- ✓ Durchführung des Entwurfs (in Gruppen für einzelne Teile des Planes)
- ✓ Überprüfung durch anderen, ob man sich mit dem Plan in der Wirklichkeit orientieren kann
- ✓ Präsentation der schulischen oder außerschulischen Öffentlichkeit

Sachquellen und Archäologie

Auch Gegenstände können uns Informationen über vergangene Lebenswelten liefern. Das Spektrum reicht von dem Kochtopf aus der Nachkriegszeit über römische Münzen, Kleidung, Werkzeuge, Fahrzeuge bis hin zu baulichen Überresten wie Burgen, Schlösser, Bauernhöfe, Häuser, Brücken, Denkmäler etc. Solche Gegen-stände haben didaktisch einen enormen Vorzug, den „Vorzug der sinnlichen Wahrnehmbarkeit; sie vermögen unserer Vorstellungswelt mehr Nahrung zu geben als sprachliche Quellen, die zwar menschliches Empfinden, Denken, Handeln ungleich authentischer und differenzierter zu artikulieren vermögen, aber die Dimension der sinnlichen Erscheinungen vermissen lassen" (Rohlfes 1986, 81). Sachquellen haben nicht nur eine optische, sondern auch eine haptische Dimension, sie können angefasst werden. Hierin und in ihrer Unmittelbarkeit zur Vergangenheit – sie stammen eben direkt aus der Geschichte – liegt wohl die Ursache für die Eindrücklichkeit, die die Begegnung mit Sachquellen zu einem Lernerlebnis werden lassen kann.

Bemerkenswert ist, dass in den Vorstellungen von Grundschulkindern offenbar gerade Sachquellen dafür verantwortlich sind, dass Vergangenes tradiert wird – jedenfalls deuten das die Ergebnisse einer empirischen Untersuchung an, die Andrea Becher und Eva Gläser kürzlich durchgeführt haben. Außerdem weisen die Kinder gerade dieser Quellenart einen Beweischarakter dafür zu, dass Vergangenes wirklich gewesen ist (Becher/Gläser 2015a, 46-49).

Was die Zugänglichkeit von Sachquellen für den Sachunterricht angeht, so ist die Arbeit mit *Überresten vor Ort* besonders leicht und sinnvoll zu organisieren. Bauwerke, Denkmäler, Friedhöfe etc. sollten zu einem selbstverständlichen Medium historischen Lernens in einem die Historizität des eigenen Nahraums betonenden Sachunterricht werden. Schon schwieriger ist dies mit *Gegenständen des Alltags*, z. B. aus dem Haushalt oder vom bäuerlichen Hof. So weit es sich um Gegenstände aus den vergangenen hundert Jahren handelt, dürfte über den Familienbesitz einzelner Schüler oder Lehrer oder manchmal auch über glückliche Flohmarktfunde manches Objekt für den Unterricht zu finden sein. Für ältere Gegenstände ist dies nicht der Fall. Hier gibt es zwei Alternativen: Entweder die Gegenstände werden im *Museum* (siehe unten) aufgesucht; der Nachteil hierbei ist, dass in der Regel der haptische Charakter verloren geht, weil die Gegenstände aus gutem Grund meist nicht berührt werden dürfen. Anders sieht dies bei *Replikaten* von historischen Gegenständen aus, wie sie von verschiedenen Lehrmittelverlagen angeboten werden (z. B. Nachbildungen von frühgeschichtlichen Faustkeilen, von Münzen, Siegeln usw.). Diese haben den Vorteil, dass sie von den Schülern angefasst und intensiv untersucht werden können, was allerdings mit dem Nachteil verbunden ist, dass es sich nicht um Originale handelt, der besondere „Kick" der Unmittelbarkeit („Diese Münze hat vor zweitausend Jahren ein römischer Soldat in der Hand gehabt und damit vielleicht seinen Wein bezahlt.") verloren ist. Beide Nachteile lassen sich nicht vermeiden, müssen aber einen unterrichtlichen Einsatz von Museumsbesuchen (s. u.) und Replikaten nicht verhindern.

Eng mit den Sachquellen verbunden ist die Methode der *Archäologie*. Ausgrabungen üben auf Kinder eine erhebliche Anziehungskraft aus. „Archäologischen Spuren nachzugehen bietet sich nicht nur an, weil Kinder und Heranwachsende damit Vorstellungen vom Exotischen und Geheimnisvollen verbinden, sondern weil man damit auch ihrer Suche nach Ursprünglichem, einer Ahnung der Vergewisserung über die eigene Herkunft nachkommt." (Mayer 1996, 21) Sollten in der Nähe des Schulortes Ausgrabungen stattfinden, so ist ihre unterrichtliche Einbeziehung dringend anzuraten, weil die Schüler die Gelegenheit haben, wissenschaftliches Forschen und damit den Rekonstruktionsprozess von Geschichte hautnah mitzuerleben. Bei dieser Gelegenheit kann auch eine erste Einführung in archäologische Arbeitsweisen sinnvoll sein; ein auch in die Grundschule zu übertragendes Beispiel für die Simulation einer Ausgrabung „in der Wurfgrube" der Schule liegt vor (Geschichte lernen 53/1996, 23-26). Manche Museen bieten zudem in jüngster Zeit Übungen in der experimentellen Archäologie (Werkzeugherstellung, Kochen/Backen wie die Steinzeitmenschen, Bau von Zelten etc.; siehe oben Abschnitt „Vor- und Frühgeschichte") an, die dem Handlungsbedürfnis von Grundschulkindern besonders entgegenkommen.

Literatur zum Weiterlesen und Sachkundigmachen:

* Dietmar von Reeken, Gegenständliche Quellen und museale Darstellungen, in: Hilke Günther-Arndt, Meik Zülsdorf-Kersting (Hg.), Geschichts-Didaktik. Praxishandbuch für die Sekundarstufe I und II. 6., überarb. Neuaufl Berlin 2014, S. 144-157
* Thorsen Heese, Vergangenheit „begreifen". Die gegenständliche Quelle im Geschichtsunterricht, Schwalbach/Ts. 2007
* Gerhard Schneider, Gegenständliche Quellen, in: Hans-Jürgen Pandel, Gerhard Schneider (Hg.), Handbuch Medien im Geschichtsunterricht, Schwalbach/Ts. 1999, S. 509-524
* Kurt Fina, Die historische Sachquelle im Geschichtsunterricht der Grundschule, Kastellaun 1977
* Geschichte lernen 53/1996: Archäologie (darin u.a.: Ulrich Mayer, Archäologie – Spuren entdecken und enträtseln, S. 15-22)
* Wolfgang Marienfeld, Ur- und Frühgeschichte im Unterricht, Frankfurt am Main 1979

* Staatsinstitut für Schulpädagogik und Bildungsforschung München (Hg.), Geschichte vor Ort. Anregungen für den Unterricht an außerschulischen Lernorten. Handreichung für den Geschichtsunterricht an Gymnasien, Donauwörth 1999 (enthält viele Anregungen)
* http://www.archaeologie-online.de (Internetplattform für archäologische Themen)
* Norbert Kissel, Vera Rupp (Hg.), Kleine Hefte zur Archäologie für Kinder. Erschienen u.a.: Vom Urmenschen und Faustkeilen. Ein Buch über die Altsteinzeit und: Von den ersten Bauern. Ein Buch über das Leben zu Beginn der Jungsteinzeit, beide Beselich 1998
* Sonja Alberts, Mit dem Museumskoffer auf Zeitreise. Ein Ansatz zum kompetenzorientierten, perspektivübergreifenden historischen Lernen in der Grundschule, in: Grundschule Sachunterricht 4/2015, S. 26-28
* Sache Wort Zahl 2014, Heft 141: Denkmal: Denk mal!

Methodische Anregung: Besuch einer archäologischen Grabung

Vorbereitungen:

✓ Erkundigen Sie sich bei dem zuständigen Landesamt für Bodendenkmalpflege, wo in der Nähe Ihrer Schule zur Zeit eine Ausgrabung stattfindet (Adressen im Internet: http://www.denkmalpflege-forum.de/in_den_Landern/body_in_den_landern.html).

✓ Besprechen Sie mit den Verantwortlichen Bedingungen und Möglichkeiten eines Besuchs.

✓ Bereiten Sie mit den Kindern gemeinsam die Exkursion vor: Es muss deutlich werden, dass es hier nicht um Schatzgräberei geht, damit es vor Ort keine Enttäuschungen gibt.

✓ Zur methodischen Vorbereitung geeignet ist die interaktive CD-ROM aus dem Terzio-Verlag: Knochen, Scherben, Grabbeigaben. Archäologie zum Mitmachen

Aktivitäten vor Ort:

✓ Beobachtungen (möglichst mit genauen Beobachtungsaufträgen für Kleingruppen): Wie gehen Archäologien bei ihrer Arbeit vor? Wie bergen sie ihre Funde? Wie notieren sie sie? Wie gehen sie damit um?

✓ Befragungen der Archäologen

- ✓ Eigene Aktivitäten: Nach Absprache selbst graben, Scherben waschen etc.
- ✓ Besuch einer Restaurierungswerkstatt

Methodische Anregung: Untersuchung eines Bauwerks vor Ort

- ✓ z. B. Kirche, Rathaus, Schloss, Burg, altes Gebäude usw.
- ✓ Genaue Wahrnehmung/Betrachtung aus allen Perspektiven (sowohl von außen als auch, falls möglich, von innen): Größe (evtl. mit Schritten ausmessen), Material, Formgebung/Stile (der Unterschied zwischen romanischen und gotischen Fensterformen ist auch Grundschulkindern zugänglich, so dass sie hier einen Eindruck von Möglichkeiten der Datierung bekommen), Inschriften, Indizien für spätere Veränderungen
- ✓ Wahrnehmung auch der eigenen Gefühle (z. B. bei einer mittelalterlichen Kathedrale) und Austausch hierüber in Gruppen
- ✓ Dokumentation der Betrachtungsergebnisse (durch Fotos, Zeichnungen, Protokolle) und der aufgetretenen Fragen
- ✓ Einbeziehen der Umgebung: Wo liegt das Bauwerk? Warum gerade hier? Wie sah früher die Umgebung aus, wie heute?
- ✓ Ggf. Befragung von Experten (z. B. Pfarrer bei einer Kirche, Denkmalpfleger usw.)
- ✓ Ggf. Befragung von Besuchern nach den Gründen ihres Besuchs, nach ihren Eindrücken
- ✓ Hinzuziehung von weiteren Quellen (z. B. aus dem lokalen Archiv) oder von Darstellungen (lokalgeschichtliche Literatur, Kunst- oder Architekturführer etc.), um auftauchende Fragen zu klären (z. B. nach Gründen für die Errichtung, nach dem Auftraggeber, nach Funktionen etc.)

Methodische Anregung: Umgang mit einer Sachquelle im Unterricht

- ✓ Fundorte: Floh- oder Trödelmärkte, Bitte an Eltern und Großeltern der Kinder, Aufbau einer eigenen Sammlung in der Schule (mit Informationen zur Herkunft der Gegenstände), Zusammenarbeit mit Museen (diese haben meist deutlich mehr Gegenstände, als sie in ihren Ausstellungen verwenden können)
- ✓ Untersuchung des Gegenstands: genau betrachten (ggf. messen und wiegen), beschreiben (evtl. Zeichnung), gemeinsam über frühere Funktionen nach-

denken; falls notwendig: Zusatzinformationen aus Literatur, von Zeitzeugen oder Museumsmitarbeitern einholen

- ✓ Den Weg des Gegenstands verfolgen: von der ursprünglichen Gebrauchssituation bis in die Schule (oder ins Museum)
- ✓ Kreativer Umgang mit Gegenständen, z. B. Personifizierung durch Erzählung: „Ich bin der Helm eines Soldaten im Zweiten Weltkrieg und wurde nach dem Krieg zum Kochen benutzt ..."
- ✓ Eine Ausstellung mit mehreren Sachquellen und ergänzenden Texten und Bildern oder auch ein Diorama mit Gestaltung einer ursprünglichen Umgebung für den Gegenstand entwerfen

Filme

Das oben für das Bild Festgestellte gilt prinzipiell auch für Filme: Sie kommen kindlichen Sehgewohnheiten und Anschauungsbedürfnissen sehr entgegen: „Sie können ‚Leben' simulieren, weil sie neben Sprache und Bild zugleich Bewegung bieten. Dadurch können nicht nur Zustände vor Augen geführt werden, sondern auch Handlung in ihrem Verlauf. Kinder gewinnen so den Eindruck, sie erlebten historische Aktionen mit, sie seien nicht ein distanzierter Betrachter, sondern hätten teil daran. Indem auf diese Weise historische Abläufe, die ja gerade wegen ihrer ‚Vergangenheit' nicht mehr real zu beobachten sind, sichtbar gemacht werden, wird für Schüler Geschichte leichter fassbar." (Hantsche 1981a, 131) Damit sind aber auch die Gefahren des unterrichtlichen Filmeinsatzes angesprochen: Die Bilder besitzen eine hohe Suggestivität und verführen zu unmittelbarer unreflektierter Identifikation, Nebensächlichkeiten werden behalten, und die Kinder setzen andere Prioritäten als didaktisch gewünscht. Diese Probleme gelten sowohl für Filmdokumente, also Quellen im eigentlichen Sinne wie z. B. Wochenschauen, private Filme etc., die nur für das 20. Jahrhundert existieren, als auch für historische Spielfilme. Für beide Gattungen gilt auch, dass grundschulgeeignete Filme kaum existieren bzw. viele Fernsehsendungen und Filme auf ihre Eignung noch nicht untersucht worden sind. Hier sind Sachunterrichtslehrkräfte auf ihre eigene Urteilskraft und ihren Spürsinn angewiesen, ob irgendwo ein zum eigenen Unterricht „passender" Film existiert. In dem Angebot der Kreis- und Landesbildstellen ist dies im Vergleich zu den weiterführenden Schulen nur eingeschränkt der Fall (siehe Kasten), und das tägliche Angebot im Fernsehen muss daraufhin erst noch gesichtet werden. Beispiele gelungener filmischer Umsetzung historischer Themen für Kinder sind etwa die Sonderausgaben der „Sendung mit der Maus" zur Römer- und zur Nachkriegszeit, für die die Macher auch einen Preis des nordrhein-westfälischen Geschichtslehrerverbands erhielten.

Eine weitere methodische Möglichkeit ist die Herstellung eigener Filme durch die Kinder. Der Umgang mit Video- oder Handykameras kann von Kindern schnell erlernt werden. Die Herstellung eines solchen Geschichtsfilms erfordert eine Reihe von Planungsschritten (Auswahl, Sichtung, Entscheidung, Drehbuch, Regie, szenische Umsetzung, evtl. Schnitt usw.) und fördert das selbstständige Arbeiten von Kindern und ihr medienkritisches Bewusstsein, dürfte aber wegen des großen zeitlichen und organisatorischen Aufwands höchstens im Rahmen von Projektwochen möglich sein. Dass solche Filmprojekte bereits in der Grundschule durchzuführen sind, zeigen vorliegende Beispiele (Daum u.a. 1993; Duensing-Heusch/Hansen 1994 über ein Videoprojekt einer zweiten Klasse; Silberkuhl 1979 über ein Videoprojekt einer dritten Klasse).

Literatur zum Weiterlesen und Sachkundigmachen:

* Wolfgang Daum u.a., Medienprojekte für die Grundschule. Wie Kinder technische Bilder „erzeugen" und „lesen" lernen, Braunschweig 1993

* Ingeborg Duensing-Heusch, Leo Hansen, Schimpfen und Filmen – ein Videoprojekt, in: Grundschule 5/1994, S. 59f.

* Grundschule 6/2015: Fernsehen und Film im Unterricht

* Irmgard Hantsche, Filme als Veranschaulichungsmöglichkeit beim historischen Arbeiten, in: Dies., Hans-Dieter Schmid (Hrsg.), Historisches Lernen in der Grundschule, Stuttgart 1981, S. 129-142

* Bernd Hey u.a., Umgang mit Geschichte. Geschichte erforschen und darstellen – Geschichte erarbeiten und begreifen, Stuttgart 1992, S. 78ff.

* Dietmar von Reeken, Arbeit mit Filmen, in: Ders. (Hg.), Handbuch Methoden im Sachunterricht, Baltmannsweiler 2003, S. 97-106

* Gerhard Schneider, Filme, in: Hans-Jürgen Pandel, Gerhard Schneider (Hrsg.), Handbuch Medien im Geschichtsunterricht, Schwalbach/Ts. 1999, S. 365-386

* Anne Silberkuhl, Erkennen von Wirklichkeit, in: Joachim Paech, Anne Silberkuhl (Hrsg.), Foto, Video und Film in der Schule. Didaktische und pädagogische Voraussetzungen, technische Grundlagen, Geräte, Arbeitspraxis, Organisation, Reinbek 1979, S. 149-172 (Bericht über ein Projekt in einer dritten Klasse, in dem die Schülerinnen und Schüler u. a. einen eigenen Videofilm drehten)

* Norbert Zwölfer, Filmische Quellen und Darstellungen, in: Hilke Günther-Arndt, Meik Zülsdorf-Kersting (Hg.), Geschichts-Didaktik. Praxishandbuch für die Sekundarstufe I und II. 6., überarb. Neuaufl. Berlin 2014, S. 132-143

Methodische Anregung: Elemente der Filmsprache

Wichtig sowohl für das Verstehen von betrachteten Filmen als auch für die eigene Herstellung von Filmen

✓ Kameraeinstellungen (Totale, Halbtotale, Nahaufnahme etc.)

✓ Kameraperspektive (Normalsicht, Frosch- oder Vogelperspektive)

✓ Kamerabewegung (Statik, Zoom etc.)

- ✓ Licht und Schatten, Farbe
- ✓ Ton (Geräusche, Musik, Dialoge, Kommentare)
- ✓ Überblendungen, Rückblenden
- ✓ Zeitlupe, Zeitraffer, Trickaufnahmen
- ✓ Montage der Szenen

Methodische Anregung: Auszug aus dem FWU-Angebot

Vorbemerkung: Diese und andere Filme waren lange Zeit bei den örtlichen Bildstellen oder Medienzentren für Schulen verfügbar. Ob dies auch heute noch der Fall ist, müsste vor Ort geprüft werden. Die FWU hat jedenfalls ihr Angebot mittlerweile umgestellt und bietet zahlreiche Medien (auch für die Grundschule) als Online-Medien an: http://www.fwu-mediathek.de/

- ✓ zahlreiche kurze Filme zum Thema „Alltag im Mittelalter" (zu den Bereichen „Auf einer Burg", „Ein Markttag in der Stadt")
- ✓ „Bauernalltag im 19. Jahrhundert"
- ✓ „Die Zünfte. Im Spätmittelalter und in der frühen Neuzeit"
- ✓ „Eine Zeitreise"
- ✓ „Alltag im alten Ägypten: Das Totenreich" und „Leben und Arbeit"
- ✓ „Sie bauten eine Burg" und „Sie bauten eine Kathedrale"
- ✓ „Bauer und Müller zu Großvaters Zeit"
- ✓ „Alltag nach dem Krieg. Dortmund 1947"
- ✓ „Eine Reise nach Früher. Zwei Kinder unterwegs auf der Zeitstraße"
- ✓ „In der Jungsteinzeit"
- ✓ „Holzfällen – früher und jetzt"
- ✓ „Auf Schnellzuglokomotiven – früher und jetzt"
- ✓ „Entwicklung des Rades"
- ✓ „Hufeisen. Herstellung früher und jetzt"
- ✓ „Schuhe. Herstellung früher und jetzt"

Mündliche Geschichte (Oral History)

Ähnlich wie der Umgang mit Sachquellen kann auch die Begegnung mit „verkörperter" Geschichte in Form von Erzählungen älterer Menschen eine überaus eindrückliche Form der Geschichtsbegegnung sein. Seit mehreren Jahrzehnten wird die Methode der Zeitzeugenbefragung auch in der Geschichtswissenschaft im Rahmen zeitgeschichtlicher Untersuchungen – zunächst vor allem zur Geschichte des Nationalsozialismus, jetzt auch der Geschichte nach 1945 – verwendet und kritisch diskutiert. Wissenschaftlich hat diese Methode einen entscheidenden Vorteil: Sie thematisiert nämlich einen Sektor der Vergangenheit, der sonst durch die herkömmlichen, dem Historiker zur Verfügung stehenden Quellen nur schwer erfassbar ist: die Alltagsgeschichte der „kleinen Leute", die keine schriftlichen Hinterlassenschaften produziert haben. Die Befragung erzeugt sozusagen neue Quellen. Hier liegt ohne Zweifel auch ihre Stärke, zumal in diesem Bereich wohl auch die größte Zuverlässigkeit des Erinnerten zu erwarten ist: Während nämlich z. B. politische Einstellungen und Verhaltensweisen häufig durch spätere Interpretationen und Umdeutungen überlagert sind und man im Interview daher nicht unbedingt die damalige Perspektive, sondern vielmehr ihre spätere Veränderung erfährt, ist die Lebens- und Arbeitswelt nicht so problembehaftet und die Erinnerung darüber hinaus präziser: „Die Routine und die Gegenstände des Alltags haben sich durch dauernde Wiederholung ins Gedächtnis geschrieben und lagern dort offenbar in einer Art Latenzzustand, der ihre Unschuld bewahrt, weil sie nicht interpretiert werden müssen, sondern gesucht und im Wiederauffindungsfalle beschrieben werden können." (Niethammer, zit. nach Herbert 1986, 337) Verdrängungen, Verklärungen, Veränderungen durch spätere Erfahrungen und späteres Wissen spielen hier eine vergleichsweise geringe Rolle.

Alles das macht Oral History zu einer sehr geeigneten und auch mittlerweile häufiger genutzten Methode des historischen Lernens im Sachunterricht, wobei besonders wichtig ist, dass Interviews „gerade auch jenen Schülern einen Zugang zur Geschichte (eröffnen), die ihn über Lektüre nicht finden" (Schmidt 1989, 26). Außerdem erfahren die Schüler so „hautnah, dass Geschichte etwas mit dem wirklichen Leben zu tun hat" (ebd., 29). Oral History trägt – nebenbei bemerkt – auch zu einer stärkeren Begegnung mit alten Menschen bei und fördert so die Empathieentwicklung (vgl. Holl 1992, 82). Im Zentrum sollten lebensgeschichtliche Interviews zu Fragen des Alltags stehen, also zu Themen wie Essen und Trinken, Wohnung, Kleidung, Arbeit, Freizeit, Feste und Feiern, Eltern und Kinder, Schule usw., und zu dem persönlichen Schicksal, den Erfahrungen und Gefühlen, kurz: die subjektive Verarbeitung von Erlebnissen in der Zeit (vgl. hierzu ausführlich Dovermann 1995). Mögliche – und wegen der subjektiven Perspektive durchaus gewollte – Einseitigkeiten können durch mehrere Interviews zu den gleichen Themen und durch die Konfrontation mit anderen Quellen ausgeglichen werden, indem Kinder lernen, Aussagen von Erwachsenen zwar ernst-, nicht aber einfach als „wahr" hinzunehmen, sondern durch den Vergleich auf ihren – subjektiven und objektiven – Wahrheitsgehalt und ihre Perspektivität hin zu untersuchen. Wie eindrücklich solche Interviews für Kinder sein können, zeigt folgende Aussage eines Grundschülers nach einer Befragung zur Nachkriegszeit: „Als ich zu meiner Oma ging, war recht schönes Wetter. Ich habe aber dann gemerkt, dass die sich damals nicht über schönes Wetter freuen konnten, sondern nur über den Waffenstillstand. Das ist mir dauernd durch den Kopf gegangen." (Dovermann 1995, 97)

Die Auswahl der Zeitzeugen spielt eine wichtige Rolle. Hier gibt es verschiedene Wege zum Erfolg: Vergleichsweise einfach für Grundschüler ist der Zugang über die eigene Verwandtschaft, also die Befragung der Eltern oder Großeltern. Nicht immer aber ist dies ausreichend, sei es, dass bei manchen Kindern die Großeltern nicht mehr leben und diese Kinder so nicht in den Unterrichtsprozess einbezogen werden können, sei es, dass Schülerinnen und Schüler, die aus anderen Regionen stammen, oder Kinder mit Migrationshintergrund ihre Großeltern zu dem jeweiligen lokalgeschichtlichen oder kulturspezifischen Thema gar nicht befragen können. Hier bietet sich die Kontaktaufnahme zu in manchen Städten vorhandenen „Zeitzeugenbörsen" oder zu Organisationen wie Kirchengemeinden (in denen es häufig Seniorenkreise gibt), Wohlfahrtsverbänden und Gewerkschaften an; ein solcher Weg erweitert gleichzeitig den Horizont der Kinder und stärkt ihre Kompetenz im Umgang mit Organisationen und Institutionen. Und natürlich ist eine Zusammenarbeit mit dem Altersheim oder der Seniorenwohnanlage um die Ecke besonders erfolgversprechend; sie befördert zudem die Öffnung der Schule und führt häufig zu regelmäßigen Kontakten von Kindern und älteren Menschen über den Interviewzweck hinaus.

Obwohl die Befragung von älteren Menschen im Unterricht häufiger vorkommt, geschieht diese oft eher unreflektiert. Grundsätzlich gilt, dass Interviews möglichst anschaulich, konkret und detailliert sein sollten. Da Befragungen aber kein Selbstzweck sind, sondern immer mit einem bestimmten Erkenntnisziel verbunden sind, bietet sich die Form eines „halboffenen Interviews" an: „Der Zeuge bekommt zunächst ausreichend Gelegenheit, frei zu erzählen; anschließend greift der Fragesteller die Punkte auf, die weiterer Klärung bedürfen, und stellt Fragen zu solchen Gegenständen, die der Erzähler nicht berührte. Solche Rück- und Nachfragen ergeben sich teilweise beim Zuhören, teilweise entstammen sie einer Auflistung der Fragestellungen und Gesichtspunkte, die der Interviewer in Kenntnis der Sachlage und im Hinblick auf seine Untersuchungsziele vorab anfertigen sollte." (Hey 1992, 144) Regelrechte Fragenkataloge haben sich dagegen kaum bewährt; sie gewährleisten zwar, dass keine wichtigen Aspekte vergessen werden, nehmen aber die Lebendigkeit aus der Befragung, führen häufig zu einem bloßen Abhaken und verhindert eine Erzählung, die mehr als bloße Sachinformationen liefert und den Kindern einen Eindruck vom Erleben der historischen Geschehnisse vermittelt. Sachliche Vorbereitung dagegen ist dringend anzuraten, damit Interviews ihren eigentlichen Sinn als unterrichtliches Medium erfüllen können und nicht in allgemeines Geplauder münden; den Schülerinnen und Schülern muss vor und während des Interviews bewusst sein, was sie von dem Interviewten überhaupt wissen wollen. Beispiele gelungener Oral History in der Grundschule sind nachzulesen in den Berichten über ein Forschungsprojekt zur Perspektivität im Prozess des historisch-politischen Lernens (Dovermann 1995, 73-97).

Literatur zum Weiterlesen und Sachkundigmachen:

* Gerhard Henke-Bockschatz,Oral History im Geschichtsunterricht, Schwalbach/Ts 2014 (Standardwerk)
* Lothar Dittmer, Historische Projektarbeit mit Schülerinnen und Schülern. Hinweise und Ratschläge für die Praxis, in: Geschichte Erziehung Politik 4/1998, S. 244-253
* Ulrich Dovermann u.a., vergangenes sehen. Perspektivität im Prozess historischen Lernens. Theorie und Unterrichtspraxis von der Grundschule bis zur Sekundarstufe II, Bonn 1995, 74ff. (wichtige methodische Hinweise und unterrichtliche Beispiele aus der Grundschulpraxis)
* Geschichte lernen, Heft 76/2000: Oral History
* Herbert Hagstedt, „Wenn der Opa nicht geholfen hätte“. Zeitzeugen im Unterricht, in: Die Grundschulzeitschrift. Sammelband Sachunterricht: Zeit und Geschichte, hrsg. v. Gertrud Beck, Seelze-Velber 1998, S. 50-53
* Bernd Hey u.a., Umgang mit Geschichte. Geschichte erforschen und darstellen – Geschichte erarbeiten und begreifen, Stuttgart 1992, S. 142-149
* Ulrich Herbert, Oral History, in: Hans-Jürgen Pandel, Gerhard Schneider (Hrsg.), Handbuch Medien im Geschichtsunterricht, 2. Aufl. Düsseldorf 1986, S. 333-345
* Waltraut Holl, Historisches Lernen in der Grundschule. Chancen und Grenzen der Adaption neuerer Inhalte und Methoden der Geschichtswissenschaft (Alltags- und Regionalgeschichte), Diss. paed. Ludwigsburg 1992, S. 74-84 (bezogen auf den Sachunterricht, aber ohne kritischen Umgang mit der Methode)
* Kerstin Michalik, Befragung und Zeitzeugenbefragung, in: Dietmar von Reeken (Hg.), Handbuch Methoden im Sachunterricht, Baltmannsweiler 2003, S. 30-38

* Wolf Schmidt, Popanz Oral History oder: Fragen kann man doch mal! in: Praxis Geschichte 3/1989, S. 26-29 (aus den Erfahrungen des Schülerwettbewerbs Deutsche Geschichte)

* Friederike Wille, Erzähl uns was! Zeitzeugengespräche als Möglichkeit für historisches Lernen, in: Grundschule 42, 2010, H. 7/8, S. 29-31

Methodische Anregung: Durchführung einer Zeitzeugenbefragung (Checkliste)

Vorbereitung

✓ Was wollen wir wissen? (Vorwissen über den Sachverhalt, um den es geht, ist für die Kinder sehr wichtig)

✓ Wer kann uns Auskunft geben?

✓ Fragen vorbereiten (in Gruppen; siehe die Beispiele oben bei den Abschnitten „Kindheit“ und „Schule“)

✓ Fragen stellen einüben (im Rollenspiel)

✓ Dokumentation vorbereiten (Aufnahmegerät, Protokollanten)

✓ Entscheiden, wo die Befragung durchgeführt werden soll: In der Schule? Hier kann es durchaus Hemmungen bei manchen Menschen geben, in die Schule zu kommen. Außerdem ist es gerade bei sehr alten Menschen sinnvoller, sie in deren gewohnter Umgebung zu befragen, zumal sie dort auch meist direkten Zugang zu Erinnerungsstücken (Fotoalbum etc.) haben, die sie bei Bedarf hinzuziehen können.

Auswahl der Befragten

✓ Persönliche Beziehungen (Verwandtschaft, Bekanntschaft)

✓ Aufruf in Lokalpresse

✓ Ggf. selbstgedruckte Plakate in Dorf/Stadtteil aushängen (Geschäfte, Bank, Post – vorher Erlaubnis einholen!) bzw. verteilen

✓ Kontakt aufnehmen mit Kirchengemeinde, Seniorenkreisen, Seniorenheimen, Geschichtskreisen, Heimatvereinen etc.

Durchführung

✓ Begrüßung und Dank für Kommen

✓ Frage nach Erlaubnis, das Interview aufzuzeichnen

✓ Zunächst allgemein über Zeit erzählen lassen

- ✓ Ggf. Bilder als Erzählanlässe vorlegen
- ✓ Gezielte Nachfragen (vorbereitete Fragen); aber: nicht zu viele und nicht zu spezielle Fragen stellen
- ✓ Dank
- ✓ Ggf.: Vereinbarung weiterer Termine
- ✓ Evtl.: Einladung zu Klassen/Schulfest oder zur Präsentation der Ergebnisse

Auswertung

- ✓ Spontane Eindrücke der Kinder äußern lassen
- ✓ „Protokollieren" der Aussagen (wie ausführlich das geschehen kann, müssen Lehrerin und Schüler gemeinsam unter Berücksichtigung des Umfangs der Interviews und der zur Verfügung stehenden Zeit entscheiden)
- ✓ Erzähltes ordnen, systematisieren (unter Bezugnahme auf die eigenen Erkenntnisinteressen)
- ✓ Vergleich der Aussagen verschiedener Zeitzeugen über ein Thema
- ✓ Vergleich mit anderen Quellen (Gemeinsamkeiten, Unterschiede, Gespräch über die möglichen Ursachen für Unterschiede); Prüfung von Triftigkeit und Perspektivität
- ✓ Dokumentation der Ergebnisse (z. B. Veröffentlichung in Form einer Ausstellung, eines Textes für Lokal- oder Schulzeitung, einer Vorstellung im Rahmen eines Elternabends oder im Heimatverein usw.)
- ✓ Zusammenstellen neuer Fragen, die bei den Befragungen aufgetaucht sind, und Einigung über deren mögliche Bearbeitung

Erzählungen

Im alten Heimatkundeunterricht zählte die Lehrererzählung zu den wichtigsten Methoden heimatgeschichtlichen Arbeitens. Mit Hilfe von Dramatisierung, Kostümierung, Personifizierung, Lokalisierung, Vereinfachung und Konkretisierung wurden historische Sachverhalte in – meist erfundene – erzählerische Zusammenhänge gebracht. Auch jenseits der Grundschulzeit spielte die Lehrererzählung eine zentrale Rolle. Mit der Wende zur Wissenschaftsorientierung in Sachunterrichts- und Geschichtsdidaktik wurde sie aber in mehrfacher Hinsicht scharf kritisiert: Sie galt als emotional überwältigend, affirmativ, personalisierend, undemokratisch, lehrerzentriert und wurde daher auf breiter Front abgelehnt.

Neuerdings jedoch wird der Erzählung wieder breiterer Raum in der didaktischen Diskussion eingeräumt. In der Geschichtsdidaktik liegt dies u.a. an den stärkeren Tendenzen zur Schülerorientierung, wie sie etwa in erfahrungsorientierten und gestaltpädagogischen Ansätzen zum Tragen kommt, an der Entdeckung der Bedeutung von Emotionen für historisches Lernen und an der stärkeren Betonung der Imagination beim Lernen. Auch in der Sachunterrichtsdidaktik erlebte die Erzählung eine gewisse Renaissance: Astrid Kaiser veröffentlichte „Geschichten für den Sachunterricht" und verband dies in Anknüpfung an den Reformpädagogen Fritz Gansberg mit einem Plädoyer für einen „narrativen Sachunterricht" (Kaiser 1997), und Helmut Schreier befasste sich schon im Zusammenhang mit seinen Überlegungen zum Philosophieren mit Kindern mit „Geschichten im Sachunterricht" (Schreier 1989).

Der Geschichtsdidaktiker Wolfgang Hug forderte 1991 in einem Aufsatz eine Wiederbelebung des historischen Erzählens in der Grundschule vor allem im Sinne einer Förderung der Empathieentwicklung bei Kindern: „Die Erzählung erleichtert es dem Zuhörer, selbst fiktiv eine fremde Rolle zu übernehmen und sich so mit einer/einem Fremden zu identifizieren. Hier liegt die Chance emotionaler (d. h. indes keineswegs irrationaler) Annäherung an geschichtliche Gestalten insbesondere für Kinder schon im Grundschulalter." (Hug 1991, 173) Er kommt daher zu dem Schluss: „Es handelt sich bei der Geschichtserzählung um eine legitime, angemessene und durchaus produktive Form der Auseinandersetzung mit unserer Geschichte. Vorausgesetzt, dass der Erzähler erklärend erzählt. Das bedeutet, dass die historische Erzählung einerseits individualisierend verfährt. Sie muss vor allem konkretisieren, personifizieren, lokalisieren.Die historische Erzählung braucht andererseits Bezüge zu Zusammenhängen (Verhältnissen, epochalen Vorgängen usw.); sie muss daher auch typisieren, exemplifizieren, strukturieren. Für die Anbahnung historischen Lernens in der Grundschule anhand von Geschichtserzählungen käme es darauf an, dass die Schüler/innen in solchen Erzählungen auf die konstitutive Verbindung sowohl des Fremden mit dem Eigenen wie auch des Einzelnen mit Zusammenhängen aufmerksam werden." (Hug 1991, 174).

Unter diesen Bedingungen ist die Geschichtserzählung eine durchaus legitime Methode im Sachunterricht, wie auch neuere ausländische Forschungen belegen (vgl. Langer-Plän 2000, 32f.). Wichtig ist, dass sie niemals alleine im Unterricht dasteht, wie dies eben früher meist der Fall war, sondern ganz bestimmte unterrichtliche Funktionen, vor allem die der Motivation, Anschauung und Problematisierung, übernimmt. Historisches Lernen als aktiver Prozess setzt eine eigenständige Auseinandersetzung der Kinder mit dem Gehörten oder Gelesenen voraus. Kinder sollten also produktiv mit der Erzählung umgehen, z. B. indem sie eine Vor- oder Nachgeschichte zur erzählten Handlung erfinden, sich in eine Figur hineinversetzen und sie in einer anderen historischen Situation handeln lassen. Hier bietet sich die Zusammenarbeit mit dem Deutschunterricht an, wobei aus Sicht des historischen Lernens immer von zentraler Bedeutung ist, dass Kinder in die Lage versetzt werden, zumindest ansatzweise aufgrund von Zusatzinformationen (z. B. einer Bücherkiste zum Thema) zu überprüfen, inwiefern die Erzählung und ihre eigenen Ergänzungen historisch „triftig" sind, d.h. nicht nur auf Spekulation beruhen, sondern aufgrund unserer Kenntnisse von der jeweiligen Geschichte eine gewisse Wahrscheinlichkeit besitzen. Außerdem sollte ihnen der Grad der Fiktionalität der Erzählung von vornherein klar sein, damit der Quellenbezug historischen Erkennens nicht verwischt wird.

„Gute" Geschichtserzählungen für Grundschulkinder sind leider rar; auch die o.e. Sammlung von Astrid Kaiser enthält nur wenige Geschichten zu historischen Themen. „Gutes" Erzählen muss gelernt werden, aber Lehrerinnen und Lehrer haben im Unterrichtsalltag nur wenig Zeit, wirklich gelungene Geschichtserzählungen zu entwerfen (einige durchaus anspruchsvolle Anregungen in: Geschichte lernen H. 2/1988, 47; vgl. auch die Hilfen bei: Claussen/Merkelbach 1995 und Oehlmann 1995). Am ehesten können sie sich Anregungen bei den Kinder- und Jugendbuchautoren holen. Regelmäßig aktualisierte Übersichten über in Deutschland erscheinende geschichtliche Kinder- und Jugendbücher gibt es allerdings leider nicht, so dass es etwas schwierig ist, sich auf dem Markt zu orientieren. Außerdem sind einige Erzählungssammlungen (meist für die Sekundarstufe I oder den außerschulischen Bereich) zu haben, deren historische Erzählungen, ggf. nach einer Überarbeitung bzw. Anpassung, auch für Grundschulkinder geeignet sein können (siehe Kasten).

Historisches Erzählen sollte aber nicht nur Angelegenheit der Lehrkraft sein; vielmehr wollen wir ja Kinder befähigen, ihre eigene Geschichte erzählen zu können. Dies kann im Sachunterricht auch geschehen durch lebensgeschichtliche Erzählungen der Kinder, die vor allem das Temporal- und das Identitätsbewusstsein fördern können. Besonders sinnvoll sind solche Erzählungen im Rahmen von Unterrichtseinheiten zum Thema Familie; angeregt werden können sie durch die Arbeit mit eigenen Fotos aus dem Familienalbum von der Geburt bis zum jetzigen Zeitpunkt (vgl. Sommer 1988 und die Hinweise oben im Abschnitt „Familie“).

Literatur zum Weiterlesen und Sachkundigmachen:

* Claus Claussen, Valentin Merkelbach, Erzählwerkstatt. Mündliches Erzählen, Braunschweig 1995 (zielt vor allem auf Schülererzählungen und den Deutschunterricht, enthält aber zahlreiche auch auf historische Erzählungen zu übertragende Tipps und Anregungen; wichtig vor allem die Beiträge von Claus Claussen, Erzählen lernen in der Grundschule, S. 35-82, und Valentin Merkelbach, Erzählkompetenz in der Lehrerausbildung, S. 117-130)
* Geschichte lernen H. 2/1988: „Erzählen”
* Geschichte lernen H. 71/1999: „Historische Kinder- und Jugendliteratur“
* Geschichte lernen H. 150/2012: „Geschichtserzählungen“
* Wolfgang Hasberg, Geschichte in Geschichten, in: Waltraud Schreiber (Hg.), Erste Begegnungen mit Geschichte. Grundlagen historischen Lernens. Bd. 1, Neuried 1999, S. 477-495
* Wolfgang Hug, Historisches Erzählen in der Grundschule, in: Sachunterricht und Mathematik in der Primarstufe 19(1991), S. 171-176
* Joachim Kahlert, Story Telling im Sachunterricht – Lernpotenziale von Geschichten, in: Gabi Reinmann (Hg.), Erfahrungswissen erzählbar machen. Narrative Ansätze für Wirtschaft und Schule, Lengericht 2005, S. 207-222
* Astrid Kaiser (Hrsg.), Geschichten für den Sachunterricht, Essen 1997
* Christel Gisela Oehlmann, Garantiert erzählen lernen. Ein Übungsbuch. 100 Übungen zum Erlernen des freien und des gestalteten mündlichen Erzählens, Reinbek bei Hamburg 1995
* Helmut Schreier, Geschichten im Sachunterricht, in: Sachunterricht und Mathematik in der Primarstufe 17(1989), S. 240-249
* Wilhelm Sommer, Die lebensgeschichtliche Schülererzählung, in: Geschichte lernen H. 2/1988, 22-26

Methodische Anregung: Geschichtserzählungssammlungen

Zum Teil entnommen aus: Hasberg 1999, S. 492f.

- ✓ Werner Adelmaier u.a., Geschichte(n) erzählen. 10 Bände, Wien 1997/98
- ✓ Werner Adelmaier u.a., Geschichte(n) erforschen. 10 Bände, Wien 2005 ff. (enthält neben Erzählungen auch Quellen)
- ✓ Günther Bentele, Augenblicke der Geschichte. Das Mittelalter, München 2006 sowie Die Neuzeit, München 2007
- ✓ Hans Ebeling, Geschichten aus der Geschichte. 4 Bände, München 1960ff.
- ✓ Geschichte lernen 150/2012: Geschichtserzählungen
- ✓ Karl-Hans Grünauer, Geschichten aus der Geschichte, Puchheim 1995
- ✓ Wolfgang Hug, Geschichtliche Weltkunde. Quellenlesebuch. 3 Bände, Frankfurt am Main 1981
- ✓ Martin Kronenberg (Hg.), Geschichte und Abenteuer. 5 Bände, Bamberg 1990-1996
- ✓ Lesebuch Geschichte. Texte aus Jugendbüchern, 2 Bände, hg. v. d. Akademie für Lehrerfortbildung Dillingen und der Deutschen Akademie für Kinder- und Jugendliteratur, Berlin 1996
- ✓ Herbert Mühlstädt, Der Geschichtslehrer erzählt. Neue Fassung. 4 Bände, Berlin 1990 und 2003/05 (Neubearbeitung durch Bernd Hildenbrand)
- ✓ Harald Parigger, Geschichte erzählen, Berlin 1994
- ✓ Martin Schnakenberg, Geschichtserzählungen (= Praxis Geschichte extra), Braunschweig 2014
- ✓ Freya Stephan-Kühn, Was in den Höhlen begann. 2. Aufl. Würzburg 1996

Spiele

Geschichte und Spielen – ein Historiker würde sagen, dies passe vielleicht zusammen bei Theateraufführungen und den mittlerweile so beliebten mittelalterlichen Märkten, aber bei wissenschaftsorientiertem historischem Lernen habe Spielen nichts zu suchen, weil historische Wirklichkeit auf der einen, Phantasie und Spontaneität auf der anderen Seite nicht zusammengehörten (Rohlfes 1986, 299). Sieht man allerdings aus der Sicht der Geschichtsdidaktik „die Aufgabe des Geschichtsunterrichts zuerst darin, Schüler durch ‚Kommunikation über Geschichte' ... zu befähigen, historische Erfahrung kritisch zu reflektieren, den eigenen Standort in der Gegenwart zu bestimmen und ihr Handeln sinnhaft auf Zukunft hin zu orientieren", so kommt dem Spiel eine eigene Bedeutung zu: „Im Spiel kann der Schüler vergangene und gegenwärtige Geschichte ausschnitthaft in den Horizont seines Lebens hineinholen, sich selber, seine Motivation, sein Denken und Handeln zu dieser Geschichte in Beziehung bringen und so die Vielzahl der ihm gegebenen kognitiven und kreativen Möglichkeiten entdecken und entfalten." (Unckel 1992, 427) Das Spiel bietet somit eine „unvergleichlich günstige Lernsituation" (Hug 1981, 67), und seine Lernpotenziale liegen auf drei Ebenen:

- der Ebene der *Motivation*, die auch der weiteren unterrichtlichen Arbeit gilt: „Denn das Spiel stößt sie auf konkrete Fragen, Wissenslücken, Informationsmängel, die zur Kenntniserweiterung veranlassen. Vor allem trägt das Spiel auch dazu bei, dass vage Vorstellungen konkreter und realistischer werden können, vorausgesetzt, der Lehrer überlässt die Kinder nicht einfach ihrer Phantasie, sondern klärt Unbekanntes auf, überprüft den Realitätsgehalt der Spiele und ergänzt und korrigiert (in aller Behutsamkeit natürlich), wo sich das Spiel zu sehr von der gesicherten historischen Realität entfernt hat." (Hug 1981, 69)
- der Ebene der *Emotion*, indem Kinder ihre eigenen Gefühle im vertrauten Spiel stärker zur Geltung bringen können als im „normalen" Unterricht und
- der Ebene von *Empathie und Perspektivität*, indem Kinder im Spiel eine punktuelle Rollenübernahme und Identifizierung durchleben, die zuvor und im reflektierenden Nachher begleitet sind von Distanzierungs- und De-Identifizierungsprozessen.

Am geeignetsten für den Unterricht ist die Spielform des *Rollenspiels*, das es in eher geschlossenen Formen, also als Nachspielen einer historischen Situation (Imitationsspiel), und in eher offenen Formen, also als Simulationsspiel gibt. Vor allem problem- und konflikthaltige Entscheidungssituationen sind geeignet, gespielt zu werden. Um die Bindung an die historische Realität im Sinne des Wirklichkeitsbewusstseins möglichst eng zu halten und nicht in den Bereich der Fantasy abzugleiten, sollte, so hat es der Geschichtsdidaktiker Peter Schulz-

Hageleit vorgeschlagen, der Gedanke der „konzentrischen Kreise" Leitlinie sein, „das heißt: man setzt bei bestimmten historisch authentischen Punkten ein (Bild oder Foto, Text oder Zitat, gegenständliche Quelle, Nachbildung, Modell, Denkmal und vieles andere mehr) und fragt, methodisch einfach, in welchen szenisch gestaltbaren Handlungszusammenhang das historische Phänomen 'eingebaut' werden könnte. Museen, Ausstellungen und die Geschichte des Alltags sind für derartige didaktische Eröffnungen eine unaufhörlich fließende Quelle verschiedenster Anregungen und Schüler greifen Denkanstöße der angedeuteten Art weitaus kreativer auf, als gemeinhin angenommen wird, wenn ihr 'Spielraum' einmal eröffnet ist und zur Ausgestaltung auffordert." (Schulz-Hageleit 1986, 561)

Literatur zum Weiterlesen und Sachkundigmachen:

* Markus Bernhardt, Das Spiel im Geschichtsunterricht. 2. Aufl. Schwalbach/Ts. 2010 (neueste, gründliche Einführung)
* Gesa Büchert, Knöchelspiel und Kreiselschlagen. Ohne Plastik und Computer spielen, in: Weltwissen Sachunterricht 5(2010), H. 1, S. 6f.
* Dagmar Dörger, Darstellendes Spiel als Medium im Unterricht, in: Grundschule 9/1995, S. 28-30 (mit Beispielen aus dem Bereich des historischen Lernens)
* Eva Gläser, Lernen durch Spielen, in: Dietmar von Reeken (Hg.), Handbuch Methoden im Sachunterricht, Baltmannsweiler 2003, S. 262-271
* Hilke Günther-Arndt, Lernen im Spiel. Methodische Anregungen zum Geschichtsunterricht der Primarstufe, in: Bundeszentrale für politische Bildung (Hrsg.), Politisches und soziales Lernen im Grundschulalter, Bonn 1978, S. 169-179
* Horst Heitzer, Geschichte spielen, in: Waltraud Schreiber (Hg.), Erste Begegnungen mit Geschichte. Grundlagen historischen Lernens. Bd. 1, Neuried 1999, S. 635-660
* Wolfgang Hug, Produktives Lernen im historischen Unterricht der Grundschule, in: Irmgard Hantsche, Hans-Dieter Schmid (Hrsg.), Historisches Lernen in der Grundschule, Stuttgart 1981, S. 59-80
* Friedrich Jahn, Geschichte spielend lernen. Hilfen für den handlungsorientierten Geschichtsunterricht, Frankfurt/Main 1992 (zwar für den eigentlichen Geschichtsunterricht konzipiert, enthält aber zahlreiche methodische Anregungen und Ideen)

* Kerstin Röder, Bedeutung und Möglichkeiten von Rollenspielen im Geschichtsunterricht der Grundschule und der Orientierungsstufe, Oldenburg 1997
* Peter Schulz-Hageleit, Geschichte spielen, in: Hans-Jürgen Pandel, Gerhard Schneider (Hrsg.), Handbuch Medien im Geschichtsunterricht, 2. Aufl. Düsseldorf 1986, S. 559-570
* Günter Walter, Spielen im Sachunterricht, Heinsberg 1984

Methodische Anregungen:

✓ Historisches Rollenspiel mit Rollenkarten; Beispiel: Eva Maria und Wilhelm Lienert, „Um ihrer Seele willen ..." Ein Blick auf die Lebensformen im Mittelalter, in: Praxis Geschichte 3/2003, S. 40-48

✓ Spielen am historischen Ort (z. B. auf einer Burg, auf einem Marktplatz usw.)

✓ Spielen in historischer Kleidung (selbst hergestellt, Museum, Theaterfundus) und Körperhaltung; hierdurch können Kinder auch andere Körpererfahrungen machen

✓ Spiele selbst herstellen (z. B. ein Stadterkundungsspiel)

✓ Zahlreiche kreative Spielvorschläge für Vor- und Grundschulkinder enthalten die Bände aus der Reihe „Kinder spielen Geschichte" des Ökotopia-Verlags Münster, z. B. zur Steinzeit, zu den Römern, zum Mittelalter, zum Alten Ägypten, zu den Wikingern, den Piraten und dem Wilden Westen. Allerdings ist auch hier nicht bei allen Spielen gewährleistet, dass „historisch triftig" gespielt wird.

✓ Wichtig: Spiele (insbesondere Rollenspiele) von anderen Schülern beobachten lassen im Hinblick auf die historische Triftigkeit des Spiels („Hätte XY damals wirklich so handeln können?")

Archive

Was ist ein Archiv?

Archive sind zunächst einmal Orte, wo Materialien der Vergangenheit unterschiedlichster Herkunft aufbewahrt werden, wobei diese im Gegensatz zum Museum vorwiegend schriftlichen Charakter haben.

Welche Arten von Archiven gibt es?

Die Art eines Archivs hängt von seiner Trägerschaft ab. Hier sind zunächst zu nennen Gebietskörperschaften, die für einen bestimmten Raum zuständig sind und daher auch die Archivalien dieses Raumes aufbewahren:

- Staatsarchive: Sie sind zuständig für ein Bundesland (z. B. Staatsarchiv Bremen) oder einen größeren Teil dieses Bundeslandes (Regierungsbezirk, eine bestimmte historische Landschaft o.ä.; z. B. Staatsarchiv Münster für Westfalen ohne den Regierungsbezirk Detmold, Staatsarchiv Oldenburg für das ehemalige Land bzw. den früheren Verwaltungsbezirk Oldenburg). Es handelt sich um staatliche Einrichtungen mit gesetzlich festgelegten Aufgaben und Kompetenzen, die für alle berechtigten und interessierten Personen „nutzbar" sind (s. u.).
- Kommunalarchive: Sie sind zuständig für eine Gemeinde, eine Stadt oder einen Landkreis. Nicht alle Gemeinden oder Städte verfügen über ein solches Archiv, von der Mittelstadt aufwärts kann man allerdings davon ausgehen, dass dort ein Archiv vorhanden ist, das – je größer, desto wahrscheinlicher – auch von einer hauptamtlichen Kraft geleitet wird.

Daneben gibt es natürlich auf Bundesebene ebenfalls Archive (allen voran das „Bundesarchiv"), die für die Reichs- bzw. Bundesebene zuständig sind, für unseren Zusammenhang in aller Regel aber keine Bedeutung haben.

Neben dieser Unterteilung nach räumlichen Gesichtspunkten gibt es einzelne Einrichtungen, die auf mehr oder weniger freiwilliger Basis das in ihrem Bereich entstehende Material dann, wenn es nicht mehr für den laufenden Geschäftsgang gebraucht wird, sammeln und aufbewahren: Kirchenarchive (sowohl auf landeskirchlicher als auch auf gemeindlicher Ebene), Firmenarchive, Vereins- und Verbandsarchive, Heimat- und Zeitungsarchive usw. bis hin zu Schularchiven. Die meisten dieser Archive werden (bis auf die größeren Einrichtungen) ehrenamtlich geführt und können über eine Benutzung der bei ihnen lagernden Materialien durch interessierte Besucher selbst entscheiden.

Was kann ich in einem Archiv finden?

Erster Anlaufpunkt für den Sachunterricht dürften die kommunalen Archive, vereinzelt auch die Staatsarchive (wenn sie sich denn gerade vor Ort befinden) sein. Diese Archive verwahren in erster Linie diejenigen Urkunden und

Akten, die im Geschäftsgang der Behörden entstanden sind, für die sie zuständig sind. In einem Stadtarchiv heißt dies z. B., dass dort alle Stadtratsprotokolle, alle Akten der Stadtverwaltung und aller städtischen Einrichtungen zu finden sind, so weit sie nicht mehr gebraucht werden und nicht wegen ihres fehlenden Nutzens für die Nachwelt „kassiert", d.h. vernichtet worden sind. Die Archive sammeln in der Regel aber deutlich mehr als nur die erwähnten Akten. In einem gut geführten Stadtarchiv findet man darüber hinaus u.a. Stadtpläne, Adressbücher, Lokalzeitungen, (meist sehr umfangreiche) Sammlungen von Bildern/Fotografien und Ansichtskarten, Jahresberichte der Stadt und von Vereinen, lokalgeschichtliche Literatur, z. T. auch Plakate, Karteien, Film- und Tonmaterial und vieles mehr; gesammelt wird also alles das, was für die Geschichte der Stadt und ihrer Bewohner von Bedeutung war und ist. Zum Teil übernehmen die Archive auch Nachlässe von verstorbenen Bewohnern, so weit es sich um lokal wichtige Persönlichkeiten handelt. Ein Archiv ist eine wahre Fundgrube für jeden, der sich für die örtliche Geschichte in allen ihren Facetten interessiert, und damit auch für eine Grundschullehrerin.

Wie kann ich ein Archiv für meinen Unterricht nutzen?

Zwei Gesichtspunkte sind es, die ein Archiv auch zum Lernort für den Sachunterricht machen: Zum einen bietet es das „Erlebnis des Originals", den unmittelbaren Zugang zu Zeugnissen der Vergangenheit, der ansonsten nur selten möglich ist; der Archivpädagoge Thomas Lange spricht in diesem Zusammenhang zu Recht von der „emotionale(n) Ebene naiven Staunens" auf Seiten der Kinder (Lange 1993, 15). „Ein Aktenbündel oder ein Protokoll in einem Pergamentumschlag, mit Hadernblättern, einer alten, tiefschwarzen Tinte und einer fremden Handschrift wird sicherlich beeindrucken." (Jacobi/Link 2000, 12) Zum anderen – und damit eng verbunden – ermöglicht das Archiv eigenständige Forschungstätigkeit der Kinder vor Ort – und diese ist auch häufig nötig, weil viele Aspekte der Ortsgeschichte, die für Grundschulkinder bedeutsam sein können, überhaupt noch nicht erforscht sind. Dass hier forschungsnahes entdeckendes Lernen möglich ist, zeigt seit Jahren der „Geschichtswettbewerb des Bundespräsidenten", den die Körber-Stiftung (Hamburg) alle zwei Jahre veranstaltet und an dem auch immer wieder Grundschulklassen erfolgreich teilnehmen (vgl. http://www.geschichtswettbewerb.de). Zwei Beispiele hierzu: Im Rahmen des 1988/89 durchgeführten Wettbewerbs „Unser Ort – Heimat für Fremde" beschäftigte sich eine vierte Grundschulklasse aus dem hessischen Lohfelden mit der Geschichte der Vertriebenen, die nach 1945 um ihre Schule herum angesiedelt wurden. Die Kinder benutzten dazu neben Interviews und regional- und lokalgeschichtlicher Literatur vor allem Materialien aus dem Gemeindearchiv, dem Archiv der katholischen Kirchengemeinde, dem Schularchiv, einem Zeitungsarchiv und dem Archiv der 1941 gegründeten Siedlergemeinschaft (Schülerwettbewerb 1991, 82f.). Der Wettbewerb „Denkmal: Erinnerung – Mahnung – Ärgernis" von 1992/93 motivierte eine dritte Grundschulklasse aus dem bayerischen Zell am Main, sich mit der Frau eines örtlichen Industriellen zu befassen, die sich im 19. Jahrhundert u. a. durch die Gründung einer „Kinderbewahranstalt“ für die Kinder des Ortes eingesetzt hatte. Wichtige Quellen fanden die Schülerinnen und Schüler im Gemeindearchiv, dem Werksarchiv der heute noch bestehenden Firma und einem Privatarchiv (Schülerwettbewerb 1996, 73f.).

Der „detektivische Charakter” (Lange), den Archivarbeit häufig annimmt, kommt den Interessen von Kindern durchaus entgegen; die Suche nach Zusammenhängen und Hintergründen und die Benutzung von unterschiedlichen Quellen schulen daneben instrumentelle Fähigkeiten, nämlich vor allem die Fähigkeit zur selbstständigen Informationsbeschaffung. Allerdings sollten die Schrift- und Sprachbarrieren nicht unterschätzt werden, weshalb bei schriftlichem Material wegen der zunehmenden Verbreitung der Schreibmaschine meist nur Quellen aus dem 20. Jahrhundert in Frage kommen. Aber auch Zeitungen, Stadtpläne, Fotos usw. sind geeignetes und für Grundschüler zugängliches Quellenmaterial. Und manchmal haben Kinder auch Lust, eine für sie fremde Schrift lesen und schreiben zu lernen (siehe Kasten).

Tipps für den Umgang mit einer „fremden“ Schrift in Archivtexten:

- ✓ Linktipp: http://www.genealogy.net/slp/ (Ein Lernprogramm für die Sütterlin-Schrift)
- ✓ Buchtipp: Harald Süß, Deutsche Schreibschrift. Lesen und Schreiben lernen, München 2000

Voraussetzung für das Arbeiten im Archiv ist allerdings eine gründliche Vorbereitung eines Archivbesuchs; die Lehrkraft muss zunächst prüfen, ob im Archiv geeignetes Material für die eigene Fragestellung vorhanden ist und ob und unter welchen Bedingungen dieses Material für die Kinder zugänglich ist. Die erste Frage lässt sich durch einen Blick in die sog. „Findbücher” klären, die eine Beschreibung der vorhandenen Bestände beinhalten, wobei diese Findbücher immer nach dem Herkunftsprinzip gegliedert sind, d.h. nach dem ursprünglichen Entstehungsort einer Akte (also z. B. Material zum Thema Wasserversorgung in der Rubrik „städtisches Wasserwerk”). Entscheidend aber ist wohl das Gespräch mit den Archivmitarbeitern, die sowohl bei der Suche nach geeignetem Material als auch bei der Frage nach der Zugänglichkeit dieses Materials behilflich sind. In den größeren Archiven (vor allem den Staatsarchiven, aber auch in manchen Kommunalarchiven) gibt es mittlerweile auch einen eigenen archivpädagogischen Dienst, der die Betreuung von Besuchergruppen übernimmt; meist handelt es sich um auf Zeit oder Dauer abgeordnete Lehrkräfte. Sie bieten häufig auch Archivrundgänge an, bei denen die Institution selbst überhaupt erst einmal als für die Menschen „nutzbare" Informationsquelle vorgestellt und Schwellenängste abgebaut werden – denn jeder, der ein „berechtigtes Interesse" nachweist, darf ein Archiv benutzen: „Die Möglichkeit der Einsichtnahme in das kommunale Archiv ist ein demokratisches Recht, das jede/r Bürger/in der Stadt hat." (Lange 1993, 32). Archive wandeln sich so allmählich zu Dienstleistungseinrichtungen und sollten als solche Kindern ebenso bekannt sein wie Bibliotheken.

Ein letzter Hinweis hierzu an die Lehrkräfte unter den Lesern (s. auch oben Thema „Schule"): Haben Sie eigentlich ein eigenes Schularchiv? Die Geschichte der eigenen Schule zu erforschen ist zweifellos ein überaus lohnendes Arbeitsfeld für Kinder; Voraussetzung hierfür aber ist die Sammlung und Aufbewahrung alles für das Schulleben relevanten Materials. Dies sollte eigentlich selbstverständlich sein, ist es aber häufig leider nicht, worunter sowohl die an Geschichte interessierten Schüler als auch die wissenschaftliche Forschung zur Schulgeschichte leiden.

Literatur zum Weiterlesen und Sachkundigmachen:

* https://www.archivportal-d.de/ (zentrales deutsches Archivportal, in dem die meisten Archive verzeichnet sind)
* Monika Fenn, Mit Grundschülern ins Archiv? Möglichkeiten historischen Lernens aus geschichtsdidaktischer Perspektive. Vortrag auf der Jahrestagung der Archivpädagogen in Neuss am 16./17. Mai 2008, online unter: http://www.did.geschichte.uni-muenchen.de/forschung/publikationen/aufsaetze/publ_fe_grund_archiv.html
* Edwin Hamberger, Lernort Archiv, in: Waltraud Schreiber (Hg.), Erste Begegnungen mit Geschichte. Grundlagen historischen Lernens. Bd. 1, Neuried 1999, S. 577-588
* Uwe Horst, Archivarbeit, in: Meinert A. Meyer u.a. (Hrsg.), Lernbox. Tipps und Anregungen für Schülerinnen und Schüler zum Selberlernen (Friedrich Jahresheft 1997), Seelze-Velber 1997, S. 9
* Elisabeth Jacobi, Roswitha Link, Mit Grundschulkindern ins Archiv, in: Grundschule 9/2000, S. 12-14
* Thomas Lange (Hrsg.), Geschichte – selbst erforschen. Schülerarbeit im Archiv, Weinheim-Basel 1993
* Julia Peuke, Auf ins Archiv! Der Konstruktion von Vergangenheit auf der Spur, in: Grundschule Sachunterricht 2015, Heft 67, S. 22-27 (guter Überblick über die Möglichkeiten der Archivarbeit in der Grundschule mit Tipps und Arbeitsblättern)

Methodische Anregung: Ein Besuch im Archiv

Vorbereitung in der Schule:

- ✓ Historische Fragen: Was wollen wir wissen?
- ✓ Wo könnten wir etwas finden?
- ✓ Anfrage bei Archiv und Vor-Besuch durch Lehrerin; Absprache, wo, womit und wie die Schüler im Archiv arbeiten können; wichtig: die Materialien müssen für Grundschüler lesbar und verständlich sein und ihnen damit „Erfolgserlebnisse“ bei der Archivarbeit vermitteln; geeignet sind von der Lesbarkeit her vor allem Zeitungen und Akten aus dem 20. Jahrhundert; außerdem Fotos, Pläne etc. (s.o.) Für handschriftliche Texte gibt es meistens Lesehilfen, die die einzelnen Schriftzeichen erläutern.
- ✓ Kurze Einführung in die Aufgaben eines Archivs in der Schule (oder während des Archivbesuchs)

Durchführung vor Ort

- ✓ Beratungsgespräch mit einem Archivar oder Archivpädagogen führen
- ✓ Vertrautwerden mit der Struktur des Archivs (Beständeübersicht, Findbücher)
- ✓ Vorbereitete Materialien in Gruppen im Hinblick auf die eigenen Fragestellungen bearbeiten (kopieren, Wichtiges notieren, ebenso entstehende Fragen/Probleme); wenn möglich auch schon erste Ansätze von äußerer Quellenkritik (s.o.) integrieren
- ✓ Wichtig: Bei jedem kopierten oder exzerpierten Material Archivsignatur notieren (ggf. auch Verfasser, Empfänger, Datum)

Nachbereitung in der Schule

- ✓ Eindrücke des Archivbesuchs austauschen (auch Schwierigkeiten); ggf. Rückmeldung an das Archiv
- ✓ Ertrag der Quellenarbeit für die eigene Fragestellung beurteilen
- ✓ Historische Antwort(en) und neue Fragen

Gute Einführung in die Arbeit im Archiv für archivunkundige Lehrerinnen: http://www.adfontes.uzh.ch/1000.php

Museen

Was ist ein Museum?

Ein Museum ist vergleichbar mit einem Archiv. Während dort allerdings überwiegend schriftliches Material aufbewahrt wird, sammeln Museen vor allem Gegenstände aus der Vergangenheit. Aufgaben der Museen sind das Sammeln, Restaurieren bzw. Konservieren, das Forschen und vor allem das Präsentieren; durch letzteres unterscheiden sich die Museen vor allem in der Außendarstellung stark von den Archiven, auch wenn letztere in den letzten Jahren vermehrt ebenfalls Ausstellungen veranstalten. Zu unterscheiden sind museale Dauerausstellungen, die also immer zugänglich sind und im Wesentlichen die gleichen Ausstellungsstücke enthalten, und temporäre Ausstellungen, die unter einem bestimmten Thema stehen und nur zeitweise zu sehen sind. Zur Zeit gibt es im deutschsprachigen Raum mehr als 9.000 Museen (vgl. http://www.webmuseen.de), so dass der Weg von der Grundschule zum nächsten Museum nicht weit sein dürfte, Museen also einen Teil der kindlichen Lebenswelt darstellen.

Welche Arten von Museen gibt es?

Die Vielfalt an Museen ist schier unübersichtlich geworden und lässt sich auch nur schwer auf verschiedene Typen zurückführen. Mit aller Vorsicht könnte man von den Sammlungsobjekten her unterscheiden zwischen Kunstmuseen, naturkundlichen und historischen Museen. Am geeignetsten für den Unterricht dürften letztere sein, da sie überwiegend Gegenstände des Alltags präsentieren und diese meist unter modernen museumspädagogischen Gesichtspunkten in den Zusammenhang ihres Gebrauchs stellen. Auch hier gibt es wieder sehr viele verschiedene Typen: Wegen ihrer Verbreitung und damit ihrer Nähe zur Schule in erster Linie zu nennen sind hier die Heimat-, Dorf- und Stadtmuseen, deren Sammlungsgebiet sich durch die regionale bzw. lokale Gebundenheit definiert. In die gleiche Kategorie gehören die Freilichtmuseen, die durch ihre Präsentationsart größere Möglichkeiten haben, in dem sie ganze Gebäude und Gebäudearrangements zeigen und so einen Eindruck von lebensweltlichen Zusammenhängen ansonsten isolierter Objekte vermitteln. Sie konzentrieren sich auf die Geschichte der ländlichen Gesellschaft und sind vor allem bei unterrichtlichen Themen wie Bauernhof, Wohnen, Arbeiten etc. sehr zu empfehlen. Daneben gibt es noch eine Vielzahl von Museen mit speziellen Sammlungsfeldern wie Industriemuseen, Technikmuseen, Spielzeugmuseen usw. Eine Übersicht mit Adressen, Telefonnummern, Ansprechpartnern, Sammlungen, Öffnungszeiten etc. liefert der mehrfach aktualisierte Deutsche Museumsführer sowie die Übersicht im Internet (s.o.); daneben gibt es auch regionale Museumsführer (z. B. Museumsführer Niedersachsen und Bremen, 5., erw., überarb. Aufl., Bremen 1991; Museumsführer Rheinpfalz, Südhessen, Schwetzingen 1992 usw.). Besonders zu erwähnen sind die in Deutschland seit dem 1970er Jahren entstandenen „Kindermuseen“, die für unterrichtliche Zwecke besonders viele Anknüpfungspunkte liefern, z. B. das Kindermuseum des Historischen Museums Frankfurt am Main, dessen Besucher vor allem Grundschulkinder sind, und das „Museum im Koffer“ aus Nürnberg, das u.a. mehrere kulturgeschichtliche Ausstellungen, bestehend aus „originalen Gegenständen, großformatigen Bildquellen und einem Bücherpaket zum Thema“, erarbeitet hat, die dann in den Schulen selbst Grundlage projektförmiger Werkstattarbeit sind (vgl. Die Grundschulzeitschrift 101/1997, Heft „Kindermuseen“und http://www.bv-kindermuseum.de/).

Wie nutze ich ein Museum für den Unterricht?

Ähnlich wie beim Archiv, aber in der sinnlichen Qualität der Objekte diesem deutlich überlegen, lebt das Museum als Lernort vom „auratischen Charakter” der ausgestellten Gegenstände. Eine schon etwas ältere Untersuchung zeigte, dass über 90 % der Kinder im dritten und vierten Schuljahr gerne ins Museum gehen (Voit 1981, 148). Die neuere Museumsentwicklung kommt einer unterrichtlichen Einbindung des Museums erheblich entgegen: „Aus den ‚Musentempeln’ von einst, die manche Schwellenängste einflößten, sind vielerorts ‚Lernorte’ geworden, an denen die Besucher umfassende pädagogische Betreuung erfahren. Präsentierten die Museen früher ihre Schätze allein nach sachsystematischen Gesichtspunkten, so haben sie heute vor allem die Bedürfnisse der Besucher im Auge.” (Rohlfes 1986, 303). So versuchen sie verstärkt, in ihren Ausstellungen an die Lebenswelt der Besucher anzuknüpfen und so die Fremdheit des Dargestellten zu überwinden, um erste Zugänge zu schaffen. Auch die Erweiterung der inhaltlichen Schwerpunkte hin zu einer verstärkten Präsentation von Sozial- und Alltagsgeschichte fördert die Begegnung von Sachunterricht und Museum. Letzteres gilt gerade für viele Heimatmuseen vor Ort, auch wenn sie museumsdidaktisch häufig nicht unbedingt auf dem neuesten Stand sein sollten – Anknüpfungspunkte für eine unterrichtliche Nutzung der Ausstellungen gibt es auch hier, also in der unmittelbaren Lebenswelt der Grundschulkinder, zuhauf.

Die Zielsetzungen von Museumsarbeit in der Grundschule liegen auf zwei Ebenen: Zum einen sollten Museen ein verstandener Teil der alltäglichen Umwelt von Kindern werden. Hierzu sind Einblicke in die Arbeit des Museums und seine Aufgaben notwendig, wobei Kindern auch ein erstes Verständnis für die Notwendigkeit des Erhalts alter Gegenstände (Stichwort: Denkmalschutz) vermittelt werden kann. Manche Befürworter gehen sogar so weit zu behaupten, dass sich im Museum komplette „Spielmilieus” inszenieren lassen, die ansonsten zumindest im Großstadtalltag weitgehend verschwunden seien; die Realisierung einer solchen Umfunktionalisierung des Museums zum Spiel- und Erfahrungsort für Stadtkinder hängt allerdings sehr stark von den örtlichen Gegebenheiten und der Bereitschaft und Möglichkeit der Mitarbeiter ab. Methodisch geschieht das Bekanntwerden mit der Institution Museum z. B. in Form von Museumsrallyes oder Detektivspielen (siehe Kasten).

Zum anderen haben Museen eine funktionale Bedeutung im Rahmen historischen Lernens, indem sie eine deutliche Erweiterung der Lernmöglichkeiten durch die Arbeit an und mit *gegenständlichen Quellen* (siehe oben Abschnitt „Sachquellen und Archäologie“) möglich machen. Allerdings sprechen die Quellen und ihre Inszenierung im Museum nie von sich aus; ein bloßer Besuch des Museums mit einer Grundschulklasse, um sich eine Ausstellung anzusehen, ist wenig sinnvoll. Vielmehr geht es darum, gezielt das Erkenntnispotenzial des Museums für die Bearbeitung eigener Fragestellungen zu nutzen, also z. B. im Rahmen einer Unterrichtseinheit zum Thema „Wie wohnten unsere Urgroßeltern auf dem Lande” Häuser im Hinblick auf ihre Raumaufteilung, ihre Heizung, ihre Isolierung, ihre Einrichtung etc. zu untersuchen. Voraussetzung sinnvoller Museumsarbeit ist – wie bei der Archivarbeit – eine gründliche Vorbereitung durch die Lehrkraft (s.u.).

Literatur zum Weiterlesen und Sachkundigmachen:

* Geschichte lernen H. 14/1990: „Geschichte im Museum”
* Hans Mayrhofer, Erlebtes Museum. Spielerische Erfahrung über die Vergangenheit und den Ort, wo sie anschaulich wird, in: Klaus Peter Hemmer, Sachunterricht Gesellschaft 1-4, München u.a. 1982, S. 67-96
* Hans-Joachim von der Ohe, Unterricht im Museum – Ein „Zugang zur Geschichte“ während des 4. Schuljahres. Untersuchungen zu seiner Effektivität, in: Sachunterricht und Mathematik in der Grundschule 3(1975), S. 179-188
* Berit Pleitner, Geschichte im Museum, in: Hilke Günther-Arndt, Saskia Handro (Hg.), Geschichts-Methodik. Handbuch für die Sekundarstufe I und II. 5., überarb. Neuaufl. Berlin 2015, S. 117-124
* Dietmar von Reeken, Gegenständliche Quellen und museale Darstellungen, in: Hilke Günther-Arndt, Meik Zülsdorf-Kersting (Hg.), Geschichts-Didaktik. Praxishandbuch für die Sekundarstufe I und II. 6., überarb. Neuaufl Berlin 2014, S. 144-157
* Margret Rosenbaum, „Lernfeld“ Museum, in: Grundschulmagazin 9/1985, S. 3-6
* Bernd Wagner, Frühe Sachbildung im Museum – Spielstationen für Vorschulkinder in der Dauerausstellung „Deutsche Geschichte in Bildern und Zeugnissen“ des Deutschen Historischen Museums, in: Hans-Joachim Fischer, Hartmut Giest, Kerstin Michalik (Hg.), Bildung im und durch Sachunterricht, Bad Heilbrunn 2015, S. 143-150 (Bericht über ein interessantes laufendes Forschungsprojekt)

Unterrichtsbeispiele und –anregungen:

* Liesel Drexler, Georg Eggenstein, Hatten die Sachsen früher auch Hosen aus Jeans? Lernort Freilichtmuseum „Sachsenhof", in: Praxis Grundschule 2/96, S. 68f.
* Christina Ehlers, Kinder machen Museum, in: Sachunterricht und Mathematik in der Primarstufe 22(1994), S. 98-102
* Hedi Heintze, Wo Zeit aufbewahrt wird. In Museen Geschichte aktiv erkunden, in: Grundschule Sachunterricht 9/2001, S. 29f.
* Maili Hochhuth u.a., Haushalt früher und heute – ein Klassenmuseum entsteht, in: Die Grundschulzeitschrift 38/1990, S. 20-22
* Claudia Holländer, Geschichte außerhalb der Schule. Lernort Museum - Vergangenheit trifft Gegenwart, in: Grundschulmagazin 2014, Heft 6, S. 19-24
* Josef Igl, Schule und Heimatmuseum. Ein lohnendes Kooperationsfeld?, in: Grundschule 9/1993, S. 64-66 und 12/1993, S. 54-56
* Lebendiges Museum. Themenheft Grundschule 5/1986
* Lernen im Museum – lernen vom Museum. Themenheft Grundschule 12/2001
* Museum, Museum, Museum (Bausteine Grundschule 3/1995)
* Gerhard Schneider, Überlegungen zur Planung und Durchführung eines Museumsbesuchs auf der Primarstufe (3./4. Klasse), in: Sachunterricht und Mathematik in der Grundschule 5(1977), S. 594-601
* Schule im Museum. Themenheft Grundschule 5/1988
* Stefanie Serwuschok, Das „3a-Museum" in Wolframs-Eschenbach. Eine dritte Klasse erarbeitet Ideen für ein Heimatmuseum, in: Grundschulmagazin 75, 2007, H. 3, S. 19-22
* Sonderheft „Schule und Museum" (Praxis Grundschule 5/1988)
* Themenheft „Kindermuseen": Die Grundschulzeitschrift 101/1997

Methodische Anregung: Besuch in einem Museum

Vorbereitung (durch Lehrer und Schüler)

✓ Was wollen wir wissen/erfahren?

- ✓ Was bietet uns das Museum in diesem Zusammenhang? Recherche im Internet, im Museumskatalog/prospekt/führer, Anfrage (per Mail oder Telefon), Vor-Besuch durch Lehrkraft, dabei klären: Was können die Kinder tun? Gibt es museumspädagogische Unterstützung? Ist eine Expertenbefragung möglich? Verhaltenskodex? Spielmöglichkeiten? etc.
- ✓ Bisherige Erfahrungen der Kinder mit Museumsbesuchen artikulieren und besprechen
- ✓ Gemeinsame Planung des Museumsbesuchs (Museumsführer/katalog lesen lernen)
- ✓ Gezielte inhaltliche Vorbereitung (Fragebogen/Checkliste, Museumsrallye etc.)

Durchführung vor Ort

- ✓ Arbeiten mit Fragebögen, die die Kinder durch die Suche in der Ausstellung bearbeiten können
- ✓ Kinder müssen – zuvor in der Ausstellung nach Absprache mit den Museumsmitarbeitern versteckte – unpassende, also z. B. aus einer anderen Epoche stammende Gegenstände suchen und ihre Lösung begründen
- ✓ Kinder sollen die Ahnen heutiger Gebrauchsgegenstände finden
- ✓ Kinder können die Museumsmitarbeiter als Experten befragen (z. B. nach den Gründen für die Art einer Ausstellung, Kriterien für die Aufbewahrung von Sachquellen etc.)
- ✓ Kinder experimentieren, basteln, spielen in historischem Ambiente, Kostümen etc.
- ✓ Kinder erzählen Geschichten, in denen ein Gegenstand der Ausstellung in seinem damaligen Verwendungszusammenhang eine Rolle spielt
- ✓ Lehrer dienen als Hilfesteller und Begleiter

Nachbereitung in der Klasse

- ✓ Die Kinder äußern ihre Eindrücke aus dem Museumsbesuch
- ✓ Die mitgebrachten Erkenntnisse/Materialien werden zusammen getragen und präsentiert (besonders wichtig bei arbeitsteiligem Vorgehen)
- ✓ Kinder stellen eine eigene Ausstellung zu einem historischen Thema zusammen und müssen dabei entscheiden, was sie auswählen und wie sie es zusammen stellen, beschriften etc.

Kinderbücher als Geschichtsdarstellungen

Kinderbücher werden im Grundschulunterricht bislang vorwiegend unter dem Aspekt der Leseerziehung betrachtet. Als sachunterrichtliches Medium spielen sie nur selten eine Rolle (vgl. lediglich Kiper 1997 und Gläser 2003). Von der *fiktionalen* Kinderliteratur war bereits oben im Abschnitt „Erzählungen" die Rede; sie liefert zum Teil gute Beispiele für gelungene Geschichtserzählungen, ist aber sachunterrichtlich nur selten als „Ganzschrift" zu nutzen – außer bei fächerübergreifenden Projekten gemeinsam mit dem Deutschunterricht. Außerdem ist nur ein kleinerer Teil des auf dem Markt befindlichen Angebots an fiktionaler geschichtlicher Kinder- und Jugendliteratur auf das Grundschulalter zugeschnitten; meist haben die Autoren eine Altersgruppe im Blick, die mit ca. 10 bis 12 Jahren beginnt, so dass diese Bücher noch am ehesten in der 4. Klasse einsetzbar sind (kommentierter Überblick über etwas ältere ausgewählte Bücher in: Lesebuch Geschichte Lehrerhandbuch, S. 133ff.; zum Thema Holocaust vgl. Beck 1996). Zahlreiche auch in der Grundschule nutzbare methodische Anregungen für einen kreativen, handlungsorientierten Umgang mit den Texten hält die neuere handlungs- und produktionsorientierte Literaturdidaktik bereit (Haas 1997; Praxis Deutsch 1997).

Wahrscheinlich von deutlich größerer Bedeutung für den Sachunterricht sind die historischen *Sachbücher* für Kinder. Hier bietet der Markt eine große Fülle an Werken zu vielen Epochen und Themen der Geschichte, insbesondere zu den von Kindern besonders nachgefragten Inhalten, die bereits oben in Kapitel 4 im Mittelpunkt standen (also Steinzeit, Ägypten, Mittelalter usw.). Sie sind meist reich bebildert und in ihren Darstellungstexten auf die Lese- und Verständnisniveaus von Grundschulkindern zugeschnitten. Was die Bilder angeht, so ist auf den entsprechenden Abschnitt (siehe oben) zu verweisen. Quellentexte spielen in den Büchern nur selten eine Rolle; meist handelt es sich um von den Autoren formulierte Informationstexte, deren Qualität durchaus unterschiedlich ist. Hier ist die Lehrkraft auf ihr eigenes Urteil, die Empfehlungen von Bibliothekaren vor Ort und die Rezensionen in den einschlägigen Zeitschriften und Datenbanken (siehe Kasten) angewiesen.

Methodische Anregung: Fundorte für Rezensionen von Kinder- und Jugendliteratur

- ✓ http://www.ajum.de (Datenbank)
- ✓ „Geschichte lernen" (regelmäßige Rezensionen bei entsprechenden Themenheften)

- ✓ http://www.jugendliteratur.org/ (Der „Arbeitskreis für Jugendliteratur" gibt regelmäßig Empfehlungslisten für verschiedene Kinderbuchgattungen heraus)
- ✓ http://www.akademie-kjl.de/index.html (Deutsche Akademie für Kinder- und Jugendliteratur)
- ✓ http://www.stiftunglesen.de/service/leseempfehlungen (Stiftung Lesen; hier gibt's auch einen kostenlosen Lehrerclub: http://www.derlehrerclub.de/)
- ✓ http://www.biblio.at/literatur/rezensionen/opac.html/ (große Rezensionsdatenbank)

Eine zentrale Rolle spielen die Sachbücher im Unterricht vor allem als Quelle selbstständiger Informationsentnahme; zunehmend werden zu Themen des Sachunterrichts von der örtlichen öffentlichen Bücherei oder der Lehrkraft selbst Bücherkisten zusammengestellt, die dann während der Behandlung des Themas im Klassenzimmer zur Verfügung stehen. Die Kinder können zu eigenen oder gemeinsam entwickelten Fragestellungen in den Büchern Informationen suchen, vergleichen, zusammenstellen und präsentieren. Die im Zeitalter des Übergangs zur Informationsgesellschaft immer wichtiger werdenden Kompetenzen der Informationsgewinnung und -verarbeitung werden dadurch bei Kindern bereits frühzeitig geschult. Allerdings sollte man den Aufwand hierfür vor allem in den ersten Schuljahren nicht zu gering schätzen; Kinder bringen insbesondere die Fähigkeiten, quer zu lesen und Wichtiges von Unwichtigem zu unterscheiden, nicht schon mit, sondern müssen sie erst in einem mühsamen Lernprozess entwickeln. Entsprechende Methodenphasen müssen in den eigenen Sachunterricht immer wieder integriert werden, damit die Schülerinnen und Schüler mit den Kindersachbüchern gewinnbringend arbeiten können.

Prinzipiell sind auch solche „sachlichen" Texte (ebenso wie Texte in Schulbüchern) Geschichtsdarstellungen, die nicht einfach nur zur Kenntnis genommen, sondern kritisch geprüft und interpretiert werden müssten. Denn natürlich wählen auch Sachbuchautoren aus, gewichten und deuten Geschichte – und sie erzählen damit eine mögliche, aber nicht *die* Geschichte. Im Geschichtsunterricht soll daher auch „dargestellte Geschichte" durch die Schülerinnen und Schüler interpretiert werden; für die Grundschule dürfte dies vermutlich (empirische Forschungen liegen hierzu nicht vor) eine Überforderung darstellen. Allerdings kann zumindest eine kritische Haltung zu solchen Texten angebahnt werden, indem im Unterricht verschiedene Darstellungstexte zum gleichen Thema miteinander verglichen werden. Und selbstverständlich sollte es sein, dass Lehrkräfte in ihrer Unterrichtsvorbereitung bei der Auswahl solcher Texte (oder wenn sie sie selbst schreiben) (selbst-)kritisch mit dieser Geschichtsdarstellung umgehen.

Zum Weiterlesen und Sachkundigmachen:

- Gertrud Beck, Kinderbücher zum Thema „HOLOCAUST". Eine Lektüre auch für Erwachsene, in: Die Grundschulzeitschrift 97/1996 (Materialteil)
- Sabine Erbstößer, Christina Klette, Detlef Pech, Kinderliteratur zu Holocaust/Nationalsozialismus – bewertet aus der Perspektive des historischen Lernens, in: www.widerstreit-sachunterricht.de (2009) 13, S. 1-24 (online: http://www.widerstreit-sachunterricht.de/ebeneI/superworte/historisch/kili_ho.pdf)
- Geschichte lernen 71/1999, Themenheft „Kinder- und Jugendliteratur"
- Eva Gläser, Arbeit mit Kinderliteratur, in: Dietmar von Reeken (Hg.), Handbuch Methoden im Sachunterricht, Baltmannsweiler 2003, S. 157-166
- Gerhard Haas, Handlungs- und produktionsorientierter Literaturunterricht. Theorie und Praxis eines „anderen" Literaturunterrichts für die Primar- und Sekundarstufe, Seelze-Velber 1997
- Bettina Hurrelmann, Empfehlenswerte Kinderbücher über die Zeit des Nationalsozialismus, in: Die Grundschulzeitschrift 24/1989, 48f.
- Hanna Kiper, Lernprozesse anhand von Kinderbüchern anbahnen – Überlegungen und Hinweise, in: Dies., Sachunterricht kindorientiert, Baltmannsweiler 1997, S. 158-191
- Lesebuch Geschichte. Lehrerhandbuch, hrsg. v. d. Akademie für Lehrerfortbildung Dillingen und der Deutschen Akademie für Kinder- und Jugendliteratur e. V., Berlin 1996
- Klaus-Erich Pech, Sammelrezension geschichtlicher Kinderbücher, in: Die Grundschulzeitschrift 34/1990, S. 54-56
- Praxis Deutsch, Sonderheft „Kinder- und Jugendliteratur im Unterricht", Seelze-Velber 1997
- Dietmar von Reeken, Das historische Jugendbuch, in: Hans-Jürgen Pandel, Gerhard Schneider (Hrsg.), Handbuch Medien im Geschichtsunterricht (Neuausgabe), Schwalbach/Ts. 1999, S. 69-83
- Rita Rohrbach, „Hexen waren böse, aber Hexe Lilli ist lieb!" Geschichtsbewusstsein fördern mit dem Kinderbuch „Anton Praetorius und die ‚Hexe'", in: Grundschule Sachunterricht 2009, Heft 43, S. 29-35
- Michael Sahr, Monika Born, Kinderbücher im Unterricht der Grundschule, Baltmannsweiler 1985

- Michael Sahr, Kinder erleben frühe Geschichte – Das geschichtliche Kindersachbuch im Unterricht der Grundschule, in: Grundschulmagazin 7-8/1991, S. 25f.
- Hilke Günther-Arndt, Dargestellte Geschichte interpretieren, in: Dies., Saskia Handro (Hrsg.), Geschichts-Methodik. Handbuch für die Sekundarstufe I und II. 5., überarb. Neuaufl. Berlin 2015, S. 157-173

Methodische Anregung: Kreativer Umgang mit fiktionalen geschichtlichen Kinderbüchern

Nach von Reeken 1999, S. 80f.

- ✓ Vorstellung eines oder mehrerer Bücher zum selben Thema durch Schülerkurzreferate (4. Klasse)
- ✓ Umsetzung von Buchauszügen in andere Formen: szenisches Gestalten/Rollenspiel, Hörspiel, Video, grafisches Gestalten, Comic, Collage, Standbild
- ✓ Schreiben gegen den Autor: Alternativen zur Erzählhandlung entwickeln und auf ihre historische Triftigkeit prüfen („Hätte XYZ auch so handeln können?")
- ✓ Briefe an Personen im Buch schreiben
- ✓ Ein eigenes Buch oder eine Wandzeitung aus der Arbeit mit dem Buch erstellen (unter Benutzung von eigenen Texten, Bildern etc.)
- ✓ Eine Vor- oder Nachgeschichte schreiben
- ✓ Einen inneren Monolog einer Person schreiben über eine Situation, in der im Buch nur eine Handlung beschrieben wird
- ✓ Eine Kontrastfigur zum „Helden" bzw. zur „Heldin" entwerfen
- ✓ „Sexchange": das Geschlecht des Helden/der Heldin wechseln und prüfen, was sich dadurch verändert
- ✓ Eine Person aus dem Buch einen Tagebucheintrag schreiben lassen
- ✓ Vgl. auch die Anregungen in: Bianca Braas, Historisches Lernen mit Kinderbüchern, in: Klaus Bergmann, Rita Rohrbach (Hg.), Kinder entdecken Geschichte. Theorie und Praxis historischen Lernens in der Grundschule und im frühen Geschichtsunterricht, Schwalbach/Ts. 2001, S. 135-143

Computer

Computer sind ein selbstverständlicher Teil der Lebenswelt von Grundschulkindern. Sie zu nutzen gehört immer mehr zu ihrem Alltag – allerdings nur bedingt als Werkzeug zum Wissenserwerb, sondern vor allem zur Unterhaltung und Kommunikation. Auch im Sachunterricht wird der Computer nach allem, was wir wissen, wohl nur wenig genutzt (Gervé 2015, 498). Für das historische Lernen gilt dies erst recht. Prinzipiell könnte dies in dreifacher Hinsicht der Fall sein:

- als Medium zur Unterrichtsvorbereitung von Lehrerinnen und Lehrern (insbesondere durch die Nutzung des Internets),
- in der unterrichtlichen Arbeit mit historischen CD-ROMs (vgl. etwa oben im Abschnitt „Mittelalter" den Unterrichtsvorschlag von Hartmut Giest) und vor allem
- in der unterrichtlichen Arbeit mit dem Internet.

Da der Markt an Geschichts-CD-ROMs eher schmal ist und Grundschulbedürfnisse kaum berücksichtigt, ist wohl am ehesten letzteres zukunftsträchtig, was die Nutzung im Unterricht angeht. Allerdings gibt es hierzu bislang praktisch keine Forschungen (Ausnahme: Sander 2007) und kaum veröffentlichte Praxiserfahrungen. Unten wird daher nur auf für Kinder geeignete Internetseiten verwiesen, die ggf. im Zuge der Bearbeitung historischer Themen genutzt werden können – spezielle Angebote für Grundschulkinder existieren, was historische Inhalte angeht, bislang kaum.

Bücher und Aufsätze zur Einführung:

- Friedrich Gervé, Digitale Medien, in: Joachim Kahlert u.a. (Hg.), Handbuch Didaktik des Sachunterrichts. 2., akt. u. erw. Aufl. Bad Heilbrunn 2015, S. 496-500
- Hartmut Giest, Historisches Lernen im Sachunterricht und neue Medien, in: Grundschulunterricht 11/2003, S. 21-24, 41f. (Nutzung einer Geschichts-CD-ROM)
- Hilke Günther-Arndt, Geschichtsunterricht und Computer, in: Dies., Meik Zülsdorf-Kersting (Hrsg.), Geschichts-Didaktik. Praxishandbuch für die Sekundarstufe I und II. 6., überarb. Neuaufl. Berlin 2014, S. 227-237
- Markus Peschel (Hrsg.), Neue Medien im Sachunterricht. Gestern – Heute – Morgen, Baltmannsweiler 2010
- Geschichte lernen 89/2002: „Neue Medien"

- Maik Jablonski, Arbeiten mit dem Computer, in: Dietmar von Reeken (Hg.), Handbuch Methoden im Sachunterricht, Baltmannsweiler 2003, S. 58-67
- Praxis Geschichte 5/2001: „Internet und Geschichtsunterricht“
- Dietmar von Reeken, Artikel „Internet“ und „CD-ROMs“ , in: Lernbox Geschichte. Das Methodenbuch, Seelze-Velber 2000, S. 18-20 und 30f.
- Wolfgang Sander (Hg.), Digitale Medien in der Grundschule. Ein Forschungsprojekt zum Sachunterricht, Schwalbach/Ts. 2007 (mit Beispielen zu historischen Themen)
- Sabine Strelzyk, Möglichkeiten des Computers im Sachunterricht, in: Grundschulunterricht. „Sonderheft Computer und Internet kreativ nutzen“ 2006, S. 46-53 (guter Überblick, wobei die angegebene Software und die Internetadressen naturgemäß mittlerweile veraltet sind)

Methodische Anregung: Für Grundschüler geeignete Internetseiten zur Recherche auch über historische Themen

- ✓ http://fragfinn.de/kinderliste.html
- ✓ http://blinde-kuh.de/
- ✓ https://www.hanisauland.de/ (hier geht's eigentlich vor allem um Politik, teilweise aber auch um zeitgeschichtliche Themen)
- ✓ http://www.kinderzeitmaschine.de/ (das bislang einzige Geschichtsportal für Kinder)

Handlungsorientierte Methoden

Mit den vorgenannten Methoden, Medien und Lernorten sind die wichtigsten knapp vorgestellt worden. Historisches Lernen erschöpft sich aber gerade in der Grundschule nicht darin. Wie insbesondere ein handlungsorientierter Unterricht methodisch gestaltet werden kann, der sich damit einbindet in die neueren konzeptionellen Entwicklungen des Sachunterrichts, wurde in der ersten Auflage dieses Buches von Claudia Schomaker am Beispiel des Themas „Leben im Mittelalter" gezeigt. Hier sei daher nur kurz auf einige weitere Methoden hingewiesen:

- Eine Form kindgemäßer Arbeitsweise im Sachunterricht ist das *Malen*, das durchaus nicht nur im Kunstunterricht eine Rolle spielen sollte, sondern eine genuine Lernform darstellt: „Wer malt, muss entscheiden, was vom Gehörten (oder Gelesenen, DvR) er wichtig findet, was er weglassen darf, ohne dass er die Situation falsch wiedergibt, wie er es darstellt, so dass seine Gewichtung und emotionale Färbung sichtbar werden. Kinder können das spontan und unreflektiert. Das Gestalten eines Bildes ist darüber hinaus ein langsamerer Vorgang als das Erzählen oder auch Schreiben. Der allmähliche Vollzug und die sichtbare Ausprägung sorgen dann dafür, dass diese Bilder – und mit ihnen der historische Kontext – auch als innere Bilder fixiert werden, als ‚Standbilder', die auch nach längerer Zeit noch abrufbar sind." (Wolter 1989, 22). Kinder können z. B. eigene Bilder zu historischen Alltagssituationen gestalten und mit historischen Bildern vergleichen, sie können historische Bilder, die ihnen in Kopie vorliegen, ergänzen (um weitere Personen, um eine Vor- und Nachgeschichte im Bild usw.), sie können einen „Steinzeit-" oder „Ägypten-Comic" erstellen, zu dem jedes Kind ein Bild liefert und der dann im Flur aufgehängt wird, sie können nach dem Vorbild mittelalterlicher Wappen ein eigenes Wappen für sich oder die eigene Klasse entwerfen, sie können Entwürfe für historische Kostüme zeichnen, die sie dann aus Stoffen nähen, usw.

- Ebenfalls schon unterrichtlich bewährt ist das selbständige *Herstellen* von Materialien durch die Kinder, z. B. von steinzeitlichen Geräten, um mit diesen dann Holz zu bearbeiten und sich so handelnd einen Eindruck zu verschaffen von den Möglichkeiten, Bedingungen und Grenzen von Arbeit und Lebensbewältigung in der Frühgeschichte der Menschheit: „Die Funktionsweise der Geräte kann den Schülern dann sehr deutlich werden, und sie werden bemerken, dass auch die Herstellung so einfacher Geräte ... viel Geschick erforderte." (Köster 1981, 163; ähnlich auch Knoch 1977, 109f.; vgl. auch oben die Hinweise zum Thema „Vor- und Frühgeschichte") Auf der gleichen Linie eines – im wahrsten Sinne des Wortes – *handelnden* Umgangs mit Geschichte liegen Aktivitäten wie das

- *Kochen* und *Backen* (vgl. Hantsche 1981b; Bauer 1995; Perlen aus Omas Küche. Die schönsten Rezepte aus alten Kochbüchern. Sonderheft der Zeitschrift „Meine Familie & ich),

- das *Schreiben* mit Gänsefedern und Tinte (Anleitungen zur Herstellung von Schreibfeder und Tinte in: Wie es früher war: Schule. Sonderhefte Bausteine Grundschule 1/1994, 20f. und in: Die Grundschulzeitschrift. Sammelband Sachunterricht: Zeit und Geschichte, hrsg. v. Gertrud Beck, Seelze-Velber 1998, 99)

- das *Schöpfen* von Papier (Anleitungen hierzu und zum Drucken und Buchbinden in: Wie es früher war: Drucken mit Buchstaben – Von Gutenberg bis zum Computer. Sonderhefte Bausteine Grundschule Nr. 8),

- das *Basteln* von Modellen, Dioramen etc. mit Hilfe von Pappe, Gips, Knetgummi, Styropor, Sand, Ton, Holz- und Legosteinen etc. (Häuser, Burg, Stadt, Nil-Landschaft etc.; Herstellung von Dioramen: Hall 1993, 13f. und Grundschule Sachunterricht 9/2001, 24f.), von altem Kinderspielzeug (zahlreiche Anleitungen in: Wie es früher war: Kinderspiel. Sonderhefte Bausteine Grundschule 3/1995), mit Ausschneidebögen (z. B. Anziehpuppen mit stadtrömischer Kleidung: Peter Knoch (Hrsg.), Spurensuche Geschichte. Anregungen für einen kreativen Geschichtsunterricht. Bd. 1, Stuttgart 1992, S. 71 –73 und Geschichte lernen Heft 80 (2001), S. 23ff.: Kleidung und Mode, mit Bögen zur mittelalterlichen Kleidung).

- das *Weben* von Stoffen, das *Schneidern* und *Nähen* von Kleidung (z. B. für ein Rollenspiel oder ein mittelalterliches Fest) sowie ihr Tragen, was ein anderes Körpergefühl vermitteln kann

- das *Töpfern* und *Schnitzen* von Geschirr und Besteck usw.

- das *Ausmessen* eines Raumes, in dem z. B. eine Familie in der Industrialisierung mit vielen Mitgliedern wohnte, im Klassenraum, um die Enge erfahrbar zu machen

- andere Formen des Ausprobierens und *Simulierens* (z. B. Wasser mit einem Eimer aus einem Brunnen holen, um die Anstrengung dieser täglichen Tätigkeit vor einer modernen Wasserversorgung erfahrbar zu machen)

- das *Singen* historischer Lieder (siehe Geschichte lernen Heft 50: Lieder im Geschichtsunterricht)

Literatur zum Weiterlesen und Sachkundigmachen:

* Irmgard Bauer, Kulinarische Reise in die Vergangenheit. Ein Kochbuch mit Rezepten von der Steinzeit bis ins Mittelalter, Zug (Schweiz) 1995

* Geschichte lernen H. 9/1989: Handlungsorientierter Unterricht
* Geschichte lernen. Sammelband Geschichte lehren und lernen – Unterrichtsmethoden, Lerntechniken, Handlungsorientierung, Seelze-Velber 1997
* Lucy Hall, Tolle Ideen. Geschichte für Kinder, Mülheim an der Ruhr 1993 (mit zahlreichen Anregungen, Tipps und Kopiervorlagen für den Grundschulunterricht)
* Irmgard Hantsche, Kochrezepte als Quelle für sozialgeschichtliches Arbeiten in der Grundschule, in: Dies., Hans-Dieter Schmid (Hrsg.), Historisches Lernen in der Grundschule, Stuttgart 1981, S. 214-232
* Wolfgang Hug, Produktives Lernen im historischen Unterricht der Grundschule, in: Ebd., S. 59-80
* Kochen und Essen, in: Praxis Grundschule 6/1986, S. 15-18
* Klaus Lampe, Geschichte und projektorientiertes Lernen in der Primarstufe, in: Hartmut Voit (Bearb.), Geschichtsunterricht in der Grundschule, Bad Heilbrunn/Obb. 1980, S. 115-125
* Harald Parigger (Hrsg.), Die Fundgrube für den Geschichts-Unterricht. Das Nachschlagewerk für jeden Tag, Berlin 1996 (mit zahlreichen inhaltlichen und methodischen Ideen und Anregungen)
* Bärbel Völkel, Handlungsorientierung im Geschichtsunterricht. 3. durchges. u. akt. Aufl. Schwalbach/Ts. 2012
* Margrit Wolter, Handeln – Spielen – Aneignen. Adaptionsformen für geschichtliches Lernen, in: Geschichte lernen 9/1989, S. 15-24

Auswahlbibliografie

Das folgende Verzeichnis enthält einen Teil der für dieses Buch benutzten Literatur. Aufgenommen wurden neben zitierten, aber in den einzelnen Abschnitten noch nicht vollständig nachgewiesenen Büchern und Aufsätzen vor allem grundlegende Titel zum historischen Lernen und zum Sachunterricht. Nicht aufgenommen wurden die meisten in den einzelnen Kapiteln und in Kästen bereits nachgewiesenen Titel.

Ackermann, Paul, Einführung in den sozialwissenschaftlichen Sachunterricht, München 1976

Baacke, Dieter, Die 6- bis 12jährigen. Einführung in Probleme des Kindesalters, Weinheim-Basel 1984

Barricelli, Michele, Gautschi, Peter, Körber, Andreas, Historische Kompetenzen und Kompetenzmodelle, in: Michele Barricelli, Martin Lücke (Hrsg.), Handbuch Praxis des Geschichtsunterrichts. Bd. 1, Schwalbach/Ts. S. 207-235

Becher, Andrea, Gläser, Eva, Historisches Denken und Kompetenzentwicklung im Elementar- und Primarbereich (HisDeKo) – Ein Projektbericht, in: Monika Waldis, Béatrice Ziegler (Hg.), Forschungswerkstatt Geschichtsdidaktik 13. Beiträge zur Tagung „geschichtsdidaktik empirisch 13“, Bern 2015a, S. 41-51

Becher, Andrea, Gläser, Eva, Historisches Lernen und Kompetenzorientierung im internationalen Vergleich, in: Hans-Joachim Fischer, Hartmut Giest, Kerstin Michalik (Hrsg.), Bildung im und durch Sachunterricht, Bad Heilbrunn 2015b, S. 135-142

Beck, Gertrud, Kinder brauchen Zeit für die Zeit, in: Die Grundschulzeitschrift. Sammelband Sachunterricht: Zeit und Geschichte, hrsg. v. Gertrud Beck, Seelze-Velber 1998, S. 2f.

Beck, Gertrud, Lehren im Sachunterricht ... zwischen Beliebigkeit und Wissenschaftsorientierung, in: Die Grundschulzeitschrift 67/1993, S. 6-8

Beilner, Helmut, Gesellschaftliche Vorstellungen innerhalb des Geschichtsbewusstseins bei Grundschulabgängern, in: Pädagogische Welt 1/1990, 21-27

Beilner, Helmut, Zum Geschichtsbegriff bei Grundschulabgängern, in: Geschichte lernen H. 62 (1998), 4-7

Beilner, Helmut, Empirische Erkundungen zum Geschichtsbewusstsein am Ende der Grundschule, in: Waltraud Schreiber (Hg.), Erste Begegnungen mit Geschichte. Grundlagen historischen Lernens. Erster Teilband, Neuried 1999a, 119-151

Beilner, Helmut, Zum Zeitbewusstsein bei Grundschulabgängern. Fähigkeiten und Strategien zur zeitlichen Ordnung geschichtlicher Sachverhalte, in: Waltraud Schreiber

(Hg.), Erste Begegnungen mit Geschichte. Grundlagen historischen Lernens. Erster Teilband, Neuried 1999b, S. 153-194

Beilner, Helmut, Heimatgeschichte, in: Waltraud Schreiber (Hg.), Erste Begegnungen mit Geschichte. Grundlagen historischen Lernens. Zweiter Teilband, Neuried 1999b, S. 803-827

Beilner, Helmut, Historisches Verstehen und Zeit-Lernen, in: Grundschule 9/2000, 24-26

Bergmann, Klaus, Wir und die anderen – Lernen an und aus Geschichte, in: Internationale Schulbuchforschung 15 (1993a), 179-200

Bergmann, Klaus, „So viel Geschichte wie heute war nie" – Historische Bildung angesichts der Allgegenwart von Geschichte, in: Angela Schwarz (Hg.), Politische Sozialisation und Geschichte. Festschrift für Rolf Schörken zum 65. Geburtstag, Hagen 1993b, 209-228

Bergmann, Klaus, Historisches Lernen in der Grundschule, in: Siegfried George, Ingrid Prote (Hg.), Handbuch zur politischen Bildung in der Grundschule, Schwalbach/Ts. 1996, 319-342

Bergmann, Klaus, Multiperspektivität. Geschichte selber denken, Schwalbach/Ts. 2000

Bergmann, Klaus, „Papa, erklär' mir doch mal, wozu dient eigentlich die Geschichte?" Frühes Historisches Lernen in Grundschule und Sekundarstufe I, in: Ders., Rita Rohrbach (Hg.), Kinder entdecken Geschichte. Theorie und Praxis historischen Lernens in der Grundschule und im frühen Geschichtsunterricht, Schwalbach/Ts. 2001a, 8-31

Bergmann, Klaus, Versuch über die Fragwürdigkeit des chronologischen Geschichtsunterrichts, in: Hans-Jürgen Pandel, Gerhard Schneider (Hg.), Wie weiter? Zur Zukunft des Geschichtsunterrichts, Schwalbach/Ts. 2001b, S. 33-55

Bergmann, Klaus, Rohrbach, Rita (Hg.), Kinder entdecken Geschichte. Theorie und Praxis historischen Lernens in der Grundschule und im frühen Geschichtsunterricht, Schwalbach /Ts. 2001

Bergmann, Klaus, Thurn, Susanne, Beginn des Geschichtsunterrichts, in: Geschichte lernen H. 62(1998), 18-25

Billmann-Mahecha, Elfriede, Egozentrismus und Perspektivenwechsel. Empirisch-psychologische Studien zu kindlichen Verstehensleistungen im Alltag, Göttingen 1990

Blaseio, Beate, Entwicklungstendenzen der Inhalte des Sachunterrichts. Eine Analyse von Lehrwerken von 1970 bis 2000, Bad Heilbrunn 2004

Blaseio, Beate, Neue Entwicklungstendenzen der Inhalte des Sachunterrichts, in: Zeitschrift für Grundschulforschung 2, 2009, H. 1, S. 117-131

Borries, Bodo von, „Reifung" oder „Sozialisation" des Geschichtsbewusstseins? Zur Rekonstruktion einer vorschnell verschütteten Kontroverse, in: Geschichtsdidaktik 2/1987, 143-159

Borries, Bodo von, Geschichtsbewusstsein bis zur Pubertät, in: Klaus Goebel u.a. (Hg.), „Am Gespräch des menschlichen Geistes über die Jahrhunderte teilzuhaben ...” Festschrift für Hans Georg Kirchhoff zum 60. Geburtstag, Bochum 1990, 21-33

Borries, Bodo von, Inhalte oder Kategorien? Überlegungen zur kind-, sach-, zeit- und schulgerechten Themenauswahl für den Geschichtsunterricht, in: Geschichte in Wissenschaft und Unterricht 7-8/1995a, 421-435

Borries, Bodo von, Das Geschichtsbewusstsein Jugendlicher. Erste repräsentative Untersuchung über Vergangenheitsdeutungen, Gegenwartswahrnehmungen und Zukunftserwartungen in Ost- und Westdeutschland, Weinheim-München 1995b

Borries, Bodo von, Imaginierte Geschichte. Die biographische Bedeutung historischer Fiktionen und Phantasien, Köln u.a. 1996

Borries, Bodo von, Geschichtsdidaktik am Ende des 20. Jahrhunderts. Eine Bestandsaufnahme zum Spannungsfeld zwischen Geschichtsunterricht und Geschichtspolitik, in: Hans-Jürgen Pandel, Gerhard Schneider (Hg.), Wie weiter? Zur Zukunft des Geschichtsunterrichts, Schwalbach/Ts. 2001, 7-32

Borries Bodo von, Zwischen „Genuss“ und „Ekel“ Ästhetik und Emotionalität als konstitutive Momente historischen Lernens. Mit Beiträgen von Johannes Meyer-Hamme, Schwalbach/Ts. 2014

Brauer, Juliane, Lücke, Martin (Hrsg.), Emotionen, Geschichte und historisches Lernen. Geschichtsdidaktische und geschichtskulturelle Perspektiven, Göttingen 2013

Breitschuh, Gernot, Inhalte des Sachunterrichts im 4. Schuljahr, Ms. Kiel 1997

Buck, Thomas Martin, Themenbestimmung für historisches Lernen im Sachunterricht der Primarstufe, in: Michele Barricelli, Martin Lücke (Hg.), Handbuch Praxis des Geschichtsunterrichts. Bd. 1, Schwalbach/Ts. 2012, S. 367-377

Buhr, Hermann de, Die Quelle im historischen Arbeitsbereich der Primarstufe, in: Hantsche/Schmid 1981, 97-107

Deckert-Peaceman, Heike, Holocaust als Thema für Grundschulkinder? Ethnographische Feldforschung zur Holocaust education am Beispiel einer Fallstudie aus dem amerikanischen Grundschulunterricht und ihre Relevanz für die Grundschulpädagogik in Deutschland, Frankfurt am Main 2002

Dollase, Rainer, Entwicklungspsychologische Grundlagen des kindlichen Weltverstehens, in: Walter Köhnlein u.a. (Hg.), Kinder auf dem Wege zum Verstehen der Welt, Bad Heilbrunn 1997, 16-38

Dovermann, Ulrich u.a., vergangenes sehen. Perspektivität im Prozess historischen Lernens. Theorie und Unterrichtspraxis von der Grundschule bis zur Sekundarstufe II, Bonn 1995

Dühlmeier, Bernd, Sandfuchs, Uwe, Interkulturelles Lernen im Sachunterricht, in: Joachim Kahlert u.a. (Hg.), Handbuch Didaktik des Sachunterrichts. 2., akt. u. erw. Aufl. Bad Heilbrunn 2015, 179-184

Duncker, Ludwig, Popp, Walter (Hg.), Kind und Sache. Zur pädagogischen Grundlegung des Sachunterrichts, 2. Aufl. Weinheim-München 1996

Ehlers, Christina, Durch die Vergangenheit in die Zukunft. Eine Untersuchung zur Förderung des Zeitbewusstseins bei Grundschulkindern, Frankfurt/Main 1989

Einsiedler, Wolfgang, Aktive Methoden im historischen Lernbereich der Grundschule, in: Hantsche/Schmid 1981, 81-96

El Darwich, Renate, Zur Genese von Kategorien des Geschichtsbewusstseins bei Kindern im Alter von 5 bis 14 Jahren, in: Bodo von Borries, Hans-Jürgen Pandel, Jörn Rüsen (Hg.), Geschichtsbewusstsein empirisch, Pfaffenweiler 1991, 24-52

Fölling-Albers, Maria, Interessen von Grundschulkindern. Ein Überblick über Schwerpunkte und Auslöser, in: Grundschule 6/1995, 24-26

Fölling-Albers, Maria, Kindheitsforschung im Wandel – Eine Analyse der sozialwissenschaftlichen Forschungen zur „veränderten Kindheit", in: Walter Köhnlein u.a. (Hg.), Kinder auf dem Wege zum Verstehen der Welt, Bad Heilbrunn 1997, 39-54

Fölling-Albers, Maria, Veränderte Kindheit – revisited. Konzepte und Ergebnisse sozialwissenschaftlicher Kindheitsforschung der vergangenen 20 Jahre, in: Dies. u. a. (Hg.), Jahrbuch Grundschule III 2000/2001. Kindheitsforschung, Forschung zum Sachunterricht, Seelze/Velber 2001, S. 10-51

Gärtner, Friedrich, Neuzeitliche Heimatkunde. Der ungefächerte Sachunterricht der Grundschule, 4. Aufl. München 1969

Gärtner, Hans, Bibliografie Sachunterricht der Primarstufe. Eine Auswahl zur Theorie und Praxis, Paderborn 1976

Gage, Nathaniel L., Berliner, David C., Pädagogische Psychologie. Vierte, völlig neu bearb. Aufl. Weinheim-München 1986

George, Siegfried, Prote, Ingrid (Hg.), Handbuch zur politischen Bildung in der Grundschule, Schwalbach/Ts. 1996

Gesellschaft für Didaktik des Sachunterrichts (GDSU), Perspektivrahmen Sachunterricht, Bad Heilbrunn 2002

Gesellschaft für Didaktik des Sachunterrichts (GDSU) (Hrsg.), Perspektivrahmen Sachunterricht, vollständig überarbeitete und erweiterte Ausgabe, Bad Heilbrunn 2013

Giest, Hartmut, Hartinger, Andreas, Kahlert Joachim (Hrsg.): Kompetenzniveaus im Sachunterricht, Bad Heilbrunn 2008

Gläser, Eva, Arbeitslosigkeit aus der Perspektive von Kinder. Eine Studie zur didaktischen Relevanz ihrer Alltagstheorien, Bad Heilbrunn 2002

Glöckel, Hans, Zur Problematik der Lehrziele und Lehrinhalte im geschichtlichen Unterricht der Primarstufe, in: Hantsche/Schmid 1981, 50-58

Glumpler, Edith, Interkulturelles Lernen im Sachunterricht, Bad Heilbrunn 1996

Günther-Arndt, Hilke, Die 'Geschichte der Schule' als Unterrichtsgegenstand in der Grundschule, in: Sachunterricht und Mathematik in der Grundschule 4(1976), 589-599

Günther-Arndt, Hilke, Lernen im Spiel. Methodische Anregungen zum Geschichtsunterricht der Primarstufe, in: Bundeszentrale für politische Bildung (Hg.), Politisches und soziales Lernen im Grundschulalter, Bonn 1978, 169-179

Günther-Arndt, Hilke, Zeitperspektive und Geschichtsbewusstsein in der Grundschule, in: Voit 1980, 151-165

Günther-Arndt, Hilke, Psychologische Voraussetzungen historischen Lernens in der Primarstufe, in: Hantsche/Schmid 1981, 12-32

Günther-Arndt, Hilke, Psychologische und soziokulturelle Rahmenbedingungen historischen Denkens und Lernens von Zwölf- bis Achtzehnjährigen, in: Internationale Schulbuchforschung 9(1987), 11-35

Günther-Arndt, Hilke (Hg.), Geschichts-Didaktik. Praxishandbuch für die Sekundarstufe I und II, Berlin 2003

Handro, Saskia, Nur eine Marginalie? Historisches Lernen im Sachunterricht zwischen curricularen Vorgaben und geschichtsdidaktischem Diskurs, in: Dies., Bernd Schönemann (Hrsg.), Geschichtsdidaktische Lehrplanforschung. Methoden – Analysen - Perspektiven, Münster 2004, S. 119-135

Hantsche, Irmgard, Schmid, Hans-Dieter (Hg.), Historisches Lernen in der Grundschule, Stuttgart 1981

Hantsche, Irmgard, Filme als Veranschaulichungsmöglichkeit beim historischen Arbeiten, in: Hantsche/Schmid 1981a, 129-142

Hantsche, Irmgard, Kochrezepte als Quelle für sozialgeschichtliches Arbeiten in der Grundschule, in: Hantsche/Schmid 1981b, 214-232

Hartinger, Andreas, Interessenförderung. Eine Studie zum Sachunterricht, Bad Heilbrunn 1997

Hartinger, Andreas, Lange, Kim (Hg.), Sachunterricht – Didaktik für die Grundschule, Berlin 2014

Hartinger, Andreas, Interesse entwickeln, in: Kahlert u.a. 2015, S. 113-117

Hasberg, Wolfgang, Empirische Forschung in der Geschichtsdidaktik. Nutzen und Nachteil für den Unterricht. 2 Bde, Neuried 2001

Hey, Bernd u.a., Umgang mit Geschichte. Geschichte erforschen und darstellen – Geschichte erarbeiten und begreifen, Stuttgart 1992

Holl, Waltraut, Historisches Lernen in der Grundschule. Chancen und Grenzen der Adaption neuerer Inhalte und Methoden der Geschichtswissenschaft (Alltags- und Regionalgeschichte), Diss. paed. Ludwigsburg 1992

Hug, Wolfgang, Wozu Geschichte in der Primarstufe? in: Sachunterricht und Mathematik in der Primarstufe 2(1974), 280-286

Huhn, Jochen, Elementare Formen historischen Lernens. Ein Angebot zur Kooperation – auch über die Primarstufe hinaus, in: Geschichtsdidaktik 2(1977), 149-165

Jeismann, Karl-Ernst, Geschichtsbewusstsein, in: Klaus Bergmann u.a. (Hg.), Handbuch der Geschichtsdidaktik, 4. Aufl. Seelze-Velber 1992, 40-43

Jeismann, Karl-Ernst, Geschichtsbewusstsein als zentrale Kategorie der Geschichtsdidaktik, in: Gerhard Schneider (Hg.), Geschichtsbewusstsein und historisch-politisches Lernen (= Jahrbuch für Geschichtsdidaktik, Bd. 1), Pfaffenweiler 1988, 1-24

Kahlert, Joachim, Grenzen überschreiten und eigene Wege finden am Ort, an dem ich lebe, in: Sache Wort Zahl 24(1996), 3, 4-8

Kahlert, Joachim, Die historische Dimension und der Heimat- und Sachunterricht, in: Waltraud Schreiber (Hg.), Erste Begegnungen mit Geschichte. Grundlagen historischen Lernens. Teilband 1, Neuried 1999, S. 77-103

Kahlert, Joachim, Der Sachunterricht und seine Didaktik, Bad Heilbrunn 2002

Kahlert, Joachim u.a. (Hg.), Handbuch Didaktik des Sachunterrichts. 2., akt. u. erw. Aufl. Bad Heilbrunn 2015

Kaiser, Astrid, Einführung in die Didaktik des Sachunterrichts, Baltmannsweiler 1995

Kaiser, Astrid (Hg.), Geschichten für den Sachunterricht, Essen 1997

Kaiser, Astrid (Hg.), Lexikon Sachunterricht, Baltmannsweiler 1997

Kaiser, Astrid, Neue Einführung in die Didaktik des Sachunterrichts, Baltmannsweiler 2006

Kaiser, Astrid, Praxisbuch handelnder Sachunterricht. Bd. 1, 13. stark veränd. Aufl. Baltmannsweiler 2012

Kaiser, Astrid, Praxisbuch handelnder Sachunterricht. Bd. 2, 7. unveränd. Aufl. Baltmannsweiler 2009

Kaiser, Astrid, Praxisbuch handelnder Sachunterricht. Bd. 3, 6. unveränd. Aulf. Baltmannsweiler 2010

Kaiser, Astrid, Praxisbuch handelnder Sachunterricht. Bd. 4, Baltmannsweiler 2014

Klafki, Wolfgang, Allgemeinbildung in der Grundschule und der Bildungsauftrag des Sachunterrichts, in: Roland Lauterbach u.a. (Hg.), Brennpunkte des Sachunterrichts, Kiel 1992, 11-31

Klafki, Wolfgang, Zum Bildungsauftrag des Sachunterrichts in der Grundschule, in: Grundschulunterricht 40(1993), 3-6

Klafki, Wolfgang, Neue Studien zur Bildungstheorie und Didaktik. Zeitgemäße Allgemeinbildung und kritisch-konstruktive Didaktik. 4., durchges. Aufl. Weinheim-Basel 1994

Klose, Dagmar, Geschichtsbewusstsein – Ontogenese, in: Klaus Bergmann u.a. (Hg.), Handbuch der Geschichtsdidaktik. 5. überarb. Aufl. Seelze-Velber 1997, 51-56

Knoch, Peter, Entdeckendes Lernen im geschichtlichen Unterricht, in: Günter Neff (Hg.), Praxis des entdeckenden Lernens in der Grundschule, Kronberg/Ts. 1977, 82-113

Knoch, Peter (Hg.), Spurensuche Geschichte. Anregungen für einen kreativen Geschichtsunterricht. 4 Bde, Stuttgart 1990

Kocka, Jürgen, Geschichte, München 1976

Köhnlein, Walter, Sachunterrichts-Didaktik und die Aufgabe grundlegenden Lernens. Vorüberlegungen zur Konzipierung des Curriculums, in: Sachunterricht und Mathematik in der Primarstufe 16(1988), 524-531

Köhnlein, Walter, Sachunterricht und Bildung, Bad Heilbrunn 2012

Körber, Andreas, „Hätte ich mitgemacht?“ Nachdenken über historisches Verstehen und (Ver-)Urteilen im Unterricht, in: Geschichte in Wissenschaft und Unterricht 51 (2000), 430-448

Köster, Fredy, Lebens- und Arbeitswelt in urgeschichtlicher und heutiger Zeit, in: Hantsche/Schmid 1981, 156-190

Krieger, Mehr Möglichkeiten als Grenzen – Anmerkungen eines Psychologen, in: Bergmann/Rohrbach 2001, S. 32-50

Kübler, Markus, Entwicklung von Zeit- und Geschichtsbewusstsein, in: Kahlert u.a. 2015, S. 335-340

Lampe, Klaus, Geschichte in der Grundschule, Kronberg/Ts. 1976

Lampe, Klaus, Geschichte in der Primarstufe, in: Hans Süssmuth (Hg.), Soziale Studien in der Grundschule. Fragen an die Sozialwissenschaften, Düsseldorf 1980a, 129-151

Lampe, Klaus, Geschichte und projektorientiertes Lernen in der Primarstufe, in: Hartmut Voit (Bearb.), Geschichtsunterricht in der Grundschule, Bad Heilbrunn/Obb. 1980b, 115-125

Lange, Kristina, Historisches Bildverstehen oder Wie lernen Schüler mit Bildquellen? Ein Beitrag zur geschichtsdidaktischen Lehr-Lern-Forschung, Berlin 2011

Langer-Plän, Martina, „Also, geben tut's sie schon, aber geben tut's es nicht.“ Überlegungen zum Realitätsbewusstsein bei Grundschulkindern, in: Waltraud Schreiber (Hg.), Erste Begegnungen mit Geschichte. Grundlagen historischen Lernens. Bd. 1, Neuried 1999, S. 195-213

Langer-Plän, Martina, Ein Blick über die Grenzen. Anregungen aus der internationalen Forschung, in: Grundschule 9/2000, S. 31-33

Lernbox Geschichte. Das Methodenbuch, Seelze-Velber 2000

Létourneau, Jocelyn (2001), Die Selbst-Erzählung, in: Jörn Rüsen (Hrsg.), Geschichtsbewußtsein. Psychologische Grundlagen, Entwicklungskonzepte, empirische Befunde, Köln u.a., 177-238

Mayer, Ulrich, Vor- und Frühgeschichte (Einladung zur Mitarbeit), in: Geschichte lernen 62/1998, 14

Mayer, Ulrich, Pandel, Hans-Jürgen, Kategorien der Geschichtsdidaktik und Praxis der Unterrichtsanalyse, Stuttgart 1976

Mayer, Ulrich, Pandel, Hans-Jürgen, Kategorien der Geschichtsdidaktik, in: Klaus Bergmann u.a. (Hg.), Handbuch der Geschichtsdidaktik, 4. Aufl. Seelze-Velber 1992, 230-232

Mayer, Werner, Der Sachunterricht. Teil I: Anthropologie und Pädagogik, Heinsberg 1993

Michalik, Kerstin (Hg.), Geschichtsbezogenes Lernen im Sachunterricht, Bad Heilbrunn, Braunschweig 2004

Michalik, Kerstin, Philosophieren im Sachunterricht, in: Kahlert u.a. 2015, S. 429-433

Mickel, Wolfgang, Die politisch-historische Dimension des Sachunterrichts der Primarstufe, in: Geschichtsdidaktik 2(1977), 112-124

Moysich, Jürgen, Heyl, Matthias (Hg.), Der Holocaust. Ein Thema für Kindergarten und Grundschule? Hamburg 1998

Mütter, Bernd, Uffelmann, Uwe (Hg.), Emotionen und historisches Lernen. Forschung – Vermittlung – Rezeption, Frankfurt am Main 1992

Mussen, Paul Henry u.a., Lehrbuch der Kinderpsychologie. Bd. 1, 4., vollständ. Überarb. u. neu übersetzte Aufl. Stuttgart 1993

Noack, Christian, Stufen der Ich-Entwicklung und Geschichtsbewusstsein, in: Bodo von Borries, Hans-Jürgen Pandel (Hg.), Zur Genese historischer Denkformen. Qualitative und quantitative empirische Zugänge, Pfaffenweiler 1994, 9-46

Oerter, Rolf, Montada, Leo (Hg.), Entwicklungspsychologie. Ein Lehrbuch. 3., vollständig überarb. u. erw. Aufl. Weinheim 1995

Oeveste, Hans zur, Kognitive Entwicklung im Vor- und Grundschulalter, Göttingen u.a. 1987

Pandel, Hans-Jürgen, Dimensionen des Geschichtsbewusstseins. Ein Versuch, seine Struktur für Empirie und Pragmatik diskutierbar zu machen, in: Geschichtsdidaktik 12(1987), 130-142

Pandel, Hans-Jürgen, Geschichtlichkeit und Gesellschaftlichkeit im Geschichtsbewusstsein. Zusammenfassendes Resümee empirischer Untersuchungen, in: Bodo von Borries, Hans-Jürgen Pandel, Jörn Rüsen (Hg.), Geschichtsbewusstsein empirisch, Pfaffenweiler 1991, 1-23

Pandel, Hans-Jürgen, Moralische Entwicklung, in: Klaus Bergmann u.a. (Hg.), Handbuch der Geschichtsdidaktik, 4. Aufl. Seelze-Velber 1992, 279-286

Pandel, Hans-Jürgen, Zur Genese narrativer Kompetenz. Empirische Untersuchungen bei Kindern und Jugendlichen, in: Bodo von Borries, Hans-Jürgen Pandel (Hg.), Zur Genese historischer Denkformen. Qualitative und quantitative empirische Zugänge, Pfaffenweiler 1994, 99-121

Pandel, Hans-Jürgen, Legenden – Mythen – Lügen. Wieviel Fiktion verträgt unser Geschichtsbewusstsein? in: Geschichte lernen 52/1996, 15-19

Pandel, Hans-Jürgen, Psychologie und Geschichtsunterricht, in: Klaus Bergmann u.a. (Hg.), Handbuch der Geschichtdidaktik. 5. überarb. Aufl. Seelze-Velber 1997, 343-347

Pleitner, Berit, Warum wohnt im Schloss kein König mehr? Kompetenzorientiert unterrichten unter historischer Perspektive, in: Grundschulunterricht Sachunterricht 4/2009, S. 13-19

Pleitner, Berit, Wie aus Vergangenheit Geschichte wird. Geschichte ermutigt Schülerinnen und Schüler, Fragen zu stellen, genau hinzusehen und eigene Rückschlüsse zu ziehen, in: Grundschulunterricht Sachunterricht 2/2014, S. 4-7

Popp, Susanne, Das Fach „histoire" im Spiegel französischer Unterrichtswerke, in: Grundschule 2000, H. 9, S. 33-35

Popp, Walter, Zur anthropologischen Begründung eines handlungsorientierten Sachunterrichts, in: Ludwig Duncker, Walter Popp (Hg.), Kind und Sache. Zur pädagogischen Grundlegung des Sachunterrichts, 2. Aufl. Weinheim-München 1996, 57-78

Reeken, Dietmar von, Kindheitsgeschichte – Ein Königsweg historischen Lernens in der Grundschule? in: Sachunterricht und Mathematik in der Primarstufe 23(1995), 542, 551-555

Reeken, Dietmar von, Sachunterrichtsdidaktik und Geschichtsdidaktik: Bestandsaufnahme und Kritik eines Unverhältnisses, in: GWU 47(1996), 349-365

Reeken, Dietmar von, Historisches Lernen im Sachunterricht – Bestandsaufnahme und Perspektiven der Forschung, in: Brunhilde Marquardt-Mau, Walter Köhnlein, Roland Lauterbach (Hg.), Forschung zum Sachunterricht, Bad Heilbrunn 1997, 209-224

Reeken, Dietmar von, Wer hat Angst vor Wolfgang Klafki? Der Geschichtsunterricht und die „Schlüsselprobleme", in: Geschichte in Wissenschaft und Unterricht 50(1999a), S. 292-304

Reeken, Dietmar von, Historisches Lernen im Sachunterricht. Didaktische Grundlegungen und unterrichtspraktische Hinweise, Seelze-Velber 1999b (= erste Auflage dieses Buches!)

Reeken, Dietmar von, Schimanski ein Deutscher? Kulturelle Pluralität in der deutschen Vergangenheit und ihre sachunterrichtliche Behandlung, in: Sache Wort Zahl 27/2000, S. 42-47

Reeken, Dietmar von, Politisches Lernen im Sachunterricht. Didaktische Grundlegungen und unterrichtspraktische Hinweise, 2. Aufl. Baltmannsweiler 2007

Reeken, Dietmar von, Paradiesgarten oder Höllenpfuhl? Historisches Lernen im Sachunterricht zwischen Fachansprüchen und Lebensweltbezug, in: Bernd Schönemann, Hartmut Voit (Hrsg.), Von der Einschulung bis zum Abitur. Prinzipien und Praxis des historischen Lernens in den Schulstufen, Idstein 2002, S. 151-163

Reeken, Dietmar von, Nachdenken über Geschichte und Geschichtlichkeit fördern: Historisches Lernen in der Grundschule, in: Grundschulunterricht 11/2003a, S. 2-5

Reeken, Dietmar von, Interkulturelles Lernen im Geschichtsunterricht, in: Hilke Günther-Arndt (Hg.), Geschichts-Didaktik. Praxishandbuch für die Sekundarstufe I und II, Berlin 2003b, S. 233-241

Reeken, Dietmar von, Methoden im Sachunterricht, in: Ders. (Hg.), Handbuch Methoden im Sachunterricht, Baltmannsweiler 2003c, S. 3-11

Reeken, Dietmar von, Verstehen und vernünftiges Handeln in historischen Lernprozessen, in: Walter Köhnlein, Roland Lauterbach (Hg.) Verstehen und begründetes Handeln. Studien zur Didaktik des Sachunterrichts, Bad Heilbrunn 2004a, S. 169-184

Reeken, Dietmar von, Geschichtskultur im Geschichtsunterricht. Begründungen und Perspektiven, in: Geschichte in Wissenschaft und Unterricht 55 (2004b), S. 233-240

Reeken, Dietmar von, Historisches Lehren und Lernen, in: Hartinger/Lange 2014 (s.o.), S. 98-116

Reeken, Dietmar von, Historische Aspekte, in: Kahlert u.a. 2015 (s.o.), S. 163-168

Richter, Dagmar, Kinder und politische Bildung, in: Walter Köhnlein u.a. (Hg.), Kinder auf dem Wege zum Verstehen der Welt, Bad Heilbrunn 1997, 76-89

Richter, Dagmar, Sachunterricht – Ziele und Inhalte. Ein Lehr- und Studienbuch zur Didaktik, Baltmannsweiler 2002

Richter, Dagmar (Hrsg.), Gesellschaftliches und politisches Lernen im Sachunterricht, Bad Heilbrunn 2004

Richter, Dagmar (Hrsg.), Politische Bildung von Anfang an. Demokratie-Lernen in der Grundschule, Bonn 2007

Rohlfes, Joachim, Geschichte und ihre Didaktik, Göttingen 1986

Rohrbach, Rita, Vom Zeitbewusstsein zum Historizitätsbewusstsein. Die Entwicklung historischen Lernens in einer Grundschulklasse, in: Geschichte lernen H. 62(1998), 26-32

Rückl, Horst, Über Stock und Stein, durch Wind und Wellen. Transport im Mittelalter, in: Geschichte lernen 32/1993, 21-25

Rüsen, Jörn, Historisches Erzählen, in: Klaus Bergmann u.a. (Hg.), Handbuch der Geschichtsdidaktik, 4. Aufl. Seelze-Velber 1992a, 44-50

Rüsen, Jörn, Historisches Lernen, in: Klaus Bergmann u.a. (Hg.), Handbuch der Geschichtsdidaktik, 4. Aufl. Seelze-Velber 1992b, 224-229

Rüsen, Jörn, Historisches Lernen. Grundlagen und Paradigmen, Köln u.a. 1994

Sauer, Michael (Hg.), Spurensucher. Ein Praxisbuch für historische Projektarbeit, Hamburg 2014

Sauer, Michael, Geschichte unterrichten. Eine Einführung in die Didaktik und Methodik. 12. Aufl. Seelze 2015

Schaub, Horst, Zeit und Geschichte erleben. Zeit in der Natur, Umgang mit Zeit, Erfahrung des Wandels, Berlin 2002

Schmid, Hans-Dieter, Historisches Lernen in der Grundschule, in: Klaus Bergmann u.a. (Hg.), Handbuch der Geschichtsdidaktik, 4. Aufl. Seelze-Velber 1992, 539-545

Schmid, Hans-Dieter, Sozialgeschichte in der Grundschule – Überlegungen zu Zielen und Inhalten eines historischen Themenbereichs im Sachunterricht der Primarstufe, in: Sachunterricht und Mathematik in der Primarstufe 6(1978), 106-112

Schmitt, Rudolf, Zeitbewusstsein und Persönlichkeitsentwicklung des Kindes. Entwicklungspsychologische Aspekte, in: Die Grundschulzeitschrift 34/1990, 6-9

Schörken, Rolf, Alltagsbewusstsein, in: Klaus Bergmann u.a. (Hg.), Handbuch der Geschichtsdidaktik, 4. Aufl. Seelze-Velber 1992, 36-40

Schreiber, Waltraud (Hg.), Erste Begegnungen mit Geschichte. Grundlagen historischen Lernens. 2 Teilbände, Neuried 1999a

Schreiber, Waltraud, Die Entwicklung historischer Sinnbildungskompetenzen als Ziel des historischen Lernens mit Grundschülern, in: Dies. (Hg.), Erste Begegnungen mit Geschichte. Grundlagen historischen Lernens. Teilband 1, Neuried 1999b, 15-76

Schreiber, Waltraud, Grundschulkinder gehen reflektiert mit Geschichte um! in: Grundschule 2000, H. 9, 9-11

Schreiber, Waltraud, Historische Kompetenz: Was Schüler schon mitbringen und was sie noch lernen können, in: Grundschulmagazin 75, 2007, H. 3, S. 8-11

Schreiber, Waltraud, Das Potenzial von Grundschülern aus geschichtsdidaktischer Sicht, in: Isabel Enzenbach, Detlef Pech, Christina Klätte (Hrsg.), Kinder und Zeitgeschichte. Jüdische Geschichte und Gegenwart, Nationalsozialismus und Antisemitismus, (http://www.widerstreit-sachunterricht.de/beihefte/beiheft8/beiheft8.pdf), S. 25-36

Schreier, Helmut, Sachunterricht – Themen und Tendenzen. Eine Inhaltsanalyse von Lehrberichtsaufzeichnungen aus Kasseler Grundschulen im Zeitraum 1967-1975, Paderborn 1979

Schülerwettbewerb Deutsche Geschichte um den Preis des Bundespräsidenten, Unser Ort – Heimat für Fremde? Katalog der preisgekrönten Arbeiten. Band 8 – Wettbewerb 1988/89, Hamburg 1991

Schülerwettbewerb Deutsche Geschichte um den Preis des Bundespräsidenten, Denkmal: Erinnerung – Mahnung – Ärgernis. Katalog der preisgekrönten Arbeiten. Band 10 – Wettbewerb 1992/93, Hamburg 1996

Soostmeyer, Michael, Zur Sache Sachunterricht. Begründung eines situations-, handlungs- und sachorientierten Unterrichts in der Grundschule, 2. Aufl. Frankfurt am Main u.a. 1992

Steinbach, Lothar, Was leistet die Sozialisationsforschung für die Geschichtsdidaktik? Überlegungen zu einem sozialwissenschaftlichen Curriculum im Primarbereich, in: Bundeszentrale für politische Bildung (Hg.), Politisches und soziales Lernen im Grundschulalter, Bonn 1978, 153-168

Thiele, Gunter, Der revidierte Lehrplan für den Gegenstandsbereich Sachunterricht in Baden-Württemberg (1983) – Eine Herausforderung für die Geschichtsdidaktiker, in: Uwe Uffelmann (Hg.), Didaktik der Geschichte. Aus der Arbeit der Pädagogischen Hochschulen Baden-Württembergs, Villingen-Schwenningen 1986, 174-197

Thiele, Gunter, Geschichtsverständnis und individuelle Zeiterfahrung. Drei Fragen zur Bestimmung von „Historischem Lernen", in: Sachunterricht und Mathematik in der Primarstufe 19(1991), 57-61

vergangenes Sehen. Perspektivität im Prozess historischen Lernens. Theorie und Unterrichtspraxis von der Grundschule bis zur Sekundarstufe II, Bonn 1995

Voit, Hartmut (Bearb.), Geschichtsunterricht in der Grundschule, Bad Heilbrunn/Obb. 1980

Voit, Hartmut, Historischer Sachunterricht im Museum, in: Hantsche/Schmid 1981, 143-155

Voit, Hartmut, Elementare Formen historischen Lernens, in: Edith Glumpler, Steffen Wittkowske (Hg.), Sachunterricht heute. Zwischen interdisziplinärem Anspruch und traditionellem Fachbezug, Bad Heilbrunn 1996, 159-170

Weinert, Franz E., Helmke, Andreas (Hg.), Entwicklung im Grundschulalter, Weinheim 1997

Weinert, Franz E. (Hg.), Entwicklung im Kindesalter, Weinheim 1998

Weyrauch, Erdmann, Geschichte, in: Klaus Bergmann u.a. (Hg.), Handbuch der Geschichtsdidaktik, 4. Aufl. Seelze-Velber 1992, 83-89

Wolter, Margrit, Unsere ausländischen Mitschüler und wir. Wie Grundschüler mit dem Problem „Nation" umgehen, in: Geschichte lernen 12/1989, 17-21

Ziechmann, Jürgen, Zur Konzeption des geschichtlichen Aspekts des Sachunterrichts auf der Primarstufe, in: Geschichtsdidaktik 2(1977), 96-112